图书馆阅读推广融合发展研究

李瑞记 ◎ 著

TUSHUGUAN YUEDU
TUIGUANG RONGHE
FAZHAN YANJIU

天津社会科学院出版社

图书在版编目（ＣＩＰ）数据

图书馆阅读推广融合发展研究 / 李瑞记著. -- 天津：
天津社会科学院出版社，2024.2
ISBN 978-7-5563-0961-0

Ⅰ．①图… Ⅱ．①李… Ⅲ．①图书馆－读书活动－研
究 Ⅳ．①G252.17

中国国家版本馆 CIP 数据核字(2024)第 047926 号

图书馆阅读推广融合发展研究
TUSHUGUAN YUEDU TUIGUANG RONGHE FAZHAN YANJIU
责任编辑：沈　楠
责任校对：王　丽
装帧设计：李媛媛
出版发行：天津社会科学院出版社
地　　址：天津市南开区迎水道 7 号
邮　　编：300191
电　　话：（022）23360165
印　　刷：河北万卷印刷有限公司
开　　本：710×1000　　1/16
印　　张：14.5
字　　数：206 千字
版　　次：2024 年 2 月第 1 版　　2024 年 2 月第 1 次印刷
定　　价：88.00 元

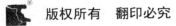

前　言

　　阅读不仅是个体获取知识、提升自我认知和理解外部世界的重要方式，更是社会文化交流和创新的基础。图书馆作为知识的宝库和阅读的重要场所，自古以来就扮演着知识传播和文化交流的中心角色。在数字化时代，图书馆的使命和功能也在不断地演变和拓展，面临着新的机遇和挑战。

　　本书的出发点是对图书馆阅读推广与融合发展的深刻理解与探索。随着社会的进步和科技的发展，阅读推广和融合发展成了图书馆发展的新方向和新机遇。本书通过七个章节，深入剖析了图书馆阅读推广与融合发展的各个方面，提供了丰富的理论基础和实践指导，旨在为图书馆工作人员和相关研究者提供宝贵的参考资料和启示。

　　第一章从阅读推广的定义和发展入手，探讨了融合发展的内涵和意义，并分析了阅读推广与融合发展的关联性。还重点讨论了图书馆在融合发展中的角色和基本原则，为后续章节的深入探讨打下了坚实的基础。

　　第二章着重介绍了图书馆阅读推广的理论基础，包括阅读社会学、信息传播学、阅读心理学等多个方面。通过对阅读推广的策略和方法的探讨，以及图书馆学与信息科学的交叉分析，本章为读者展现了图书馆阅读推广的理论体系和实践途径。

　　第三章从政策、规划与管理的角度，探讨了图书馆阅读推广的具体实施过程。通过对阅读推广政策框架的解析，以及阅读推广的规划设计、组织管理和政策执行评估的讨论，本章为图书馆阅读推广的实践提供了有力的支撑。

　　第四章和第五章分别关注了数字技术与教育融合在阅读推广中的应用和影响。分析了数字技术对阅读推广的促进作用，探讨了阅读推广的数字化策略，并进一步讨论了教育融合的理论与实践、图书馆与教育机构的协同以及阅读推广与教育融合的策略和效果评估。

第六章将目光转向了阅读推广与文化产业融合的多层面探讨。通过对文化产业与阅读推广的关联分析，以及文化产业融合的策略路径和阅读推广在文化产业中的作用的讨论，本章为读者揭示了阅读推广与文化产业融合发展的多重可能性。

最后，第七章展望了阅读推广融合发展的未来，探讨了融合发展的趋势、挑战与机遇，并为未来阅读推广的发展方向和科技在阅读推广融合发展中的作用提供了前瞻性的分析和建议。

通过对《图书馆阅读推广融合发展研究》的编纂，期望能为图书馆阅读推广的研究和实践提供有益的参考，同时也希望能激发更多的讨论和探索，为图书馆阅读推广与融合发展的未来贡献力量。

目　录

第一章　阅读推广与融合发展概述………………001

　　第一节　阅读推广的定义与发展………………001

　　第二节　融合发展的内涵和意义………………015

　　第三节　阅读推广与融合发展的关联性………………025

　　第四节　图书馆在融合发展中的角色………………030

　　第五节　融合发展的基本原则………………037

第二章　图书馆阅读推广的理论基础………………045

　　第一节　阅读社会学………………045

　　第二节　信息传播学………………053

　　第三节　阅读心理学………………061

　　第四节　阅读推广的策略和方法………………069

　　第五节　图书馆学与信息科学………………076

第三章　图书馆阅读推广政策、规划与管理………………084

　　第一节　阅读推广政策的框架与实践………………084

　　第二节　阅读推广的规划与设计………………090

　　第三节　阅读推广的组织与管理………………094

　　第四节　阅读推广政策的执行与评估………………100

第四章　阅读推广与数字技术融合 ·················· 107

　　第一节　数字技术与阅读推广 ··················· 107

　　第二节　数字技术对阅读推广的影响 ············· 112

　　第三节　阅读推广的数字化策略 ················· 115

　　第四节　数字技术在阅读推广中的应用 ··········· 121

第五章　阅读推广与教育融合 ····················· 129

　　第一节　教育融合的理论与实践 ················· 129

　　第二节　图书馆与教育机构的协同 ··············· 136

　　第三节　阅读推广与教育融合的策略 ············· 143

　　第四节　阅读推广与教育融合的效果评估 ········· 151

　　第五节　阅读推广与教育融合发展的趋势与挑战 ··· 158

第六章　阅读推广与文化产业融合 ················· 165

　　第一节　文化产业与阅读推广 ··················· 165

　　第二节　阅读推广与文化产业的互动 ············· 172

　　第三节　文化产业融合的策略与路径 ············· 178

　　第四节　阅读推广在文化产业中的作用 ··········· 183

　　第五节　文化产业融合的未来发展 ··············· 190

第七章　阅读推广融合发展的未来展望 ············· 197

　　第一节　阅读推广融合发展的趋势 ··············· 197

　　第二节　融合发展的挑战与机遇 ················· 202

　　第三节　未来阅读推广的发展方向 ··············· 205

　　第四节　科技在阅读推广融合发展中的作用 ······· 209

　　第五节　阅读推广融合发展的策略与建议 ········· 213

参考文献 ······································· 217

第一章 阅读推广与融合发展概述

第一节 阅读推广的定义与发展

一、阅读推广的历史背景与定义

（一）阅读推广的历史背景

阅读推广的历史背景具有丰富且多元的特点，其发展受到历史、社会、经济和文化等多方面因素的影响。其历史背景，如图 1-1 所示。

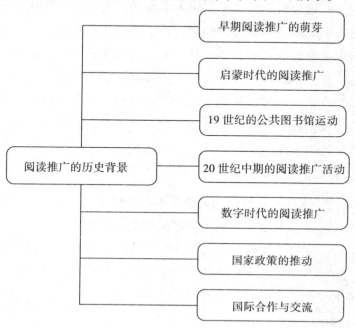

图 1-1 阅读推广的历史背景

图书馆阅读推广融合发展研究

1. 早期阅读推广的萌芽

在古代，阅读活动主要是特殊阶层和学术界的专利，这主要是由于书籍的稀缺和昂贵。广泛的阅读推广在这个时期还未能形成。然而，随着印刷术的发明和普及，书籍逐渐成为更多人能够接触到的知识载体，从而在一定程度上为后来的阅读推广奠定了基础。印刷术的出现使得书籍的复制变得更为容易和快速，大大降低了书籍的成本，使得更多的社会阶层有了接触书籍和阅读的可能。同时，印刷术的发明也促进了知识的传播和交流，为社会文化的进步作出了重要贡献。随着时间的推移，书籍的重要性逐渐得到了社会的认可，阅读活动开始从社会上层逐渐向社会各阶层扩散。虽然在这个阶段，广泛的阅读推广活动还未能形成，但可以看到，社会对于阅读活动的认可和重视逐渐增加，为后来的阅读推广活动奠定了基础。

2. 启蒙时代的阅读推广

启蒙时代是阅读推广历史上的重要时期。在此期间，人们开始重视个体的理性和知识的传播，图书馆和书店成为阅读推广的重要场所。启蒙时代是欧洲思想文化史上的一个重要时期，它强调理性和个体的自由，推崇科学和知识的力量。在这个时期，随着印刷术的发明和普及，书籍成为知识传播的重要载体，人们开始意识到阅读的重要性。图书馆和书店成为人们获取知识和交流思想的重要场所，它们不仅提供了丰富的阅读资源，也成为阅读推广的重要平台。在这个阶段，阅读推广开始得到社会的重视和支持，图书馆和书店的阅读推广活动也逐渐得到了发展。通过举办各种阅读活动和讲座，图书馆和书店为人们提供了更多的阅读机会和交流平台，促进了知识的传播和交流，为后来的阅读推广活动积累了宝贵的经验。

3. 19世纪的公共图书馆运动

19世纪，伴随着工业革命和城市化进程的推进，公共图书馆运动在欧洲和美国逐渐兴起。公共图书馆成为阅读推广的重要机构，通过为公众提供免费的阅读资源，促进了阅读的普及和推广。在这个阶段，公共图书馆运动成为阅读推广历史上的一个重要事件。工业革命和城市化进程带来了社会结构和文化需求的变化，人们对于知识的渴求和社区服务的需求逐渐增加。公共图书馆应运而生，它们不仅为公众提供了丰富的阅读资源，也成了社区文化和教育活动的重要场所。通过举办各种阅读推广活动，公共图书馆为人们提供了更多的阅读机会，促进了知识的传播和社区文化的发展。同时，公共图书馆也为阅读推广提供了重要的平台和机构支持，为后来的阅读推广活动提供了宝贵的经验和参考。在这个时期，阅读推广活动得到了社会的广泛认可和支持，成为社区文化和教育活动的重要组成部分，为后来的阅读推广活动奠定了坚实的基础。

4. 20 世纪中期的阅读推广活动

20 世纪中期，随着大众媒体的发展和文化产业的崛起，阅读推广活动开始呈现多元化的趋势。此时期，电视和广播成为信息传播的重要渠道，而图书馆、学校、社区和媒体成为阅读推广的主要平台。图书馆不仅继续承担着传统的阅读推广任务，而且开始与其他文化教育机构合作，共同推动阅读活动。学校通过课程设置和阅读活动，培养学生的阅读兴趣和习惯。社区通过举办各类阅读活动，满足居民的文化需求。媒体通过广播、电视和报纸，传播读书的好处，推荐优秀书籍，引导公众阅读。此外，文化产业的崛起为阅读推广提供了丰富的内容和形式，图书出版业得到了发展，阅读市场逐渐形成，公众的阅读需求得到了更好的满足。与此同时，国家和地方政府也开始重视阅读推广工作，制定了一系列的政策和措施，为阅读推广提供了良好的环境。

5. 数字时代的阅读推广

进入数字时代，互联网和数字技术为阅读推广提供了新的机遇和挑战。电子书籍、在线图书馆和社交媒体成为新的阅读推广平台，同时也对传统的阅读推广模式产生了冲击。电子书籍的出现，使得读者可以随时随地享受阅读，丰富的电子资源使得读者的选择更为多样。在线图书馆使得图书的借阅更为便利，而社交媒体的推广方式也使得阅读推广活动更为生动和有趣。同时，数字技术的应用也促进了阅读推广活动的创新，例如，通过大数据分析，可以更准确地了解读者的需求和喜好，为读者提供个性化的推荐服务。然而，数字技术的发展也对传统的阅读推广模式产生了冲击，一些传统的阅读推广方式可能面临淘汰，图书馆和阅读推广人员需要不断学习和更新知识，以适应数字时代的要求。

6. 国家政策的推动

在不同国家和地区，政府的支持和政策引导对阅读推广具有重要影响。

政府通过制定阅读推广相关的政策和法规，为阅读推广提供了良好的社会和法律环境。例如，一些国家和地区通过法律明确了图书馆的社会服务职能，为图书馆的阅读推广活动提供了法律保障。同时，政府也通过资金支持和项目扶持，推动了阅读推广活动的开展。此外，政府还通过举办各类阅读活动，比如阅读节、书展等，扩大了阅读推广活动的社会影响力。政府的支持和政策引导，对于构建阅读推广的社会合作网络，提升阅读推广活动的社会影响力，具有重要的推动作用。

7. 国际合作与交流

在全球化的背景下，国际合作与交流为阅读推广提供了新的视角和资源。通过国际合作项目和交流活动，不同文化和地区的阅读推广经验得以分享和传播。例如，国际图书馆协会和其他国际组织，通过举办国际会议和交流活动，推动了阅读推广理论和实践的交流。国际合作项目，比如国际儿童阅读推广项目，为阅读推广提供了新的思路和方法。此外，国际交流活动还为阅读推广人员提供了学习和交流的平台，使得阅读推广活动能够吸收国际的先进经验，提高阅读推广的水平和效果。在全球化的大背景下，国际合作与交流为阅读推广的发展提供了广阔的空间，为阅读推广的理论创新和实践探索提供了有益的启示和参考。

（二）阅读推广的定义

"阅读推广"也可以称为"阅读促进"，是在"阅读辅导""导读""读书指导""阅读宣传""阅读营销"等概念的基础上发展而来的[①]。阅读推广定义的解读关键在于人们对于"阅读推广"的基本认识度，随着全民阅读气氛的逐渐高涨，因此对于"阅读推广"的关注度也越来越高。

"阅读推广"一词来源于英文"Reading Promotion"，其中"Promotion"除了有"推广"外，还有"提升、促进"的意思，所以该词语也被翻译为"阅读促进"。但是在英语世界，无论是机构网站、工作报告、期刊论文，还是维基百科，都没有赋予"Reading Promotion"一个学术性的定义，人们普遍认为"Reading Promotion"是一个意思清楚的词汇，无需作专门的定义[②]。

① 郑珊霞.阅读推广与档案开发利用 [M].上海：东华大学出版社,2021: 29.

② 王波.阅读推广、图书馆阅读推广的定义——兼论如何认识和学习图书馆时尚阅读推广案例 [J].图书馆论坛,2015, 35（10）: 1-7.

2009 年，胡庆连认为："社会阅读推广，就是让本地区每一个有阅读能力的人都加入到阅读行列。"让读书成为生活中不可或缺的一部分，进而构建学习型社会。公共图书馆在社会阅读推广中有其资源优势和发展基础，一旦转换服务意识、拓展生长空间，发展、巩固、提高就有了符合发展逻辑的最佳起点①。

2011 年，万行明认为："阅读推广即推广阅读，就是图书馆及社会相关方面为培养读者阅读习惯，激发读者阅读兴趣，提升读者阅读水平，进而促进全民阅读所从事的一切工作的总称。"②2011 年，吕学财认为："阅读推广就是让本地区每一位具有阅读能力的人都加入阅读行列，让阅读成为人们日常生活中不可或缺的一部分，同时培养市民图书馆之意识，以促进全民综合素质的提高。"③

2012 年，谢蓉认为："图书馆阅读推广活动是图书馆作为推广主体，通过一定的推广媒介，利用特定的设施设备，选择适当的阅读内容并对活动形式进行一定的设计，从而对阅读推广的客体对象（特定的读者群体）施加影响，并接受反馈不断调整以期达到最佳效果的所有工作。"④2012 年，张超认为："阅读推广就是指把阅读这一富含动态特征的思维活动作为一个作用目标，然后通过某种特定渠道或者方法，改变阅读的作用区域及其影响范围，使它的受众更容易、更简单地接受它、参与它的一种文化传播活动。"⑤2012 年，于群、李国新认为："阅读推广是指图书馆通过开展各种阅读活动，向广大市民传播阅读知识，培养市民的阅读兴趣，促进全民阅读。"⑥

2013 年，王辛培认为："阅读推广是图书馆、出版机构、媒体、网络、政府及相关部门等为培养读者阅读习惯、激发阅读兴趣、提升阅读水平、促进全民阅读所开展的有关活动和工作。"⑦2013 年，刘开琼认为："阅读推广是将

① 胡庆连.公共图书馆致力"社会阅读"推广的逻辑起点 [J].河南图书馆学刊，2009，29（2）：83-84.
② 万行明.阅读推广：助推图书馆腾飞的另一支翅膀 [J].当代图书馆，2011（1）：8-11.
③ 吕学财.图书馆的阅读推广活动研究 [D].长春：吉林大学，2011.
④ 谢蓉.数字时代图书馆阅读推广模式研究 [J].图书馆论坛，2012（3）：23-27.
⑤ 张超.基于创新推广理论的青少年阅读网络资源建设 [D].济南：山东师范大学，2012：11-12.
⑥ 于群，李国新.公共图书馆业务培训指导纲要 [M].北京：北京师范大学出版社，2012：121-122.
⑦ 王辛培.阅读推广活动机制创新研究 [J].图书馆界，2013（1）：80-82.

阅读这种认知过程向更广的范围传播，使更多的人参与阅读活动。"①2013 年，张婷认为："阅读推广即推广阅读，包括谁来推广（主体），向谁推广（对象），推广什么（客体），怎么推广（方法）。"②

2014 年，于良芝教授等认为："根据图书馆界从事阅读推广的经验，它主要指以培养一般阅读习惯或特定阅读兴趣为目标而开展的图书宣传推介或读者活动。"③"'培养阅读习惯或兴趣'这一目标决定阅读推广试图影响的通常是休闲阅读行为，即与工作或学习任务无关的阅读行为。这是因为，与工作或学习任务相关的阅读，其目标是解决工作或学习中的问题，它既然主要受任务驱动，便不易受阅读推广的影响。"④

2015 年，张怀涛认为："阅读推广"顾名思义就是推广阅读；简言之就是社会组织或个人为促进人们阅读而开展的相关活动，也就是将有益于个人和社会的阅读活动推而广之；详言之就是社会组织或个人，为促进阅读这一人类独有的活动，采用相应的途径和方式，扩展阅读的作用范围，增强阅读的影响力度，使人们更有意愿、更有条件参与阅读的文化活动和事业。⑤

显然，随着时间的推移，人们对于阅读推广的理解正在逐渐深化和丰富。伴随着阅读推广活动的持续展开，积累的实践经验日渐丰富，从而使得阅读推广的内涵和外延不断地得到延伸和拓展。从推广主体的角度来审视，最初的阅读推广主要是由图书馆来执行和推动。然而，随着时间的推进，推广主体已经逐渐扩展到"图书馆、出版机构、媒体、网络平台、政府及相关部门"，再进一步拓展至"社会组织或个体"。这种拓展显示了推广主体范围的广泛性与多元性，显现了阅读推广活动的社会化和多元化趋势。从推广客体的角度来看，最初的推广对象主要是"本地区每一位具有阅读能力的人"，随后扩展到"读者"，再进而拓展到"人们"，这种变化反映了推广客体涵盖人群的不断扩大。随着社会的进步和文化需求的增加，阅读推广活动开始覆盖更为广泛的群体，从而使得阅读成为社会大众的共同需求和追求。从推广

① 刘开琼.高校图书馆阅读推广模式探究[J].图书馆研究,2013（2）:64-67.

② 于良芝,等.公共图书馆基本原理[M].北京:北京师范大学出版社,2012:107.

③ 于良芝,等.公共图书馆基本原理[M].北京:北京师范大学出版社,2012:107.

④ 张婷.基于《阅读推广:理念·方法·案例》的全民阅读推广"全景图"[J].图书馆杂志,2013（11）:110-112.

⑤ 张怀涛.阅读推广的概念与实施[J].河南图书馆学刊,2015,35（01）:2-5.

内容和目标的角度来探讨，最初阅读推广的定义主要集中于"鼓励人们阅读，构建学习型社会"，然而，随着阅读推广活动形式的多样化，推广内容和目标也开始变得更为具体和多元。这种变化不仅丰富了阅读推广的内容，也使得阅读推广的目标更为明确和具体，同时也反映了阅读推广活动不断适应社会发展的需求和变化。

二、阅读推广的要素

（一）阅读推广主体

阅读推广主体是探讨阅读推广活动的重要维度，它主要解答了"谁来推广"这一核心问题。在阅读推广活动中，推广主体为实现特定的目标而发起并承担主要的责任和义务，这可以是社会组织、团体或个人。它们包括活动的策划者、组织者、实施者和管理者，它们的存在与作用是阅读推广活动得以顺利进行的基础。推广主体的多样性是阅读推广活动丰富多彩和广泛覆盖的重要保证。从国际组织、各级政府到社区、家庭乃至个人，从教育机构、大众传媒出版机构到图书馆、民间组织、企事业单位等各行业或领域，都可能成为阅读推广的主体。这种多元化的推广主体不仅丰富了阅读推广的形式和内容，也使得阅读推广能够覆盖更广泛的读者群体，满足不同群体的阅读需求。

不同的推广主体由于目的的不同，所拥有的资源、信息和权利也会存在差异，因此，其在阅读推广活动中的职能和角色也会有所不同。一般而言，阅读推广活动的策划者即是活动的发起者和倡导者，他们通过创新的策划为阅读推广活动定下基调，为活动的成功奠定基础。阅读推广的组织者主要负责规划整个项目，整合所有的资源，并对相关机构进行指导，他们的作用是确保阅读推广活动能够按照既定的方向和目标顺利进行。阅读推广的实施者是将阅读推广活动具体执行的重要力量，他们可能与组织者属于同一个机构，也可能是不同的机构，他们的存在和作用是确保阅读推广活动的具体实施和目标的实现。

（二）阅读推广对象

阅读推广对象是阅读推广活动中核心的概念，它直接回应了"向谁推广"

的问题。这一目标群体的确定不仅为阅读推广活动提供了明确的方向，也是确保阅读推广效果得以最大化的重要前提。阅读推广对象具备差异性、互动性和受众性等特点，这些特点要求在进行阅读推广活动的策划和实施时，必须充分考虑目标群体的需求、认知水平和所处环境等因素，以确保阅读推广活动能够得到有效的实施并且获得推广对象的积极响应。

阅读推广对象的差异性主要体现在不同的目标群体具有不同的阅读需求和认知水平。例如，不同年龄层、职业背景和教育水平的人群对于阅读的需求和兴趣会存在显著的差异。因此，为了确保阅读推广活动的效果，需要根据不同的推广对象，有针对性地策划主题和活动内容，以满足不同群体的阅读需求和兴趣。

互动性是阅读推广对象的另一个重要特点。阅读推广不仅仅是单向的信息传递，更是推广主体与推广对象之间的双向互动和交流。通过有效的互动，可以更好地了解推广对象的需求和反馈，进而优化阅读推广活动的内容和形式，提高推广效果。受众性强调了阅读推广对象的广泛性和多样性。阅读推广活动应覆盖广泛的受众，以实现阅读推广的社会效益和文化效益。在具体的推广活动中，应充分考虑到不同受众群体的特点和需求，以确保阅读推广活动的广泛覆盖和高效推广。

（三）阅读推广内容

阅读推广内容是阅读推广活动的核心，它主要解决"推广什么"的问题，确立了阅读推广活动的具体目标和方向。在阅读推广过程中，推广主体需将多种阅读资源整合至活动中，旨在将合适的阅读资源推广至特定的推广对象。这一过程不仅要求推广主体充分了解推广对象的阅读需求特点，也要求其熟悉相应阅读资料的特点和适用范围，以确保推广内容与推广对象的需求相匹配，从而实现推广效果的最大化。

阅读推广内容主要以阅读文本为核心，同时包括了阅读工具、阅读方法、阅读理念和阅读文化等衍生内容。阅读文本是推广内容的基础，它为推广对象提供了直接的阅读资源和材料，是满足推广对象阅读需求的主要方式。而阅读工具和阅读方法则是帮助推广对象更好地进行阅读的重要支持，它们为推广对象提供了便利的阅读条件和有效的阅读手段。阅读理念和阅读文化则是阅读推广内容的深层次表现，它们不仅传递了阅读的价值和意义，也为推广对象提供了丰富的精神食粮和文化体验。通过传播先进的阅读理念和丰富多彩的阅读文化，阅读推广活动不仅促进了阅读技能和兴趣的培养，也为推广对象的文化素养和精神生活提供了有益的支持。

（四）阅读推广方式

阅读推广方式是阅读推广活动中的重要元素，它涵盖了推广过程中所采用的方法、形式和策略，是实现"如何推广"的具体途径和手段。阅读推广方式的选择与设计直接影响着推广活动的效果和效率，是确保阅读推广目标得以实现的关键因素。从推广规模的角度，阅读推广方式可分为微推广、小推广、中推广、大推广、巨推广和宏推广等不同的层次，每个层次的推广方式针对的推广对象、推广内容和推广目标都存在明显的差异，需要根据实际情况和需求进行精准的选择和设计。

阅读推广方式的多样性体现了阅读推广活动的灵活性和创新性。不同的推广方式适用于不同的推广场景和目标群体，可以针对不同的推广对象和推广内容设计最恰当、最合理和最实用的推广方案。例如，微推广和小推广更适用于针对特定群体或小规模社区的推广活动，它们通常具有较低的成本和较高的针对性；而巨推广和宏推广则更适用于大规模的社会推广活动，它们通常具有较强的社会影响力和较广的覆盖范围。在选择和设计阅读推广方式时，应充分考虑推广对象的需求特点、推广内容的特性和推广活动的实际条件，以确保推广方式的有效性和实效性。

三、阅读推广的目的与图书馆阅读推广意义

（一）阅读推广的目的

阅读推广，作为现代社会的一个重要议题，被广泛认为是提高公众文化素质、促进社会进步的重要手段。它在提高公众的阅读兴趣、培养阅读习惯、促进知识传播等方面都具有重要的作用。

1. 提高公众的阅读兴趣

提高公众的阅读兴趣在当前信息爆炸的时代显得尤为重要。随着科技的飞速发展，特别是互联网和移动通信技术的广泛应用，我们身边的信息来源已经变得前所未有的丰富。从社交媒体到数字新闻，从在线视频到播客，人

们每天都被大量、多样的信息所包围。这种丰富的信息环境为我们提供了前所未有的便利，但同时也带来了一个难以忽视的问题——信息过载。

信息过载不仅仅意味着人们被大量的信息所淹没，更重要的是，它可能导致人们对信息的筛选和判断能力下降。在这种情况下，传统的、结构化的知识来源，如书籍，可能会被边缘化。然而，书籍作为一个经过时间检验的知识载体，它所包含的深度、广度和系统性是其他信息来源难以替代的。因此，激发公众的阅读兴趣，使他们在这个多样化的信息时代中依然选择书籍作为主要的知识获取途径，显得尤为重要。

阅读推广在这方面起到了至关重要的作用。通过各种形式的活动，如读书会、作者见面会、图书节、线上阅读挑战等，阅读推广旨在为公众创造一个积极的、支持阅读的氛围。这不仅可以帮助公众发现新的、有趣的书籍，还可以为他们提供与其他读者交流的机会，从而进一步增强他们的阅读兴趣。经过有效的阅读推广活动，公众的阅读兴趣和阅读时间都有明显的提高。这意味着，不仅更多的人开始阅读，而且他们花在阅读上的时间也在增加。这种增长不仅可以提高公众的知识水平和思维能力，还有利于形成一个更加文明、有教养的社会。

2. 培养公众的阅读习惯

培养公众的阅读习惯在当今社会显得尤为关键。阅读，作为一种知识获取和文化传承的方式，其深远的影响超越了简单的文字解读，它涉及知识的吸收、思维的培养、习惯的形成等多个层面。在这种背景下，阅读习惯的培养不仅是教育和文化工作的核心内容，也是社会进步的基石。

阅读习惯的形成并非一蹴而就。它需要从小培养，通过持续的实践和反复的锻炼逐渐形成。这不仅需要个体的努力，也需要外部环境的支持和鼓励。这里，阅读推广活动起到了至关重要的作用。通过各种形式的活动和策略，阅读推广为公众创造了一个积极的、支持阅读的氛围，为他们提供了丰富的阅读资源和交流的机会。这种氛围和资源的提供，使得公众更容易形成和坚持阅读习惯，进而获得从阅读中得到的各种好处。长期的阅读习惯对个体的成长和发展具有深远的影响。阅读不仅为个体提供了持续的知识输入，更重要的是，它能够培养个体的分析和批判性思考的能力。这种能力在当今复杂的社会环境中显得尤为重要，它可以帮助个体更好地理解和判断各种信息，更有针对性地解决问题，更有创造性地思考和行动。阅读推广活动对培养公众阅读习惯的重要作用，特别是在青少年群体中，这种影响尤为显著。青少年是社会的未来，他们的知识和能力将决定社会的发展方向和水平。因此，对他们的阅读习惯的培养显得尤为关键。而阅读推广活动，正是这一目标的有效手段。

3. 促进知识的传播与交流

促进知识的传播与交流在当今全球化和信息化的背景下尤为重要。在这样一个环境中，知识不再是少数人的专利，而是每个人都可以获取和分享的资源。书籍作为知识的传统载体，其重要性不言而喻。而阅读，作为从书籍中获取知识的主要方式，同样具有不可替代的地位。

阅读推广在这方面起到了关键的作用。它不仅鼓励公众更多地阅读，而且为公众提供了一个分享和交流知识的平台。这种交流不仅限于书中的内容，也包括读者之间的思考、感受和见解。这样的交流可以帮助公众更好地理解和消化书中的知识，也可以激发他们的创新思维和批判性思考。

书籍中的知识是死的，但当它被阅读和分享时，它就变得生动起来。每个人在阅读同一本书时，可能会有不同的理解和感受。这种差异性是知识交流的基础，也是知识传播的动力。通过讨论和交流，公众可以从中获得新的启示，也可以对已有的知识进行修正和补充。经过有效的推广活动，公众的阅读量明显增加，这意味着他们接触到了更多的知识和信息。同时，公众之间的知识交流活动也得到了显著的提高。这种交流不仅增强了公众的知识体系，也为他们提供了更多的学习和创新的机会。

（二）图书馆阅读推广的意义

阅读，作为知识传播和文化积累的核心手段，在全球范围内受到广泛关注和高度重视。自 2006 年中国倡导"全民阅读"计划以来，该议题逐步上升到国家战略层面。2014 年，"全民阅读"被正式纳入国务院《政府工作报告》，标志着这一议题在国家政策中的地位已趋稳固。2015 年，我国进一步提出"建设书香社会"的构想，明确了阅读对于国家文化建设的重要性。2016 年，全民阅读活动被正式列入国家重大文化工程，而到 2017 年，国务院进一步颁布《全民阅读促进条例（草案）》，为阅读推广提供了法律支撑。

此发展历程反映了阅读在加强国民个人修养和提升国家文化软实力中的

核心地位。作为社会文化的重要节点，图书馆在此中扮演着至关重要的角色。其不仅是文化资料的存储和管理中心，更是知识传播和交流的重要场所。因此，图书馆在推广阅读服务方面所享有的独特优势使其成为实现全民阅读目标的关键力量。通过图书馆的阅读推广活动，不仅可以提高公众的阅读能力和文化修养，还有助于提升图书馆自身的服务水平和社会影响力。阅读推广的意义，如图1-2所示。

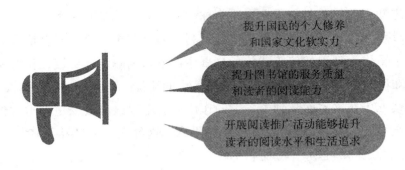

图1-2　图书馆阅读推广的意义

1. 提升国民的个人修养和国家文化软实力

提升国民的个人修养与增强国家的文化软实力是两个相互关联的目标，均在全民阅读活动的核心议程中占据重要位置。自2006年"全民阅读"首次被提出，至2017年《全民阅读促进条例（草案）》颁布，我国对于全民阅读的重视程度逐年升高，这一策略的背后是对个体和国家整体的双重考量。

在个人层面，阅读被视为一种有效的知识获取手段和文化传承途径。当个体通过阅读不断地吸收新知识、理解不同文化和观念时，其思维方式、价值观念和行为模式都会得到相应的改变和提升。这种提升不仅体现在知识储备的丰富上，它可以促进个体的批判性思考、逻辑推理能力和创新精神的培养。这种从内而外的转变，使得个体在社会中的角色和地位都得到提升，从而为国家和社会的发展作出更大的贡献。

在国家层面，文化软实力的构建和提升已成为国家竞争力的重要组成部分。与经济、政治和军事实力相比，文化软实力更多地体现在国家的影响力、吸引力和说服力上。全民阅读活动，作为文化软实力构建的重要手段，可以有效地推动我国文化的输出和传播，增强我国在国际舞台上的话语权和影响力。

2. 提升图书馆的服务质量和读者的阅读能力

图书馆作为知识的宝库和文化的中心，一直致力于为公众提供高质量的服务和资源。在这个过程中，阅读推广活动发挥着不可或缺的角色。通过这些活动，图书馆不仅能够最大化地发挥其馆藏资源的价值，还能够进一步加强与读者的联系，提升其在社会中的影响和吸引力。

图书馆开展的阅读推广活动具有多重意义。首先，它能够显著提高图书馆的馆藏资源利用率。当图书馆定期举办读书会、讲座、展览等活动时，读者会更加积极地参与到图书馆的服务中，更加频繁地使用图书馆的资源。这不仅可以最大化地利用图书馆的馆藏，还可以为图书馆带来更多的社会影响力。此外，通过与读者的互动和反馈，图书馆可以更好地了解读者的需求和期望，从而持续改进其服务方法和内容。例如，针对不同的受众群体，图书馆可以根据他们的特定需求来定制阅读推广活动。如高校图书馆可以根据学生的学习阶段和目标，提供更加针对性的阅读材料和活动，从而帮助学生更加高效地学习和成长。图书馆的阅读推广活动可以有效地提升读者的阅读能力。通过知识性、趣味性和挑战性的结合，图书馆不仅可以激发读者的阅读兴趣，还可以培养他们的阅读习惯。长期的阅读习惯会对读者的思维方式、价值观念和行为模式产生深远的影响，从而提高他们的综合素质和能力。

3. 开展阅读推广活动能够提升读者的阅读水平和生活追求

在当代快速发展的社会背景下，随着信息技术的普及，人们的阅读方式和习惯发生了显著的变化。碎片化阅读，如速读、缩读、读图和读网，由于其便捷性和高效性，逐渐成为现代人的主要阅读方式。然而，这种表面性的、快速的阅读方式往往使人们缺乏对知识的深入理解和反思。高校图书馆和公共图书馆开展的阅读推广活动显得尤为重要。针对大学生这一特定的受众群体，高校图书馆通过加强纸媒阅读的推广，可以有效地干预学生的浮躁阅读习惯，引导他们进行深入、有针对性的阅读。深入的阅读不仅可以帮助学生更好地理解和掌握知识，还可以培养他们的批判性思考和独立研究的能力。长期下来，这不仅可以提高学生的学术水平，还可以促进他们的创新能力和综合素质的提升。

而对于公众来说，公共图书馆通过推广纸媒阅读，可以为他们提供一个远离都市喧嚣、放缓生活节奏的空间。在这样的环境中，读者可以更加专注地进行阅读，更加深入地思考和反思。这种深度阅读不仅可以帮助读者提高自己的知识和素养，还可以促进他们对生活的思考和规划。通过这种方式，读者可以更好地找到自己的人生方向和价值追求，从而提高自己的生活质量和幸福感。

四、阅读推广的主要形式

阅读推广在其发展和实践过程中已经不再局限于传统的书目推荐或读书会等形式。特别是在高等教育机构中，图书馆作为学术和文化的中心，其阅读推广活动已经形成了一个多元化、综合化的大格局。

（一）名家讲坛

名家讲坛是一种高端的学术交流方式，它汇集了各领域的顶尖学者和专家。这种形式的主要优势在于，它为学生和教职工提供了一个直接与顶级学者互动的机会，使得知识的传递更为直接和高效。名家讲坛往往能够引起学术界和公众的广泛关注，进一步提高图书馆在学术领域的影响力。

（二）读书沙龙

与名家讲坛不同，读书沙龙更注重读者之间的交流和分享。这是一个开放、平等的平台，每个参与者都可以在此分享自己的阅读体验和心得。读书沙龙的价值不仅在于它提供了一个使读者可以互相学习和受启发的场所，更在于它强调了阅读的社群性和共创性。

（三）知识竞赛

知识竞赛是一种结合了学习与娱乐的活动形式。它鼓励读者参与，挑战自己的知识储备和思维敏捷性。此外，知识竞赛还能够培养读者的团队合作精神和公共演讲能力。对于图书馆而言，这是一种既能够检验其服务效果，又能够增强与读者联系的有效方式。

（四）设计大赛

设计大赛体现了图书馆对于创新和设计思维的重视。与传统的阅读推广活动不同，设计大赛更注重读者的创造性和实践能力。它为读者提供了一个展示自己才华的平台，同时也为图书馆带来了新的设计和服务思路。

第二节　融合发展的内涵和意义

一、融合发展的理论基础

融合发展是当今社会经济、文化和科技领域的重要话题，其理论基础可追溯到多个学科，如经济学、社会学、文化学和信息科学等。

（一）经济全球化与技术进步

经济全球化和技术进步，尤其是信息和通信技术（ICT）的迅速发展，已经成为当代社会最为显著的两大趋势。这两个趋势之间存在着内在的相互联系，并共同推动了全球的融合发展。

1. 经济全球化的驱动力

随着经济的全球化，企业和组织开始寻求更大的市场，这导致了全球贸易和投资的增加，进一步加速了各国经济的相互依赖。全球化使得资源（如资金、技术、人才）得以在全球范围内进行更为高效的配置，促进了产业链的全球化和优化。经济的全球化伴随着文化、知识和信息的全球流动，加强了各国之间的文化交流与互动。

2. 技术进步与 ICT 的作用

ICT 的发展极大地提高了信息的流动速度，打破了地域和时间的限制，使得全球的信息交流变得前所未有的便捷。通过 ICT，企业和组织可以更快地获取和交流知识，这促进了技术和业务模式的创新。ICT 使得不同的产业和领域之间的界限变得模糊，例如，传统制造业与互联网的融合，为新的产业模式和业务模式创造了机会。

3. 经济全球化与技术进步的相互作用

ICT 的发展为全球贸易和投资提供了强大的工具，例如，电子商务、供应链管理等，进一步推动了经济的全球化。为满足全球化的需求，各种新的技术和应用不断地被创新和开发，例如，云计算、大数据等。

4. 对融合发展的启示

经济全球化和技术进步为融合发展提供了广阔的空间和无限的可能性。这意味着企业和组织需要不断地创新和适应，以抓住这些机会。融合发展不仅仅是技术和经济的融合，还包括文化、社会和制度的融合，这需要全球各国共同努力和合作。

（二）跨学科研究

跨学科研究在当代学术领域中已经成为一种日益普及的研究方法。在传统的研究范式中，各个学科都有其固定的研究框架、方法论和理论体系，这些都为深入探究某一特定领域的知识提供了基础。然而，随着社会、经济和技术的快速发展，许多复杂的问题和挑战已经超出了单一学科的解决范围，这使得跨学科研究的价值和重要性日益凸显。

跨学科研究的核心是将不同学科的知识、方法和理论进行整合，以寻求对复杂问题的全面和深入的理解。这种整合不仅仅是简单地将不同学科的知识进行堆叠，而是要在各学科之间建立联系，发现它们之间的共通性和差异性，并在此基础上创新和发展新的理论和方法。这种研究方法不仅可以为解决复杂的实际问题提供新的思路和策略，也可以推动学术界的创新和发展。

在融合发展的理论基础中，跨学科研究起到了关键的作用。由于融合发展涉及多个领域和层面，如经济、技术、文化、社会和制度等，单一学科很难对其进行全面和深入的研究。跨学科研究为融合发展提供了一个全面、多维度的研究视角，使得研究者可以从不同的角度和层面对融合发展进行探究。此外，跨学科研究还促进了不同学科之间的知识交流和融合，为融合发展的理论构建和实践提供了丰富的知识和方法资源。

（三）社会文化交流

社会文化交流已经成为国际关系和发展的重要组成部分。文化，作为一种社会现象，不仅仅是某一社群或民族的历史、传统和价值观的体现，也是其与外部世界互动和交流的方式。随着交通、通信和技术的进步，不同文化背景的人们得以更加紧密地相互接触和交流，这种交流对于各国的文化、社会和经济发展都产生了深远的影响。

文化交流的本质是知识、观念和经验的传播。当两种或多种文化相遇时，它们之间的异同性和协同性都会成为交流的对象。这种交流不仅可以增进相互了解和信任，还可以为双方提供新的知识和经验，从而推动文化的创新和发展。与此同时，文化交流也可能带来冲突和摩擦，因为不同的文化有其独特的价值观、信仰和生活方式。但正是这种冲突和摩擦，使得文化交流成为一种复杂而有趣的现象。

在融合发展的理论基础中，社会文化交流起到了关键的作用。融合发展不仅仅是经济和技术的融合，也是文化和社会的融合。文化交流为这种融合提供了材料和动力，因为它促进了不同文化之间的知识和经验的交流和融合。这种融合不仅可以为各国提供新的发展机会，还可以为全球化提供一种更加和谐和包容的文化背景。

（四）网络社会与数字化

随着互联网和数字技术的日益普及，现代社会已经进入了一个全新的网络化、数字化时代。这种技术的革命性发展不仅对个体的日常生活和工作方式产生了显著影响，更在宏观层面上重塑了整个社会的交流模式和知识构造。信息和知识的传播不再受物理界限的约束，而是以前所未有的速度和范围流动，为全球的交流和合作提供了便利。在融合发展的理论框架中，网络社会与数字化的重要性不言而喻。数字技术使信息的获取、处理和传播变得更加便捷和高效，为不同领域和地区之间的资源、信息和服务的融合创造了条件。这种融合不仅促进了全球经济和文化的互动，还为各种创新提供了平台。例如，大数据和人工智能技术的应用使得各行业能够从大量的数据中提取有价值的信息，为决策提供支持；同时，社交媒体和在线社区使得人们可以跨越地域和文化的界限，进行交流和合作。这些变化不仅推动了融合发展的进程，还为其提供了新的理论和实践基础。

（五）系统理论

系统理论为现代社会提供了一种理解和分析复杂现象的新视角。在面对日益复杂的现实问题时，传统的线性和部分化的思维方式往往难以提供满足需求的答案。系统理论通过强调整体性和互动性，为这些问题提供了一个更加全面和深入的分析框架。在这个框架中，各个部分不是孤立存在的，而是与其他部分紧密相连，共同构成一个有机的整体。这种整体不仅包括其内部的各个部分，还与其外部环境存在着复杂的相互作用。在融合发展的理论构建中，系统理论提供了一个宝贵的理论资源。融合发展不仅涉及单一领域或行业的发展，更重要的是它涉及多个领域和行业之间的相互关联和相互影响。这种关联和影响不仅表现在技术和经济层面，还涉及文化、社会和制度等多个层面。系统理论为这种复杂的相互作用提供了一个理论框架，强调融合发展应该从整体出发，考虑各个部分之间的相互关系和相互作用，而不仅仅是各个部分本身。这种思维方式不仅为融合发展的理论研究提供了新的视角和方法，还为其实践提供了有力的指导。

二、融合发展的核心要素与内涵

（一）融合发展的核心要素

1. 多维度交互

融合发展的特点之一是其多维度的交互性。在现代社会的复杂背景下，单一领域的知识和方法往往难以满足解决问题的需求。经济、技术、文化和社会等不同的领域之间产生了紧密的交互关系。这种交互不仅涉及知识和信息的交换，更深入到资源、策略和价值观的整合。这种多维度的交互推动了不同领域之间的深度融合，为解决复杂问题提供了全新的视角和方法。

2. 技术驱动

技术在融合发展中起到了至关重要的作用。尤其是数字技术和互联网技术，它们不仅改变了信息的传播方式，还为不同领域的交互和融合提供了强大的平台。例如，云计算和大数据技术使得大量的数据得以高效地处理和分析，为决策提供了有力的支持；社交媒体和在线社区为人们提供了一个跨越地域和文化的交流与合作的空间。这些技术为融合发展提供了必要的工具和条件，使其成为可能。

3. 创新导向

融合发展并不是简单地将不同领域的知识和方法进行组合，更重要的是它催生了新的创新。这种创新不仅仅体现在技术和产品的更新，还涉及业务模式、组织结构和管理方式的创新。这种创新导向使得融合发展具有强大的生命力和发展潜力，为应对未来的挑战提供了有力的支持。

4. 全球视角

全球化为融合发展提供了广阔的空间和无限的可能性。在全球化的背景下，融合发展不仅涉及单一国家或地区，还涉及跨国和跨地域的合作和交互。这种全球视角使得融合发展具有更加开放和包容的特点，为各个领域能够从全球的角度进行考虑和布局提供了条件。

（二）融合发展的内涵

融合发展，作为当代社会经济发展的关键词，承载着多重的内涵和价值。在表面上，它看似是各个领域之间的相互叠加和结合，但实际上，它代表的是一种深度的、结构性的变革，涉及整个社会的运行模式和思维方式。

1. 整体性

强调整体性意味着融合发展不满足于表面的、零碎的改变。相反，它是从整体出发，涉及各个部分之间的相互关系和作用，试图构建一个更加有机、协同的系统。在这个系统中，各个部分不是孤立的，而是相互依赖、相互影响的。这种整体性视角为解决复杂问题提供了新的方法，也为各个领域之间的深度融合创造了条件。

2. 开放性

开放性则体现在融合发展的包容性和多样性上。它不仅仅是对内部资源和技术的整合，更重要的是它对外部的开放和合作。在融合发展的背景下，各个领域之间的界限和壁垒被逐渐打破，取而代之的是开放、合作和共享的理念。这种开放性不仅促进了知识和技术的交流和传播，还为创新提供了广阔的空间。

3. 动态性

动态性，作为融合发展的核心特质之一，揭示了其在不断适应和应对变革中的独特价值。在此背景下，融合发展不仅仅是一个静态的、固定的状态，而是一个持续的、动态的过程，它能够对各种外部和内部因素进行响应，确保持续的适应性和竞争力。与传统的发展模式相比，融合发展的动态性为其赋予了更高的灵活性和适应性。在一个快速变化的全球环境中，单一、线性的发展策略往往难以满足多变的需求。融合发展，凭借其多维度的整合能力，能够迅速捕捉到环境的变化，从而制定出更加合适的策略和行动方案。动态性还体现在融合发展的创新导向上。面对外部环境的变化，单纯的应对往往是不够的，更重要的是能够从中捕捉到新的机遇，进行创新。融合发展正是基于这样的理念，它不仅仅是对现有资源和技术的整合，更重要的是它能够激发出新的创新潜能，为社会的发展提供新的动力。

4. 持续性

持续性为融合发展注入了深远的时代意义，表明其并非仅是一种短暂的趋势或突然的现象。相反，融合发展反映了当代社会在面对全球化、技术革命和文化交融等挑战时，所采纳的一种长期、系统的应对策略。在技术和经济层面，持续性表现为对新技术的不断采纳与整合，以及对市场变化的持续响应。随着技术进步的步伐加快，新的技术和工具不断涌现，为各行各业带来了前所未有的机遇和挑战。融合发展要求各领域不仅要迅速采纳这些新技术，更要将其与现有的技术和业务流程进行深度融合，确保其可以为社会带来长期、持续的价值。而在文化、制度和价值观层面，持续性意味着融合发展不仅仅是表面的、形式的。它要求各领域深入到其核心，对其文化传统、制度框架和价值观念进行深度反思和整合。这不仅需要时间和耐心，更需要勇气和智慧，因为它往往涉及深层次的变革和调整。

持续性还强调了融合发展的开放性和包容性。在一个多元、复杂的世界中，各领域之间的交流和合作变得尤为重要。融合发展鼓励各领域放下传统的界限和偏见，以开放的心态去接受和吸纳外部的知识和经验，确保其能够持续、健康地发展。

三、融合发展的社会经济意义

融合发展，作为一个现代社会经济的关键词，其意义远不止于简单的领域整合。它代表的是一种更深层次的社会经济变革和发展模式，其影响已经深入社会的各个角落。其社会经济意义，如图1-3所示。

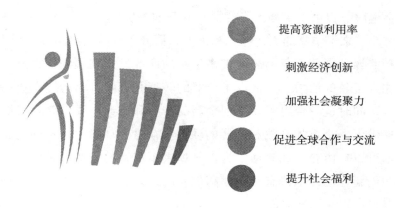

提高资源利用率

刺激经济创新

加强社会凝聚力

促进全球合作与交流

提升社会福利

图 1-3　融合发展的社会经济意义

（一）提高资源利用率

　　融合发展的社会经济意义在多个维度上得到体现，而提高资源利用效率则是其中的一个核心维度。在传统的发展模式中，行业与行业之间，领域与领域之间经常存在明显的壁垒。这些壁垒不仅仅是物理的或技术的，更多的是制度的、观念的。因此，各个领域在资源配置和利用上往往形成了相对封闭的小圈子，导致了大量的资源冗余和浪费。融合发展提出了一种全新的思维方式和方法论，强调不同领域之间的互动和整合。这种互动和整合不仅涉及到物质资源，更涉及知识、技术、资本和人才。通过跨界合作，各个领域能够更好地共享和利用这些资源，避免重复投入，提高资源的利用效率。

　　这种高效的资源利用不仅可以为企业和机构带来直接的经济收益，更重要的是，它可以为整个社会创造更大的价值。例如，通过技术和知识的共享，可以推动技术进步和创新；通过资本和人才的流动，可以促进产业转型和升级；通过制度和观念的交流，可以推动社会进步和文化融合。

（二）刺激经济创新

　　融合发展的出现，为经济创新打开了一扇全新的大门。通过跨界合作，企业和组织可以获得更多的资源、知识和技术，从而拓展其创新的空间和深度。这种跨界合作往往能够产生意想不到的"化学反应"，产出远超过单一领域内的创新成果。例如，科技与金融的结合，产生了金融科技这一全新的产业，为金融服务提供了更高效、便捷和安全的解决方案；文化与旅游的融合，则为旅游业带来了丰富的文化体验和价值，提升了旅游的品质和吸引力。

这种跨界的创新不仅为企业带来了新的商业模式和利润增长点，更为整个经济注入了新的活力。它促进了产业的转型和升级，为传统产业提供了新的增长点，同时也孕育出了一系列全新的产业和商业模式。融合发展还为经济创新提供了一个更加开放和多元的环境。在这个环境中，不同的文化、观念和技术可以自由交流和碰撞，为创新提供了丰富的土壤和条件。这种开放和多元的创新环境，不仅有利于提高创新的质量和效率，更有助于培养一个更加包容和开放的创新文化。

（三）加强社会凝聚力

文化、教育和科研等社会领域在融合发展中扮演着重要的角色。通过跨领域的合作和交流，这些领域能够更好地互相学习和借鉴，打破传统的界限和偏见，促进知识、技术和文化的传播和融合。这种交流和融合不仅可以丰富和拓展各领域的内涵和深度，它可以为社会创造更多的共同价值和共同利益。

当不同的群体和领域能够在一个开放、包容的环境中进行深入的交流和合作，社会的凝聚力自然会得到加强。人们会更加重视共同的目标和利益，而不是各自的差异和分歧。这种共同的目标和利益不仅可以为社会带来更大的经济收益，还可以为社会的稳定和和谐提供一个坚实的基础。

融合发展为社会的多元化和包容性提供了有力的支持。在一个融合发展的社会中，各种文化、观念和价值观都可以得到尊重和认可，不同的群体都可以找到自己的位置和价值。这种多元化和包容性有助于减少社会的冲突和矛盾，促进社会的和谐与进步。

（四）促进全球合作与交流

面对全球性的挑战，如气候变化、能源危机、公共健康等，单一国家或地区的努力往往难以取得实质性的成果。而融合发展的全球视角为各国提供了一个共同的平台和框架，使其能够联合行动，分享资源和经验，形成合力，共同应对这些挑战。融合发展还促进了全球经济的平衡与稳定。通过跨国的合作与交流，发达国家和发展中国家可以更好地分享经济的成果，缩小发展的差距。这不仅有利于提高全球的经济效益，而且还可以为全球的和平与稳定提供一个坚实的基础。

融合发展还推动了文化的交流与融合。各种文化、观念和价值观都可以得到广泛的传播和接受。这种文化的交流与融合不仅有助于增进各国人民的相互了解和友好，更有助于形成一个共同的文化和价值观，为全球的合作与交流提供了一个坚实的基础。

（五）提升社会福利

资源的高效配置和利用在融合的背景下显得尤为关键。通过跨界合作和整合，可以避免资源的重复投入和浪费，实现资源的最大化利用。这种高效的资源利用为经济的持续增长提供了坚实的基础，从而为社会创造了更多的财富和价值。随着经济的增长，人民的收入水平也得到了相应的提高。而高收入不仅意味着更好的物质生活，还可以为人们提供更多的选择和可能，使其能够更好地实现自己的潜能和价值。融合发展还促进了公共服务的改善和完善。在一个融合的社会经济体系中，公共服务不再是单一领域或机构的责任，而是涉及多个部门和领域的共同努力。通过跨领域的合作和整合，可以更好地满足人们的多样化需求，提供更高质量和更有效率的公共服务。

从更广泛的角度看，融合发展为社会的整体福利提供了有力的支持。它不仅促进了经济的增长和人民生活的富裕，而且为社会的和谐、稳定和进步创造了有利条件，融合发展不仅是一种经济策略，更是一种社会经济发展的理念和方法，旨在为所有人创造一个更好、更公正、更和谐的生活环境。

四、融合发展对图书馆领域的作用

融合发展是当今社会经济、文化和技术发展的重要特征，它强调的是不同领域、不同资源、不同技术的有机结合，以创新的方式促进社会的整体进步。

（一）技术融合带动的服务革新

技术融合在图书馆领域所带来的服务革新已经深远地影响了图书馆的工作模式和用户体验。随着数字技术、人工智能和大数据等技术的蓬勃发展，图书馆不再仅仅是传统意义上的文献资料收藏和提供中心，而是变革为一个高度数字化、智能化的信息服务平台。数字化收藏为图书馆提供了新的文献保存和传播方式。传统的纸质文献受到物理空间和保存条件的限制，而数字化收藏则克服了这些限制，能够长久保存，且可以迅速复制和传播。此外，用户可以在任何时间、任何地点访问这些数字化资源，大大提高了图书馆的服务效率和便捷性。

在线查询系统的建立和完善，为用户提供了高效、准确的信息检索工具。与传统的目录卡查询相比，在线查询不仅速度更快，而且可以提供更为全面、深入的检索结果，满足用户多样化、个性化的信息需求。

人工智能技术的应用，使图书馆的服务进入了一个新的纪元。通过对用户行为和偏好的分析，智能推荐系统可以为用户提供更为精准、个性化的阅读建议，从而提高用户的满意度和忠诚度。此外，自动化的图书管理、智能问答系统等也大大提高了图书馆的工作效率和服务水平。

（二）跨界合作的资源共享

与学校的合作允许图书馆直接为学术研究和教育服务，扩大了其服务对象和领域。学生和教师可以更便捷地获取到图书馆的专业资源，而图书馆则能够更准确地了解学术界的最新需求，为其提供更为精准的服务。与研究机构的合作则为图书馆带来了大量的前沿科研资源。研究机构通常拥有大量的未公开或专有的研究数据，这些数据对图书馆的用户来说具有极高的价值。通过与研究机构的合作，图书馆可以为其用户提供这些珍贵的资源，从而提高其服务的竞争力和吸引力。与企业的合作则打破了图书馆传统的服务边界，使其能够为企业提供更为专业和深入的信息服务。企业通常需要大量的市场、技术和管理方面的信息，而图书馆则可以为其提供这些信息。同时，企业也可以为图书馆提供其专有的资源，如专利、技术报告等，使图书馆的资源更为丰富和专业。

（三）文化传播的新渠道

图书馆在文化传播中的地位历来都是举足轻重的，而在融合发展的背景下，这一角色得到了进一步的加强和深化。随着数字技术的快速发展，图书馆已经不仅局限于实体空间的文化传播，而是逐步转向线上和数字化的传播方式。线上展览为图书馆提供了一个全新的展示平台，使得珍贵的藏品和文献得以跨越地域的限制，触及全球的受众。与传统的实体展览相比，线上展览可以持续更长的时间，吸引更广泛的关注，并通过互动和多媒体手段为受众提供更为丰富的体验。

传统的纸质文献受到保存和流通等诸多限制，而数字化资源则可以迅速、便捷地传播到全球的每一个角落。这不仅提高了图书馆的服务效率，还为全球的读者提供了前所未有的便利。不同于传统的实体讲座，线上讲座可以吸引更多的参与者，且不受地点和时间的限制。这为图书馆提供了一个与全球读者进行知识交流和文化传播的机会，从而增强了其在文化传播中的地位和影响力。

（四）图书馆的角色转变

传统上，图书馆被视为知识的宝库，主要负责文献资料的收藏、管理和提供。然而，随着信息技术和社会需求的快速发展，图书馆的角色逐渐超越了这些传统功能，现代图书馆越来越被视为学习、研究和创新的合作伙伴和平台。这意味着图书馆不再仅仅是一个被动的信息提供者，而是变成了一个积极参与学术研究和社会创新的机构。图书馆与学者、研究者、创作者和普通读者之间的关系也从单纯的服务与使用转变为深度的合作与互动。图书馆更加重视用户需求的满足和用户体验的优化。为了更好地服务于用户，图书馆开始引入各种新技术和方法，如人工智能、大数据分析和虚拟现实等，提供更为高效、个性化和有针对性的服务。同时，图书馆也与其他机构和企业建立了广泛的合作关系，共同推进知识创新和文化传播。

第三节　阅读推广与融合发展的关联性

一、阅读推广与融合发展的互动机制

（一）资源的共享与整合在阅读推广中的重要性

在当今的信息社会，资源的共享与整合已然成为一个不可逆转的趋势，尤其在文化和信息机构中，这一趋势的影响尤为显著。阅读推广，在这样的背景下，需要充分利用这一机制，为公众提供更加广泛和深入的高质量阅读材料。融合发展的理念为资源的共享与整合提供了更加明确的方向。它鼓励各种文化和信息机构打破传统的界限，更加紧密地合作，以实现资源的优化配置和更为高效的利用。图书馆、出版社、教育机构和媒体在这样的背景下，不再是孤立的存在，而是成为一个有机的整体，共同为阅读推广提供支持。

这种跨界的资源整合对于阅读推广的意义重大。它不仅大大丰富了阅读的内容和形式，还极大地提高了阅读的效率和效果。例如，通过数字化技术，传统的图书和期刊得以被快速地传播和共享，这无疑为阅读推广提供了更为广阔的空间。读者不再受制于时间和空间的限制，可以在任何地点、任何时间享受到高质量的阅读体验。资源的共享与整合也为阅读推广提供了新的可能性和机会。各种机构可以共同开发和推广阅读材料，结合各自的优势和特点，为读者提供更为丰富和多样的选择。这不仅有助于满足读者的多样化需求，还有助于提高阅读推广的影响力和覆盖面。

（二）服务模式的创新与阅读推广的深化

融合发展为阅读推广注入了新的活力和可能性，特别是在服务模式的创新方面。在这种发展背景下，机构不再单一地依赖传统的服务方式，而是追求更为先进、更具针对性的服务模式。图书馆、学校、社区等文化和教育机构，在融合发展的指引下，有了更为广泛的合作空间。这种合作不仅仅是资源的共享，更重要的是知识和经验的交流。各机构可以在此基础上互相学习，吸取对方的优点和长处，从而持续改进和创新其服务模式。更为深入地了解公众的需求和兴趣，是服务模式创新的核心。图书馆等机构需要与学校、社区等进行深度合作，通过各种渠道收集公众的反馈和建议，从而为其提供更为精准和有针对性的服务。这种服务不仅满足了公众的实际需求，还进一步提高了公众的阅读兴趣和热情。新的活动和项目为阅读推广提供了更为广阔的发展空间。阅读节、讲座和工作坊等活动，不仅为公众提供了知识和信息，还为其提供了与他人交流和分享的机会。这种交流和分享进一步加深了公众对于阅读的理解和认识，使阅读真正成了一个文化和社会的活动。

（三）技术的应用与阅读推广的个性化

在技术快速进步的时代，阅读推广与融合发展之间建立了一种特殊的互动机制。这种机制是由前沿技术，如人工智能、大数据和云计算，所推动的，它们共同为阅读推广提供了更为智能和个性化的服务方式。图书馆、阅读平台和出版机构正在经历一场由技术驱动的转型。这场转型的核心是为每一位读者提供更为精准和个性化的阅读体验。传统的推荐系统，往往基于图书的种类或作者进行推荐，这种推荐方式在满足广大读者的需求上存在局限性。而现在，通过对用户行为的深入分析和大数据技术的应用，图书馆可以为每一位读者量身定制推荐。这种推荐不仅基于读者过去的阅读记录，还能预测读者未来的兴趣，从而为其推荐最合适的书籍。技术的应用还为阅读推广带来了更多的互动方式。增强现实（AR）和虚拟现实（VR）技术为读者提供全新的阅读体验。通过这些技术，读者可以深入书籍的世界，体验其中的情节和场景，从而得到更为深刻的阅读体验。这种沉浸式的阅读方式，不仅增强了读者的阅读兴趣，还提高了阅读的吸引力和价值。社交媒体平台的兴起，为阅读推广提供了更为广泛的传播渠道。读者可以在这些平台上与作者、专家和其他读者交流，分享自己的阅读体验和感受。这种交流方式，使得阅读不再是一个孤立的活动，而是成为一个社会和文化的交流。

二、阅读推广在融合发展中的作用

（一）为融合发展提供文化与知识基础

阅读是知识与文化的传播途径，而在融合发展中，知识与文化的基础尤为关键。融合发展需要各种领域、技术和资源的有机结合，而这种结合必须建立在坚实的知识与文化基础上。阅读推广作为一个促进公众获取和分享知识与文化的活动，为融合发展提供了这种基础。

通过阅读推广，公众可以获取到最新的知识与信息，为融合发展中的创新和实践提供思想和灵感。例如，新的技术和方法往往首先通过专业书籍和期刊传播，而阅读推广则可以使这些技术和方法更快地被公众所知晓和应用。

阅读推广也为融合发展提供了文化支持。不同领域和技术的融合往往需要跨越文化和思维的障碍，而阅读可以帮助公众理解和接受这些不同的文化和思维，为融合发展创造一个更为开放和包容的环境，阅读推广还可以为融合发展提供人才支持。通过阅读，公众可以不断提高自己的知识和技能，为融合发展中的各种项目和活动提供有力的人才支撑。

（二）促进融合发展中的交流与合作

阅读推广不仅是一个个体的活动，更是一个社群的活动。通过阅读，公众可以了解不同领域和文化的知识和信息，为融合发展中的交流与合作打下了基础。通过阅读推广，公众可以了解到其他领域和文化的最新发展和趋势，为融合发展中的交流提供了知识和信息支持。例如，一个工程师通过阅读可以了解最新的设计理念和技术，从而更好地与设计师进行交流和合作。阅读推广也为融合发展提供了交流的平台。许多阅读活动，如读书会、讲座和研讨会，都是公众交流和分享知识与经验的好机会。公众可以与不同领域和背景的人进行交流，为融合发展中的合作创造条件。还可以促进公众对融合发展的认识和理解。融合发展往往涉及多个领域和技术的结合，而阅读则可以帮助公众理解这些领域和技术的内涵和联系，为融合发展提供思想和理论支持。

（三）为融合发展提供社会与公众支持

阅读推广不仅是一个知识与文化的传播活动，更是一个社会与公众参与的活动。公众可以更加深入地了解和支持融合发展，为其提供更为坚实的社会基础。进一步了解融合发展的重要性和意义，从而更加积极地支持和参与融合发展中的各种活动。例如，一个读者通过阅读可以了解到新的技术和方法对于社会和经济发展的重要性，从而更加支持这些技术与方法的研发和应用。阅读推广也为公众提供了参与融合发展的机会。许多阅读活动，如读书会、讲座和研讨会，都为公众提供了了解和讨论融合发展的平台。通过这些活动，公众可以更加深入地了解融合发展的内容和方向，为其提供意见和建议。此外还可以为融合发展提供公众监督。公众是融合发展的最终受益者，而阅读则可以帮助公众了解融合发展的进程和效果，从而更加有效地对其进行监督和评价。

三、融合发展对阅读推广的促进作用

（一）技术进步与阅读体验的革新

在当今的信息时代，技术的进步和应用对阅读体验产生了深远的影响。特别是数字化、云计算和人工智能这些前沿技术，它们不仅改变了阅读的形式和手段，而且更深入地影响了阅读的质量和深度。纸质书籍在人类文明中拥有悠久的历史，但其在保存和流通上的局限性已经逐渐显现。与此相反，数字化的书籍克服了这些局限，为阅读提供了前所未有的便利性。读者无需受制于地理位置或物理空间，即可迅速访问和分享全球各地的文献资源。这种即时性和普及性确保了知识的快速传播和文化的广泛交流。而云计算和人工智能技术为阅读推广提供了更为先进的工具。图书馆和其他文化机构现在可以利用这些工具，对大量的数据进行分析，从而更为精准地了解读者的需求和兴趣。基于这些深入的分析，机构能够为读者提供更为个性化的推荐和服务，满足他们多样化和个性化的阅读需求。

技术驱动的阅读体验革新也带来了其他一系列的利益。例如，数字化的书籍可以更为容易地进行更新和修订，确保读者获取的信息始终是最新的。同时，云计算技术也允许读者在多个设备之间同步阅读进度，确保阅读体验的连续性和一致性。

（二）跨界合作与资源的丰富与多样

融合发展鼓励各种领域和机构之间的合作和交流。这种跨界合作为阅读推广提供了丰富和多样的资源。图书馆、出版社、学校和媒体等机构可以通过合作，共同开发和推广高质量的阅读材料。这些材料不仅涵盖了各种领域和文化的知识和信息，还结合了各种形式和手段，如文字、图片、音频和视频等，为读者提供了全方位、多层次的阅读体验。在这种合作中，各方可以发挥自己的优势，实现资源的最大化利用。例如，图书馆可以提供丰富的藏书和研究资源，出版社可以提供最新的出版物和专家资源，学校可以提供学术研究和人才培养，而媒体则可以提供传播和推广的平台。这种资源的整合和共享，使得阅读材料的质量和数量都得到了大幅提升。跨界合作还为阅读推广提供了更为宽广的发展空间。在这种合作中，各方可以相互学习、相互创新，为阅读推广带来更为丰富和多样的内容和形式。这不仅满足了现代读者的多样化和高度化的需求，还为阅读推广提供了更为坚实的基础和支持。

（三）公众参与阅读文化的传播与普及

融合发展也强调公众的参与和贡献。阅读推广不仅仅是一个机构或个人的活动，更是一个社群和公众的活动。公众可以通过各种方式，如写作、评论、分享和推荐等，参与到阅读推广中，为其提供内容和形式上的支持和创新。这种公众参与的方式为阅读推广带来了更为广泛和深入的影响，使其真正成为一个社会和文化的活动。公众的参与不仅限于内容的提供，还包括对阅读推广策略的反馈和建议。这种互动使得阅读推广更加贴近公众的实际需求和兴趣，从而提高了其效果和影响力。例如，公众可以通过在线平台提供对于某个阅读活动的意见和建议，使得组织者可以根据这些反馈进行相应的调整和优化。

公众参与也为阅读推广提供了强大的传播和普及力量。在现代社会，公众的口碑和推荐往往具有更大的影响力。通过公众的分享和推荐，阅读的知识和文化可以迅速传播到更广泛的受众，为其提供更为丰富和深入的阅读体验。而这种广泛的传播和普及，又进一步增强了公众对于阅读的兴趣和热情，形成了一个良性循环。

第四节　图书馆在融合发展中的角色

一、图书馆在社区融合发展中的地位

（一）社区的文化中心

图书馆被誉为社区的"大脑"和"心脏"。它所积累的知识和信息不仅是社区文化传承的载体，更是推动社区创新和发展的源泉。作为文化的中心，图书馆既是知识的守护者，也是创新的催化剂。它为社区居民提供了一个开放、包容的空间，让人们可以自由探索、学习和创造。更为重要的是，图书馆已经成为社区居民日常生活的一部分。无论是儿童、青少年、成人还是老年人，都可以在图书馆中找到适合自己的学习资源和活动。这些资源和活动不仅丰富了他们的精神生活，还帮助他们建立了与他人的联系，加深了社区的凝聚力。图书馆还起到了桥梁的作用，连接了社区与外部世界。通过与其他文化和教育机构的合作，图书馆为社区引入了更多的外部资源和活动。这不仅丰富了社区的文化生活，还增强了社区的开放性和包容性。

在融合发展的过程中，图书馆的功能和服务也在不断地创新和扩展。除了提供传统的书籍和资料外，图书馆还开展了各种文化活动、技能培训和社交活动。这些活动不仅满足了社区居民的多样化需求，还为他们提供了与他人交往和合作的机会。

（二）生活学习的终身伙伴

社区中的每一个居民，无论其年龄、性别、背景或兴趣如何，都有自己的学习和成长需求。图书馆正是能够满足这些需求的理想场所。对于儿童而言，图书馆提供了一个安全、有趣的环境，让他们探索世界、培养兴趣和习惯。对于青少年，图书馆则是一个能够帮助他们建立自我、发现潜能、拓宽视野的平台。对于成年人和老年人，图书馆更是一个终身学习的场所，为他们提供知识更新、技能提升和文化休闲的机会。图书馆不仅提供了丰富的资源和材料，还为社区居民创造了一个开放、包容、多元的学习环境。在这个社区中，居民可以自由交流、分享经验、相互鼓励，形成一种积极、健康、协作的学习氛围。这种氛围不仅促进了个人的学习和成长，还加强了社区的凝聚力和向心力。图书馆在社区中还扮演着连接不同群体、促进社区整合的角色。通过举办各种活动和项目，如家长儿童阅读会、文化沙龙和技能培训班等，图书馆为不同背景和兴趣的居民提供了一个相互交往、共同学习的平台。这不仅有助于消除社区中的隔阂和偏见，还为社区的和谐、稳定和发展奠定了坚实的基础。

（三）推动社区参与和互动

图书馆在历史上被视为知识的殿堂，现代社会中逐渐演变成为社区互动和参与的核心场所。在社区融合发展的大背景下，图书馆的角色不再限于文献资料的存储和提供，而是转变为一个社区活动的中心，成为推动社区成员间交流和合作的关键力量。

在图书馆的空间内，各种活动和项目的举办如雨后春笋般涌现，它们旨在鼓励社区居民的积极参与。例如，通过阅读小组的形式，居民们聚集在一起分享读书的心得，交换对文化和知识的理解，从而加强彼此之间的情感纽带。文化讲座和手工艺工作坊则为社区成员提供了一个展示自己、学习新技能的平台，促使他们更加积极地参与到社区的文化和教育活动中。这些活动不仅加强了社区居民之间的联系，更重要的是，它们促进了社区的文化多样性和包容性。每个参与者都有机会在这些活动中发出自己的声音，分享自己的故事和经验，从而为社区的文化建设注入新的活力。图书馆作为这一切活动的发起者和组织者，自然成了推动社区参与和互动的关键角色。图书馆还通过与其他机构和团体的合作，进一步扩大了其在社区中的影响力。与学校、非政府组织和企业的合作，使得图书馆能够为社区提供更加丰富和多元的服务，满足不同居民的需求。

（四）响应社区需求，提供有针对性的服务

在社区融合发展的背景下，图书馆所扮演的角色已经从单纯的知识存储中心转变为服务于社区的核心机构。其重要性不仅体现在为社区提供传统的阅读材料，更在于其能够洞察社区的实际需求，为其提供具有针对性的服务。社区，作为一个多元、动态的生态系统，总在不断变化。这些变化可能来自社区人口结构的调整，如新移民的涌入；也可能源于经济和社会环境的变迁，如失业率的上升。面对这些变化，图书馆必须敏锐捕捉这些需求的脉搏，制定出相应的服务策略。例如，为了帮助新移民更好地融入社区，图书馆提供了多种语言学习资源，包括书籍、音频和在线课程，帮助他们更快地掌握当地的语言和文化。此外，面对日益增长的失业者，图书馆还为他们提供了各种职业培训资料，从简单的求职技巧到复杂的技能培训，一应俱全。

这种有针对性的服务不仅有助于满足社区居民的实际需求，更是对社区融合发展的重要支持。通过提供这些服务，图书馆实际上正在助力社区的稳定与和谐，促进社区居民之间的交流与合作，增强他们对社区的归属感与认同感。图书馆在提供有针对性服务的过程中，也为社区打造了一个互助、互信的环境。图书馆成为居民学习、交流和成长的场所，为社区的持续发展提供了坚实的基础。

二、图书馆服务的多元化与融合发展

（一）数字化服务

随着数字技术的日益发展，图书馆的服务模式也正在经历一场深刻的变革。数字化服务的引入不仅丰富了图书馆的服务内容，更是为融合发展提供了强有力的支持。它反映了图书馆在适应时代潮流、满足现代读者需求方面的努力与创新。

传统上，图书馆被视为知识的宝库，其主要功能是为公众提供实体书籍和其他纸质资料。然而，在数字化时代，这种传统模式已经无法满足现代读者的多样化和即时化需求。电子书籍、在线课程和虚拟现实体验等数字化服务

的出现，为读者提供了一个更为便捷、灵活的学习和娱乐环境。这些服务使得读者可以在任何时间、任何地点，只要有网络连接，就可以访问大量的知识资源，进行自主学习或深入探索。同时，数字化服务也为图书馆打开了与其他文化和教育机构合作的新窗口。例如，图书馆可以与高校、研究机构或在线教育平台进行合作，共同开发和推广高质量的在线课程，为读者提供更为丰富和深入的学习体验。此外，通过引入虚拟现实技术，图书馆能够为读者提供沉浸式的文化和历史体验，使他们能够更加直观地了解不同文化和历史背景。数字化服务还为图书馆提供了与读者进行更为紧密互动的机会。通过数据分析，图书馆可以更为精准地了解读者的阅读偏好和学习需求，为他们提供更为个性化的推荐和服务。同时，社交媒体和其他在线交流平台的引入，也为读者与图书馆、作者和其他读者之间的交流提供了更为方便的渠道。

（二）跨界合作

在当今的信息社会中，单一的服务模式已经无法满足日益多样化和复杂化的公众需求。为了更好地满足这些需求，图书馆正在寻求与其他领域和机构的合作，以实现资源、知识和技术的共享和整合。这种跨界合作不仅为图书馆带来了新的服务内容和形式，更为其在融合发展中的地位和作用提供了强有力的支撑。

与学校的跨界合作使图书馆能够更加深入地服务于学生和教师，为他们提供更为系统和专业的学习资源。例如，图书馆可以为学校提供特定的课程资料、教学视频和在线课程等，帮助学生更好地完成学业。同时，图书馆也可以与教师进行合作，共同开发和推广各种教育项目和活动，提高学生的学习兴趣和能力。与博物馆和艺术机构的合作，则为图书馆带来了丰富的文化和艺术资源。图书馆可以与这些机构共同举办各种展览、讲座和工作坊等，为公众提供一个了解和欣赏艺术和文化的平台。这种合作不仅丰富了图书馆的文化内容，还加强了其在社区文化传播和推广中的作用。

跨界合作使图书馆能够与更多的公众和机构进行互动和交流。这种互动不仅加深了图书馆与公众的联系，还为其提供了更为广泛和深入的影响。通过与不同的机构合作，图书馆可以更好地了解公众的需求和兴趣，为其提供更为有针对性的服务。同时，这种合作也为图书馆提供了更多的资源和机会，帮助其不断创新和完善其服务模式。

（三）社交媒体与互动平台

在现代信息时代，社交媒体和在线互动平台已经深入到人们的日常生活中，为公众提供了一个全新的信息获取和交流的方式。图书馆，作为社区的文化和知识中心，自然而然地把握了这一趋势，积极地利用社交媒体和其他在线平台，以提供更为多元化和互动的服务。随着互联网和移动通信技术的普及，微信、微博和抖音等社交媒体平台已经吸引了数亿的用户。许多图书馆开始在这些平台上建立自己的官方账号，发布各种资讯、活动和服务信息。例如，北京图书馆的微信公众号不仅定期发布新书推荐、讲座预告和展览信息，还为读者提供了在线咨询、预约和续借等服务。此外，一些大型的图书馆还利用直播功能，为读者提供线上讲座和工作坊，让他们在家中就能参与到图书馆的活动中。

社交媒体和在线互动平台还为图书馆提供了一个与读者直接交流的渠道。通过这些平台，图书馆可以及时了解读者的需求、反馈和建议，为其提供更为精准和个性化的服务。例如，上海图书馆的微博账号经常发布各种阅读调查和问卷，收集读者对于图书馆服务、活动和资源的意见和建议。这些信息不仅为图书馆提供了宝贵的参考，还增强了读者对图书馆的归属感和满意度。

社交媒体和在线互动平台还为图书馆带来了更为广泛和深入的影响。通过这些平台，图书馆的资讯、活动和服务可以迅速传播给更广泛的受众，吸引更多的公众参与。例如，南京图书馆在抖音上发布的一段关于古籍修复工作的视频，吸引了数百万的观看和点赞，为图书馆带来了前所未有的关注和影响。

（四）文化和教育活动

文化和教育活动是图书馆服务的重要组成部分，它们为读者提供了一个全方位、多层次的学习和体验平台。在数字化技术的支持下，这些活动变得更加丰富和多样。例如，一些图书馆利用数字化技术，为读者提供了虚拟的艺术展览和 3D 的历史场景重现，让他们能够更加直观和生动地了解历史和文化。此外，一些大型的图书馆还引入了数字化的互动展示系统，让读者能够通过触摸屏、传感器和增强现实技术，与展品进行互动，深入探索和体验。图书馆也越来越注重与其他文化和教育机构的合作，共同开展各种活动和项目。例如，一些图书馆与当地的学校和大学合作，组织各种学术讲座和研讨会，为学生和教师提供一个交流和学习的平台。又如，一些图书馆与艺术机构和博物馆合作，共同策划和推广各种艺术展览和文化活动，为公众提供更为丰富和多元的文化体验。

这些文化和教育活动不仅为读者提供了学习和娱乐的机会，还加深了他们对文化和艺术的了解和欣赏。在数字化技术的支持下，这些活动的影响和价值得到了进一步的放大和提升。它们不仅吸引了更多的公众参与，还为图书馆带来了更高的知名度和影响力。

三、图书馆资源共享与融合发展

（一）开放获取和开放数据

开放获取是指允许用户免费、即时、持久地获取和使用学术成果的运动。它对传统的出版模式提出了挑战，促使图书馆、出版社和学者共同探索新的传播和共享机制。在这一运动的推动下，越来越多的学术期刊、会议论文和研究报告被免费提供给公众，使得知识的传播和利用效率得到了显著提高。

开放数据则关注于公开和共享各种研究数据，包括实验数据、观测数据和调查数据等。这使得研究者可以更为方便地获取、验证和再利用他人的数据，从而加速了科研的进展和创新。图书馆在这一过程中扮演了关键的角色，它们不仅为数据的存储和管理提供了技术支持，还为数据的描述、检索和使用提供了标准和工具。

这两大运动为图书馆资源共享与融合发展带来了三大益处。首先，它们促进了知识的自由流通，使得公众可以更为广泛和深入地访问和利用学术资源。这不仅加强了图书馆的社会服务功能，还提高了其在学术领域的影响力。其次，它们推动了图书馆与其他机构之间的合作和交流，如学术出版社、研究机构和政府部门等。这种合作使得图书馆可以更为有效地整合和利用外部资源，为公众提供更为丰富和多样的服务。最后，它们为图书馆的创新和变革提供了动力和方向。在开放获取和开放数据的背景下，图书馆需要不断地探索新的服务模式和技术手段，以满足公众的日益增长的需求。

（二）云计算和大数据

云计算提供了一个集中的、灵活的计算环境，允许图书馆无需担心本地存储和计算能力的限制，即可存储、管理和分析庞大的数据资源。利用云平台，图书馆可以将其数字化的资源存储在云端，从而使这些资源能够随时随地被读者访问。同时，这种集中存储的方式也便于图书馆之间的资源整合与共享，为读者提供了更为丰富和多样的阅读选择。

大数据技术，特别是数据挖掘与机器学习，为图书馆提供了对其资源与服务进行深入分析的能力。通过对用户的搜索、浏览和下载行为进行分析，图书馆可以更为精确地了解读者的需求和兴趣，从而为其提供更有针对性的推荐和服务。此外，大数据分析还可以帮助图书馆优化其资源的采购、存储和展示策略，提高资源的利用效率。

值得注意的是，云计算与大数据技术的应用还为图书馆带来了新的合作与交流机会。例如，多个图书馆可以共同建立一个云端的资源共享平台，使得其资源能够被更广泛地传播与共享。此外，图书馆还可以与学术研究机构、企业和政府部门等进行合作，共同开展数据分析与研究项目，为社会带来更大的价值。

（三）跨界资源整合

在当代社会中，信息和知识的流动性和互联性变得日益重要。图书馆，作为信息和知识的传统守护者，正面临着与其他文化和信息机构整合资源的需求。这种跨界资源整合不仅扩展了图书馆的服务范围，还为读者提供了更为丰富和多样的学习和探索机会。

图书馆与博物馆的合作是跨界资源整合的典型案例。博物馆中的展品资料，如图片、描述和背景研究等，都是珍贵的学术和文化资源。当这些资料与图书馆的书籍、期刊和数据库进行整合时，可以为读者提供一个全方位、多层次的学习平台。例如，当读者在图书馆查阅关于古代文明的书籍时，可以直接访问相关的博物馆展品资料，从而得到更为直观和生动的学习体验。与学校的合作则为图书馆提供了与教育领域深度整合的机会。通过共享教学资源，如教科书、习题和教学视频等，图书馆可以为学生和教师提供更为全面和更新的学习材料。此外，图书馆还可以与学校共同开展各种教育和文化活动，如讲座、工作坊和展览等，从而加强其在教育领域的影响力和作用。

跨界资源整合还带来了图书馆与其他机构之间的深度合作和交流。这种合作不仅丰富了图书馆的服务内容，还提高了其资源的利用效率和价值。例如，图书馆可以与研究机构共享研究数据和报告，从而为读者提供最新的学术成果。或者与企业合作，开发和推广各种数字化服务和工具，为公众提供更为便捷和高效的信息访问方式。

第五节 融合发展的基本原则

一、融合发展的基本原则

（一）以用户为中心

在当代的图书馆阅读推广中，"用户为中心"已经逐渐成为融合发展的核心理念。这一理念是对图书馆服务理念的一种重塑，它强调的是对用户的全面关注和尊重。与传统的以藏书为中心的服务模式相比，"用户为中心"的服务模式更加注重满足用户的实际需求和期望。

在信息社会中，读者的阅读习惯和需求正在发生深刻的变化。他们不再满足于单一的、线性的阅读方式，而是追求多样化、个性化的阅读体验。这种变化对图书馆提出了新的挑战，即如何在资源有限的情况下，为读者提供更为丰富和深入的阅读服务。为此，图书馆需要深入了解读者的需求和兴趣，与他们建立紧密的互动关系，从而为他们提供有针对性的服务。融合发展为图书馆提供了一个理想的平台，使其可以更好地实现"用户为中心"的服务理念。通过与其他文化和信息机构的合作，图书馆可以为读者提供更为丰富和多样的阅读资源，如电子书籍、音频和视频资料等。同时，通过利用现代技术，如云计算和大数据分析，图书馆可以更为精准地了解读者的阅读偏好和需求，为其提供更为个性化的推荐和服务。图书馆还可以通过组织各种活动，如阅读小组和文学讲座，为读者提供更为全面和深入的阅读体验。这种体验不仅可以增强读者的阅读兴趣，还可以加深他们对文化和知识的了解。

（二）资源共享与整合

融合发展为图书馆资源共享与整合提供了一个理想的环境。在这一环境中，图书馆不再受到传统的界限和框架的限制，可以与其他文化和信息机构进行深入的合作和交流。这种合作和交流可以在资源的采购和共享上，也可以在服务的设计和提供上。例如，图书馆可以与出版社合作，共同开发和推广电子书籍；或者与博物馆合作，共同举办文化和艺术展览。

资源共享与整合的另一个重要方面是技术的应用和创新。现代技术，如云计算和大数据分析，为图书馆提供了强大的技术支持，使其可以更为高效地管理和共享其资源。这不仅提高了资源的利用率，还为读者提供了更为便捷的访问方式。例如，通过云计算技术，图书馆可以将其资源存储在云端，使读者可以随时随地进行访问和下载。

资源共享与整合还有助于提高图书馆的社会价值和文化影响力。当图书馆能够为读者提供更为丰富和多样的阅读资源时，它就能够吸引更多的读者，从而扩大其社会影响力。同时，当图书馆与其他文化和信息机构形成一个有机的知识网络时，它就能够更好地推动文化和知识的传播和交流，从而实现其文化使命。

（三）技术与创新驱动

技术与创新不仅被视为工具或手段，更被认为是图书馆服务能够持续、有效地满足读者需求的关键。最新的技术，如云计算、大数据和人工智能，为图书馆提供了巨大的潜力。云计算使图书馆可以更为高效地存储和管理其庞大的资源，同时还为读者提供了随时随地的访问可能。大数据技术使图书馆有能力对读者的行为和需求进行深入的分析，从而为他们提供更为个性化和有针对性的服务。而人工智能则为图书馆提供了自动化的服务和推荐系统，使其服务能够更加智能和精准。然而，技术的应用并不仅仅是为了提高效率或满足某种即时的需求。更重要的是，它为图书馆提供了一个创新的平台，使其能够不断地探索新的服务模式和方法。这种探索和创新是持续的，需要图书馆与其他机构、研究者和技术开发者进行深入的合作与交流。

技术与创新的驱动也意味着图书馆需要不断地更新其知识和技能，以适应快速变化的环境。这不仅需要图书馆进行持续的培训和学习，还需要其与高等教育机构和研究机构进行合作，共同推进图书馆学的研究和实践。

（四）合作与交流

图书馆在其发展历程中一直扮演着知识的守护者和传播者的角色。然而，随着社会结构和技术的不断演变，单一的、封闭的服务模式已经难以满足现代社会多元化、复杂化的需求。因此，合作与交流逐渐成为图书馆发展的关键词，它们为图书馆打开了一扇通往更广阔世界的大门，也为图书馆提供了更为丰富和多样的资源和机会。图书馆与其他机构和领域的合作与交流不再是选择，而是一种必然。这种合作与交流既包括资源的共享和整合，也包括知识和技能的交流与传播。例如，图书馆可以与学校、博物馆、艺术机构等进行合作，共同开发和推广各种教育和文化项目。这不仅可以丰富图书馆的服务内容，还可以提高其服务的质量和效果。

图书馆还可以与技术公司、研究机构和其他专业机构进行合作，共同探索和应用最新的技术和方法。这种合作不仅可以为图书馆提供强大的技术支持，还可以为其带来创新的思路和方法。但合作与交流并不是简单的资源交换或者技术应用，它们为图书馆提供了一个学习和成长的机会。通过与其他机构和领域的合作与交流，图书馆可以不断地更新和扩充其知识和视野，从而更好地适应和应对快速变化的环境。

二、融合发展的战略规划

（一）明确目标与方向

融合发展不是一个简单的、线性的过程，而是一个复杂的、多维度的动态过程。在这个过程中，图书馆需要不断地调整和优化其策略和方法，确保其服务始终与读者的需求和期望相一致。因此，明确目标与方向不仅是开始的第一步，更是整个发展过程中的红线和指南针。

图书馆阅读推广的目标与方向应当基于对图书馆的整体定位和功能的深入理解。图书馆不仅是一个提供书籍和资料的场所，更是一个知识创新和文化传播的中心。因此，其阅读推广的目标不应仅局限于提高阅读率或者扩大读者群，更应该关注于如何提高读者的知识素养和文化修养，如何激发其对知识和文化的兴趣和热情，以及如何为其提供更为个性化和多元化的阅读体验。明确目标与方向还需要对外部环境进行深入的分析和研究。随着科技的进步和社会的变迁，图书馆面临着越来越多的竞争和挑战。在这种情况下，图书馆需要明确自己的优势和特色，找到自己的定位和方向，确保其服务始终与市场的需求和趋势相一致。明确目标与方向还需要与图书馆的整体发展战略相一致。这不仅可以确保图书馆的各项工作都朝着同一个方向努力，还可以为图书馆提供一个统一的、清晰的愿景和使命，激发其内部员工的工作热情和创新意识。

（二）资源配置与优化

图书馆阅读推广在融合发展的战略规划中，资源配置与优化显得尤为关键。作为知识和文化的中心，图书馆肩负着为公众提供高质量阅读资源的责任。然而，随着社会和技术的发展，读者的需求和期望也在不断变化，这要求图书馆在资源配置与优化上做出相应的调整和创新。

藏书、技术和人员是图书馆最为核心的资源。它们之间的关系是相互影响、相互制约的。藏书是图书馆的基石，它决定了图书馆的知识深度和广度。因此，图书馆需要根据读者的需求和兴趣，以及学科和领域的发展趋势，不断更新和丰富其藏书。同时，考虑到数字化和网络化的趋势，图书馆还需要加大对电子书籍和在线资源的投入，确保其服务始终与时俱进。技术是图书馆服务的重要支撑。随着云计算、大数据和人工智能等技术的发展，图书馆可以为读者提供更为智能和便捷的服务，如个性化推荐、在线查询和虚拟导览等。因此，图书馆需要不断地引入和更新技术，提高其技术水平和能力。同时，考虑到技术的快速迭代，图书馆还需要建立一个灵活的技术架构和平台，确保其服务始终与技术的发展相适应。人员是图书馆的灵魂。他们不仅是知识和技术的传承者，更是与读者互动和交流的桥梁。因此，图书馆需要重视人员的培训和发展，确保其具备足够的知识和技能。同时，考虑到知识和文化的多样性，图书馆还需要吸引和留住具备各种专长的人员，确保其服务始终具有多元性和包容性。

（三）活动和项目设计

图书馆阅读推广的融合发展在战略规划中，活动和项目设计扮演着举足轻重的角色。传统的图书馆服务，尽管在知识传承和文化保存上有其不可替代的价值，但在当今快速变革的信息时代，单一的服务模式已难以满足现代读者的多元化需求。为此，图书馆需通过活动和项目的策划与实施，来拓宽其服务领域，增强与读者之间的互动，以及提高其在社区文化生态中的影响力。阅读小组、文化讲座和技术工作坊等活动和项目，正是图书馆在融合发展战略下，为满足读者需求而进行的创新尝试。这些活动和项目不仅丰富了图书馆的服务内容，还为读者提供了一个与同好交流、深化知识和技能的平台。例如，阅读小组可以围绕某一主题或书籍，鼓励读者分享自己的阅读体验和感悟，从而加深对文本的理解和欣赏。文化讲座则可以邀请学者和专家，为读者深入解读某一文化或历史现象，提高其文化素养和审美觉悟。而技术工作坊则可以教授读者如何利用现代技术，如云计算、大数据和人工智能等，进行知识的检索和管理，增强其信息素养和技能水平。

此外，活动和项目的设计还需要考虑图书馆的实际情况和外部环境。这要求图书馆在策划和实施活动和项目时，不仅要有明确的目标和策略，还要有充分的资源和条件支持。只有这样，图书馆才能确保活动和项目的顺利进行，达到预期的效果和影响。

（四）合作与联盟

在信息时代的背景下，图书馆的角色正经历着深刻的变革。不再仅仅是一个传统的书籍和资料的存储中心，图书馆正转型为一个开放、交互和多功能的学习与文化空间。为了更好地适应这种变革，图书馆需要与其他机构和领域建立合作与联盟关系，共同推进融合发展的战略规划与实施。

合作与联盟不仅为图书馆提供了更为丰富和多样的资源，还为其带来了更大的影响力和更广泛的受众。例如，通过与学校和教育机构的合作，图书馆可以为学生和教师提供更为专业和有针对性的学习资源和服务。通过与博物馆和艺术机构的合作，图书馆可以为公众提供更为丰富和多元的文化和艺术体验。通过与科研机构和产业界的合作，图书馆可以参与到最前沿的知识创新和技术研发中，为社会经济的发展做出贡献。合作与联盟还为图书馆提供了一个与外部环境互动和学习的机会。在与其他机构和领域的合作中，图书馆可以了解到最新的知识和技术动态，掌握最新的服务模式和管理理念，从而不断提高自身的服务质量和管理水平。同时，合作与联盟还为图书馆提供了一个与社会公众互动和沟通的平台，加深了其与社会的联系和影响。

（五）持续改进与优化

图书馆融合发展战略的实施不是一个静态的过程，而是一个动态的、持续的循环。随着技术的进步、社会的发展和用户需求的变化，图书馆需要不断地检视和评估其服务的质量和效果，对其战略规划与实施进行相应的调整和优化。这种持续的改进与优化，不仅能够确保图书馆的服务始终与时俱进，满足公众的最新需求，还能够提高图书馆的运营效率和管理水平，为公众提供更为优质和高效的服务。

为了实现这种持续的改进与优化，图书馆需要建立一个完善的反馈和评价机制。这包括对用户需求的持续调查、对服务效果的定期评估、对技术和管理的系统性研究等。通过这种机制，图书馆可以及时了解到融合发展战略实施中的问题和不足，采取相应的措施进行改进和完善。图书馆还需要与外部环境进行持续的互动和交流。通过与其他文化和信息机构、学术界和产业界的合作与交流，图书馆可以了解最新的知识和技术动态，掌握最新的服务模式和管理理念，为其融合发展战略的改进与优化提供有力的支持。

三、融合发展的评价监测机制

（一）建立评价体系

在图书馆阅读推广融合发展中，评价监测机制的重要性不容忽视。评价不仅仅是一个对过去工作的回顾，更是对未来工作方向的指引。因此，建立一个全面、科学的融合发展评价体系，对于确保融合发展的质量和效果至关重要。评价体系的核心是为图书馆提供一个清晰、客观的反馈机制。这种反馈机制可以帮助图书馆了解其服务的实际效果，比如哪些服务受到了用户的欢迎，哪些服务可能需要进一步地改进或调整。通过这种方式，图书馆可以更为精确地定位其在融合发展中的位置，为其未来的发展提供有力的支持。评价体系还可以为图书馆提供一个与外部环境的交互平台。通过评价，图书馆可以与其他文化和信息机构、政府部门、学术界和公众进行深入的交流和合作，共同探讨融合发展的最佳实践和方案。这不仅可以为图书馆带来更多的资源和支持，还可以提高其在社会文化生态中的地位和影响力。评价体系还需要具有一定的灵活性和开放性。随着技术的进步和社会的发展，图书馆的服务模式和用户需求可能会发生变化。因此，评价体系需要适应这些变化，为图书馆提供持续、稳定的反馈和支持。

（二）定期监测与分析

在融合发展的过程中，图书馆需要确保每一个步骤、每一个环节都与预定的目标和方向相一致。这就要求图书馆不仅要对其服务和活动有一个全面地了解，还要能够及时捕捉到任何可能出现的偏差和问题。定期监测与分析，正是为了满足这一需求而设立的。

定期监测与分析的重要性体现在几个方面。首先，它为图书馆提供了一个持续、系统的反馈机制。通过监测，图书馆可以了解其融合发展的实际效果，比如哪些服务和活动受到了用户的欢迎，哪些可能需要进一步地调整或优化。这种反馈可以帮助图书馆更为精确地定位其在融合发展中的位置，为其未来的发展提供有力的支持。其次，定期监测与分析还可以促进图书馆内部的交流和合作。在监测的过程中，各个部门和团队需要共同参与，共同分析数据，共同讨论可能的问题和解决方案。这不仅可以提高图书馆内部的工作效率，还可以加强其团队精神和协同作战的能力。最后，定期监测与分析还为图书馆提供了一个与外部环境的交互平台。

（三）反馈与调整

在图书馆的实际工作中，反馈可以来自多个方面。例如，读者的反馈是最直接、最真实的，他们对于图书馆的服务和活动有着直观的体验和评价。通过与读者的互动和沟通，图书馆可以深入了解其需求和期望，以及哪些服务或活动受到欢迎，哪些可能需要改进。此外，图书馆员工和合作伙伴的反馈同样重要。他们从内部的角度，对图书馆的运作和策略有着深入的了解，能够提供更为专业、细致的建议。

基于这些反馈，图书馆需要进行相应的调整。这可能涉及服务的内容、形式或方式，也可能涉及策略的重点或方向。调整的目的是更好地满足读者的需求，提高服务的效果和效率。这一过程需要图书馆具备一定的灵活性和创新能力，以及与各方的深度合作。反馈与调整不是一次性的过程，而是一个持续、循环的过程。随着外部环境的变化，读者的需求也会发生变化，图书馆需要不断地进行反馈与调整，以适应新的挑战和机遇。这一机制保证了图书馆的融合发展策略始终与实际情境相匹配，从而确保了其在阅读推广领域的持续成功。

（四）利用技术手段

在图书馆阅读推广的融合发展中，评价与监测机制的建立和完善是确保策略实施效果的关键环节。随着现代技术手段，特别是数据分析和人工智能技术的发展，图书馆有了更强大的工具来提高评价与监测的精准性和效率。

数据分析技术使图书馆能够对大量的用户行为数据进行深入挖掘和分析。例如，图书馆可以跟踪和分析读者的在线搜索和阅读行为，了解其兴趣和需求，从而对阅读推广策略进行精细化调整。此外，数据分析还可以帮助图书馆评估各种服务和活动的效果，如阅读小组、讲座和展览的参与率、满意度和影响力，为后续的优化和改进提供有力的依据。人工智能技术则为图书馆的评价与监测带来了更为先进的分析方法和工具。例如，机器学习算法可以帮助图书馆自动识别和预测读者的行为模式，提前发现可能的问题和机会。自然语言处理技术可以帮助图书馆对读者的反馈和评论进行情感分析，了解其对服务和活动的真实感受。这些技术不仅提高了评价与监测的效率，还使其更为客观和科学。技术手段并不是评价与监测的终点，而是其手段和工具。图书馆在利用这些技术时，仍然需要坚持以用户为中心，注重实际效果和价值。只有这样，技术手段才能真正为图书馆的融合发展服务，帮助其在阅读推广领域取得更为长远的成功。

（五）公开与透明

公开与透明性确保了评价与监测的可信度。通过将评价与监测的方法、数据和结果公开发布，图书馆向社会各界展示了其工作的真实性和客观性。这有助于建立外界对图书馆的信任，使评价与监测的结果更具说服力。同时，公开与透明性也鼓励图书馆在评价与监测中遵循科学和伦理原则，避免不正当的操纵或篡改数据，确保评价与监测的公平性和公正性。公开与透明性促进了各利益相关者的参与和反馈。图书馆的融合发展不仅仅关乎内部的决策和改进，还涉及社会各界的利益。通过公开评价与监测的过程，图书馆邀请外部专家、读者和合作伙伴参与，并接受他们的意见和建议。这有助于形成多元化的视角，使评价与监测更具权威性和全面性。此外，公开与透明性还可以促进社会公众的参与，让他们了解图书馆的工作，提供意见和支持，加强图书馆与社区的互动和合作。

公开与透明性有助于信息的共享和传播。评价与监测的结果和经验可以通过各种渠道传播给其他图书馆和文化机构，促进经验的互相借鉴和学习。这种信息的共享有助于图书馆领域的进步和发展，使各个机构都能够受益于融合发展的最佳实践。

第二章　图书馆阅读推广的理论基础

第一节　阅读社会学

一、阅读社会学的产生背景

阅读，作为一种古老而重要的人类活动，不仅是人类获得知识的主要途径，还是社会进步与人类文明发展的重要标志。从古至今，阅读在人类的社会生活中始终占据着核心地位。随着社会的发展，尤其是文化交流的加深和出版业的崛起，阅读逐渐成了一个日益广泛的社会现象。但这也意味着阅读行为和其相关的社会文化背景变得更加复杂。

（一）苏联的阅读社会学

在十月革命之后，苏联对于文化和教育的态度发生了深刻的转变。阅读，被认为是塑造新的社会主义文化的关键要素，从而受到了前所未有的重视。

列宁的观点为这一转变提供了明确的方向。他坚信，识字和阅读是社会主义建设中的基石，是提高人民的文化素质、传递社会主义价值观和理念的主要途径。因此，他鼓励并促进了全民识字运动，将其视为建设新苏联的重要组成部分。在这样的政策导向下，苏联政府开展了大量的阅读研究，尤其是关于新型的工农读者。这不仅仅是为了满足他们的阅读需求，更是为了引导他们接受和理解社会主义的核心价值观。为了达到这一目的，苏联学者们对阅读行为背后的社会、文化、心理和经济因素进行了深入研究，并尝试建立一套系统的阅读社会学理论。

这套理论不仅关心阅读的数量，更关心阅读的质量和内容。它强调了阅读对于个体和社会的双重作用：一方面，阅读能够帮助个体提高自身的文化素质、开阔视野、增强批判思考能力；另一方面，它也是传递和巩固社会主义价值观、塑造新的社会文化氛围的重要工具。苏联的阅读社会学还与其特定的历史背景紧密相连。在经历了沙皇专制、封建制度和农奴制的长期统治后，苏联需要塑造一种新的国民身份和文化认同。而阅读，作为一种普及性的文化活动，成为实现这一目标的关键途径。

（二）美国与欧洲的阅读社会学发展

20世纪30年代，随着工业化和都市化的加速，美国社会发生了深刻的变革。这种变革不仅仅是经济和技术层面的，更是文化和社会层面的。在这样的背景下，阅读作为一种日常的文化活动，开始受到学者们的广泛关注。

美国的阅读社会学研究，起初主要集中在对出版物的社会需求的调查上。学者们尝试通过统计数据、调查问卷等方法，了解公众的阅读习惯、兴趣和需求。这些研究为出版业提供了宝贵的市场信息，也为政府和社会组织提供了关于文化消费的重要参考。随后，研究的重点逐渐转向出版物对读者的社会影响。学者们开始关心阅读如何塑造个体的世界观、价值观和社会认同，以及如何影响其在社会中的行为和态度。这些研究不仅揭示了阅读与社会之间的复杂关系，也为文化政策制定提供了理论依据。

到了20世纪中后期，阅读社会学的研究开始深入阅读现象本身。学者们不再满足于研究阅读的外部表现，而是尝试探究其内在的机制和动力。他们关心的是阅读如何成为个体与社会、文化、经济和政治环境之间相互作用的过程，以及这种过程如何塑造和反映个体的身份和地位。这一时期的研究不仅限于美国，还扩展到欧洲。欧洲的阅读社会学研究，往往与其特定的历史和文化背景紧密相连，旨在探究阅读如何帮助个体和社会应对历史的创伤和挑战。

（三）国际读书协会的成立

1956年，国际读书协会在美国成立，标志着阅读研究已经从一个区域的学术领域升级为一个国际性的学术领域。这一协会的主要任务是促进各国的阅读研究者之间的交流和合作，共同推动阅读研究的发展。

国际读书协会的成立，为全球的阅读研究提供了一个统一的理论和方法论框架。在这一框架下，各国的研究者可以共享研究资源、经验和成果，共同探讨阅读的普遍规律和特定问题。这不仅加速了阅读研究的进程，也为解决跨文化和跨国的阅读问题提供了新的思路和方法。国际读书协会还为各国的阅读研究者提供了一个交流和合作的平台。通过定期的学术会议、研究项目和出版活动，研究者们有机会深入了解不同文化和社会背景下的阅读现象，分享研究成果和经验，共同推动阅读研究的发展。

（四）社会历史背景的影响

社会建设的进步与大众文化的广泛传播，为阅读提供了独特的土壤，促使其成为社会行为的核心。阅读不仅是个体的行为，更是社会、文化、经济和政治互动的产物。这种宏观视角使得阅读社会学逐渐从传统的文化研究领域脱颖而出，形成了一个跨学科的研究领域。

在过去，阅读主要被视为一种个人的精神活动，重点放在文本与读者之间的直接互动上。但随着社会的复杂化和多元化，人们逐渐认识到，阅读行为背后隐藏着更加复杂的社会、文化、经济和政治因素。例如，文本的选择、生产和传播，往往与当时的社会结构、文化价值观和经济条件密切相关。同样，读者的身份、背景和经验，也会影响其对文本的解读和评价。

在这样的认识下，阅读社会学开始关注更广泛的社会环境，尤其是那些影响阅读选择和解读的外部因素。例如，它尝试探究社会结构如何影响阅读习惯、兴趣和能力，文化如何塑造读者的审美观念和评判标准，经济如何制约文本的生产和传播，以及政治如何介入和指导阅读活动。阅读社会学还关注阅读与其他社会现象之间的互动关系。例如，它探讨阅读如何与教育、传媒、科技、休闲等领域相互作用，如何塑造和反映社会的价值观、信仰和态度，以及如何参与和影响社会的变革和发展，阅读社会学吸引了来自不同学科背景的研究者。社会学家关心阅读与社会结构、文化和制度的关系，心理学家关心读者的认知、情感和动机，文化学家关心文本的意义、解释和影响，经济学家关心文本的生产、传播和消费。这种跨学科的合作，使得阅读社会学不仅具有深度和广度，还具有创新性和前瞻性。

二、阅读社会学的主要内容

（一）阅读的作用与社会意义

阅读社会学的第一大核心内容为阅读的作用与社会意义。从语言、文字、图书资料与读者的角度研究阅读行为，不仅涉及传统的文化和心理层面，更与社会的结构和动态有关。语言与文字是社会交往的基础，它们塑造了社会的记忆和认知，同时也是权力、身份和差异的载体。图书与其他出版资料则是知识的存储和传播的媒介，它们既反映了社会的价值观、信仰和态度，也影响和塑造了这些价值观、信仰和态度。而读者，作为阅读行为的主体，其选择、解读和反应，与其所处的社会背景、身份和经验密切相关。因此，研究阅读的作用与社会意义，实际上是研究社会的结构、文化和动态如何与个体的行为、思维和情感相互作用和影响。

（二）阅读的社会过程

阅读的社会过程或阅读史，则从纵向的角度考察了阅读作为一种社会活动的发展历程。这一研究内容主要关注两个方面：一方面，它分析了阅读这一文明现象产生和发展的社会条件，包括经济、技术、政治和文化等多个因素；另一方面，它揭示了各个历史时期阅读活动的内容、形式和特点，以及这些变化背后的社会和文化逻辑。例如，古代的阅读主要集中在宗教、哲学和文学等领域，而现代的阅读则涉及科技、商业、娱乐等多个领域。这种变化，既与社会的生产力、交通、通讯和教育的发展有关，也与社会的价值观、信仰和需求的变化有关。因此，研究阅读的社会过程，实际上是研究社会与文化的发展轨迹和变迁规律。

（三）影响阅读的诸种社会因素

影响阅读的诸种社会因素及其与阅读的关系，是阅读社会学的另一个重要研究内容。这一内容主要关注三个方面：第一，它分析了社会的结构、文化、经济和政治等因素如何影响阅读的选择、内容和形式。第二，它揭示了阅读如何反映和塑造社会的结构、文化、经济和政治。第三，它研究了阅读与其他大众传播媒体，如广播、电视等的相互作用和影响。这三个方面实际上是一个相互作用和影响的过程，既涉及社会的宏观层面，也涉及个体的微观层面。例如，社会的结构决定了阅读的权力关系和利益关系，文化决定了阅读的审美观念和批判标准，经济决定了阅读的生产、传播和消费的条件，政治决定了阅读的指导思想和方向。而阅读则反过来影响和塑造这些社会因素，使其更加复杂、多元和动态。

（四）阅读的社会效果

探讨阅读的社会效果是研究阅读社会学的关键部分。这一研究方向不仅仅关注阅读活动在个体层面的影响，如认知的增长、情感的滋养等，更深入地考虑其对整体社会的影响，如文化传承、价值观的建构、社会认同感的强化等。阅读的社会效果有时是直接和显著的，如政策的推动或公众舆论的形成，但更多的时候其效果是潜移默化的，涉及文化价值、社会规范和个人认同等深层次的影响。例如，大众媒体中的某种阅读趋势可能逐渐影响公众的价值观或世界观。评估阅读的社会效果需要有明确的评价标准或指标。这些标准或指标可以基于经验研究、历史文献或社会统计数据。例如，可以通过调查研究来分析某一图书或文章的社会影响力，或者利用社会统计数据来探讨阅读率与社会进步之间的关系。

（五）阅读的社会控制

阅读的社会控制研究涉及的是如何在宏观层面上对整个社会的读者阅读活动形成有效地引导和约束。这包括对何种内容进行出版，如何进行内容推广，如何进行读者教育等。社会环境和需求对阅读活动产生了深远的影响。例如，社会环境中的教育制度、政策法规、经济状况等都会影响阅读活动的内容和方式。需要与社会成员阅读活动之间的互动也非常关键，因为这决定了社会对于阅读的总体态度和倾向。出版和发行机构在阅读社会控制中起到了核心作用。它们决定了哪些内容可以出版，如何出版，以及如何被推广。而利用机构，如图书馆和学校，则是阅读的主要场所，它们不仅为读者提供了阅读材料，更提供了阅读的指导和教育，帮助读者形成正确的阅读习惯和技能。

三、阅读与社会结构的相互关系

图书馆作为社会文化的重要组成部分，承载了社会文明的知识和历史。而阅读，作为图书馆的核心活动，不仅是个人的知识获取和精神享受，更是与社会结构紧密相连的一种社会行为。因此，为了更好地理解和推进图书馆的阅读推广工作，有必要深入研究阅读与社会结构的相互关系，这也是阅读社会学的重要议题。

（一）社会结构对阅读内容的影响

社会结构，深刻地影响了阅读内容的选择与偏好。当我们深入探索社会的复杂纹理，会发现其内部的阶层、群体、组织和制度对于人们的阅读行为产生了不可或缺的作用。在一定程度上，人们的阅读选择可以视为社会结构的一种反映。例如，拥有较高社会地位的群体，由于其经济和教育资源的丰富，可能更加偏向于选择那些经典的文学、哲学或艺术方面的作品，认为这些作品能够提供更高的精神享受和文化修养。他们追求的是对文化和知识的深度挖掘，希望通过阅读进一步增强其文化资本。相对而言，工人阶层和农民这些生活在社会基层的人们，他们的阅读选择可能更多的是基于其日常生活的实际需求。他们追求的是那些能够为他们提供实用信息、与他们的生活和工作紧密相关的内容。例如，与他们的职业和生活技能相关的书籍、关于农业、手工艺或家庭管理的教程等。

这种差异性不仅仅是基于经济和教育资源的不同，还与社会结构中的权力分配、资源的控制和文化资本的积累有关。更深入地说，这种差异性其实揭示了社会内部的权力和资源分配机制，反映了不同社会群体在获取、使用和分享知识方面的不平等。阅读选择上的差异性也与文化传统、社会价值观和认知结构有关。不同的社会群体，由于其历史背景、生活经验和文化传统的不同，可能形成了不同的认知结构和价值观。这些认知结构和价值观无形中塑造了他们的阅读兴趣和习惯，让他们在面对庞大的阅读材料时能够迅速地作出选择，找到那些与他们的认知结构和价值观相契合的内容。

（二）阅读方式与社会互动模式的关联

阅读方式与社会互动模式之间的紧密关联成了社会学研究的重要议题。社会的核心互动模式，如集体主义与个人主义、垂直与水平的社会关系，对个体及群体的阅读行为产生显著影响。

集体主义的社会结构强调群体利益优先于个体利益，鼓励个体与群体之间的紧密连接。在这样的文化背景下，阅读往往被视为一种可以促进群体团结和共识的活动。人们可能更喜欢在群体中阅读，或与他人分享他们的阅读体验。例如，家族或社区的集体阅读活动，如故事会或诗歌朗诵，可能会成为日常生活的一部分。这样的阅读体验不仅增强了群体的凝聚力，还促进了文化和价值观的传承。而在个人主义的社会结构中，个体的自主权和自由被高度重视。个体被鼓励根据自己的兴趣和需求选择阅读材料，而不是受到外部群体的影响或约束。因此，独立阅读或自主选择的阅读材料可能会更受欢迎。个体可以根据自己的喜好、情感和认知需求选择阅读材料，无需受到社会或文化的限制。垂直与水平的社会关系也会对阅读行为产生影响。在垂直的社会结构中，权威和等级被高度重视。这可能导致人们更倾向于阅读那些被权威机构或个体推荐的材料，或者那些被视为经典和权威的作品。而在水平的社会结构中，平等和合作被重视。人们可能更愿意探索不同的阅读材料，与他人分享和讨论，以达到共同的理解和共鸣。

（三）社会角色与阅读的期望与责任

社会结构中的各种角色为人们提供了独特的身份认同，这种身份认同不仅为人们的日常行为和互动提供了指导，也为他们的阅读行为设定了期望和框架。人们所扮演的社会角色，与其所职责的任务和期望紧密相连，进而影响他们对于知识的追求和阅读内容的选择。

考虑教师这一角色。作为教育者，他们肩负着培养下一代、传授知识和技能的重要责任。为了有效地完成这些任务，教师需要不断地更新他们的知识和教育方法。因此，他们可能会对教育理论、最新的教育策略或与其教学领域相关的资料产生浓厚的兴趣。这种兴趣并非仅仅是出于个人好奇或兴趣，而是出于职业的需求和社会的期望。医生作为健康的守护者，肩负着守护患者健康和治疗疾病的责任。医学是一个不断发展的领域，新的研究、技术和方法每天都在涌现。为了提供最好的医疗服务，医生需要通过阅读医学文献来不断更新自己的知识和技能。这种阅读行为，再次体现了阅读不仅仅是个人的行为，还是社会职责和期望的一部分。

每个社会角色都有其特定的阅读需求。工人可能需要了解与其工作相关的技术手册和指南；商人可能对市场分析和商业策略感兴趣；家长可能寻找育儿书籍来更好地教育他们的孩子。这些阅读选择既是由于个人的兴趣和需要，也是由于社会角色和职责的驱使。

（四）社会变革与阅读的演变

社会变革在历史长河中始终是一个不断推进的力量，与此同时，人类的阅读行为和偏好也经历了相应的演变。这种演变并非偶然，而是与社会、经济和技术的进步紧密相关。考察这种变革与阅读的关系，可以揭示阅读行为如何被社会大背景所塑造，并反过来影响社会的进步。

工业化时代的到来极大地改变了人类的生活方式。随着机器的广泛应用，大量的手工劳动者被迫转向工厂劳动。这一转变不仅带来了生产效率的提高，也带动了大众文化的兴起。大众媒体，如报纸和杂志，开始广泛传播，为大众提供了前所未有的信息和娱乐来源。在这一背景下，阅读不再是少数受过良好教育的人的特权，而是广大人民群众的日常活动。人们通过阅读，不仅获取了知识和信息，还形成了共同的文化认同和价值观。

都市化进程则进一步加速了信息的集中和流通。随着人口向城市集中，信息的生产和消费也越来越集中于城市。都市化带来的是信息的高度流动性和多样性。城市的图书馆、书店、学校和文化中心成为知识的集散地。在这样的环境中，阅读不仅仅是获取信息的途径，更是与他人建立联系、参与社会活动和塑造个人身份的工具。

全球化在更大的尺度上改变了阅读的意义和内容。随着国际贸易、交流和合作的加深，不同文化、语言和价值观开始相互碰撞和融合。这种跨文化的交流为阅读带来了新的挑战和机会。人们不再仅仅满足于本地或本国的知识和信息，而是开始探索外部的世界，寻求新的视角和创意。阅读成了一个跨界和创新的平台，人们通过阅读，既能了解其他文化和传统，又能找到自己的位置和方向。

四、阅读的社会效果与影响力

阅读作为一个普遍的文化和知识活动，不仅仅是个体对文本的消化与理解，它在更广阔的社会背景下产生了深远的效应与影响力。阅读社会学，作为一个专门研究阅读在社会结构与互动中所扮演角色的学科，为图书馆阅读推广提供了宝贵的理论基础。

图书馆作为知识的宝库和社区的中心，一直致力于推广阅读和提高公众的文化素养。但要真正实现这一目标，单靠提供丰富的藏书和舒适的阅读环境是远远不够的。还必须深入了解阅读的社会效果与影响力，以便更好地服务于公众，满足其多样化的需求。

阅读的社会效果首先体现在知识的传播与共享上。每当一个人通过阅读获取新知，并将其分享给他人，就形成了一个知识传播的链条。这种链条在社会中不断扩散，形成了一个巨大的知识网络。这种网络不仅仅是知识的累积，更是文化、思想和价值观的交流与碰撞。人们通过阅读，不断地拓展自己的认知边界，挑战旧有的信仰和偏见，从而实现个人与社会的共同成长。

除了知识传播，阅读还在社会认同与凝聚上发挥了重要作用。当人们阅读同一本书、关注同一篇文章或讨论同一个话题时，他们之间形成了一种特殊的纽带。这种纽带超越了种族、宗教和国界的界限，使人们感到自己是一个整体的一部分。阅读成了一种社会的仪式，一种表达自我与归属感的方式。阅读还能促进社会创新与进步。新的思想、理论和技术，往往首先通过文字传播给公众。当这些新知在社会中被广泛接受和应用，就可能引发一场社会变革或创新浪潮。图书馆，作为阅读的重要场所，自然成为这场浪潮的发源地和推动者。

第二节　信息传播学

一、媒体选择与信息传播

（一）概念理解

信息传播学在图书馆阅读推广中的重要性日渐凸显，特别是在多元化的媒体环境中。在这种环境中，媒体选择成了决定信息传播成功与否的关键因素。此论述旨在从概念上深入解析媒体选择与信息传播在图书馆阅读推广中的关系。

媒体选择可以理解为在多种信息传播工具或渠道中，基于特定目标和受众，选择最适合的那一种或几种。这一选择涉及的不仅仅是工具本身，更关乎于信息的性质、受众的特点以及传播的目的。因此，一个恰当的媒体选择能够确保信息更有效地传达给目标受众。在多元化的媒体环境中，从传统的书籍、杂志和报纸，到现代的社交媒体、电子书和多媒体平台，每种媒体都有其特有的功能和受众。对于图书馆来说，这提供了多样的选择，但同时也带来了挑战：如何在众多的媒体中作出恰当的选择，确保其阅读推广活动的最大效果。

信息传播，则涉及信息从发送者经由某种媒体传达给接收者的整个过程。在这一过程中，信息可能会因为媒体的特性而被加工、修改或筛选。因此，媒体的选择直接决定了信息传播的方式和效果。

对于图书馆阅读推广而言，理解并恰当地应用媒体选择与信息传播的概念至关重要。例如，对于青少年受众，选择社交媒体或多媒体平台进行推广可能比传统的印刷媒体更为有效。而对于老年受众，传统的阅读活动或讲座可能更受欢迎。

（二）媒体属性与选择

在信息传播学的研究领域，媒体属性与选择被视为关键因素，决定了信息传播的效果和范围。图书馆阅读推广活动，作为信息与知识的主要传播途径，对此尤为敏感。对于图书馆而言，理解并充分利用各种媒体的属性，确保选择最适当的媒体，显得尤为重要。

每种媒体都拥有独特的属性，这些属性决定了它在信息传播中的作用。例如，某些媒体具有快速的传播速度，可以迅速地将信息传递给大量受众，而另一些媒体则强调深度和细节，更适合复杂和深入的内容。还有的媒体特点在于其广泛的覆盖范围，能够触及远方的受众，而有些则重视互动性，强化信息的双向交流。图书馆阅读推广的核心目的是促进阅读，传播知识与文化。因此，当选择媒体时，必须考虑其属性是否与推广的目标和受众相符合。例如，若推广目标是吸引年轻人参与某项活动，那么高互动性、快速传播的媒体，如社交网络平台，可能更为合适。而对于深入的研究讨论或学术分享，需要选择能够提供深度内容和持续关注的媒体。媒体的选择还受到其本身的制约因素，如成本、技术需求和操作难度等。图书馆在进行选择时，除了考虑媒体的属性，还需评估这些制约因素，确保推广活动的顺利进行。

在图书馆阅读推广中，媒体选择与信息传播之间的关系是紧密且复杂的。为了最大化推广效果，图书馆需要深入了解各种媒体的属性，根据推广的具体目标和受众特点进行恰当的选择。随着技术的不断进步和媒体环境的变化，图书馆还需持续关注新兴媒体的发展，以适应时代的需求。

（三）媒体融合与推广

现代社会的信息传播环境由于技术的迅速进步和多元化的媒体渠道，变得前所未有的复杂。在此背景下，图书馆作为知识和文化的宝库，面临着如何在这种多媒体环境中进行有效推广的挑战。媒体融合，作为一种将不同的媒体渠道、技术和资源结合起来的策略，为图书馆提供了一种新的推广路径。

传统意义上，图书馆通常依赖于印刷媒体和实体活动来进行阅读推广。然而，随着数字技术的发展，新兴的媒体如电子书、社交媒体平台、在线讲座和虚拟展览等，为图书馆提供了更广阔的推广空间。但仅仅依赖新媒体并不足够，真正的机遇在于如何将这些新兴媒体与传统媒体进行有机融合，从而形成一个综合的、多维的推广体系。此融合不仅仅是技术层面的整合，更重要的是内容和策略的融合。例如，图书馆可以在社交媒体上发布一篇珍贵手稿的预览，吸引受众的关注，然后通过实体展览或线下活动进行深入的展示和讨论。这种线上与线下相结合的策略，不仅可以扩大推广的覆盖范围，还可以增加受众的参与度和互动性。

媒体融合也带来了一系列的挑战，如何确保信息在各个媒体之间的一致性，如何评估不同媒体的推广效果，以及如何分配有限的资源和预算等。图书馆需要制定一个系统的、灵活的推广策略，确保在多元化的媒体环境中，信息的传播既有效又具有影响力。

二、信息源、信息渠道与接收者之间的互动

（一）信息流动性

信息流动性描述了信息从源头经过各种渠道到达接收者的过程。在图书馆阅读推广的语境中，信息流动性不仅涉及信息的传输和接收，还涉及如何使信息更具吸引力、可接受性和影响力。信息传播学为我们提供了一个理论框架，帮助理解和优化这一过程，确保图书馆的推广活动能够有效地触及和影响其目标受众。信息的源头，通常是图书馆或其工作人员，拥有大量的知识和资源。但单纯的知识和资源并不能保证信息的有效传播。需要通过合适的渠道，如传统媒体、社交网络或线下活动，将这些知识和资源转化为有用的信息。

在信息的流动过程中，渠道的选择和使用对信息的最终效果产生决定性

的影响。不同的渠道具有不同的特点和优势，对应不同的受众和场景。例如，学术论文可能更适合在学术期刊上发表，而图书馆的文化活动和新书推荐信息可能更适合在社交媒体上进行宣传。

接收者，即图书馆的目标受众，是信息流动的终点。他们的需求、兴趣和反馈是图书馆推广活动的导向和评价标准。信息流动性要求图书馆不仅关注信息的发送和传播，还要关注接收者的接受和反应。这意味着图书馆需要建立与受众的双向互动，了解他们的需求和反馈，不断调整和优化推广策略。

从信息传播学的视角看，图书馆阅读推广的成功不仅取决于信息的质量和内容，还取决于信息流动的全过程，包括信息的源头、渠道和接收者之间的互动。只有当这三个要素协同工作，信息流动性才能发挥其最大的潜力，确保图书馆的推广活动取得预期的效果。

（二）渠道选择与策略

不同的信息渠道具有各自的特性和优势。例如，社交媒体以其快速、广泛的传播能力和高度的互动性成为现代图书馆推广的重要工具。通过社交媒体，图书馆可以迅速地发布最新消息和活动，与读者建立紧密的联系，收集他们的反馈和建议。电子邮件则提供了一种更为个性化和具有针对性的推广方式，使图书馆可以向特定的受众发送定制的信息和推荐。线下活动，如讲座、展览和读书会，为图书馆提供了与读者面对面交流的机会，增强了信息的深度和影响力。

在确定推广策略时，图书馆需要深入分析各种信息渠道的特性和效益，确保每个渠道都能发挥其最大的潜力。这意味着图书馆不仅要选择最适合的渠道，还要根据渠道的特点制定合适的策略。例如，在社交媒体上，图书馆可能需要策划一系列吸引人的话题和标签，鼓励读者参与和分享。而在电子邮件推广中，图书馆可能需要设计精美的模板和标题，确保信息能够被打开和阅读。图书馆阅读推广的核心目的是传播知识和文化，增强读者的阅读兴趣和习惯。为了实现这一目的，图书馆需要不断地调整和优化其推广策略，确保信息能够有效地传达给目标受众。信息传播学为此提供了宝贵的理论和实践指导，帮助图书馆在复杂的信息环境中找到最佳的推广路径。

（三）接收者的反馈机制

信息传播过程中，接收者绝不仅仅是被动的信息消费者。相反，他们在整个信息流动的生态中扮演着至关重要的角色。接收者的反馈为信息源提供了关于信息传播效果的宝贵数据，这些数据进一步影响到信息渠道的选择和策略的调整。在图书馆阅读推广的语境中，理解并应用这一机制是成功达到其推广目标的关键。

接收者的反馈可以有多种形式，包括但不限于查询次数、在线评论、社交媒体分享、线下讨论以及各种形式的评价。这些反馈不仅为图书馆提供了关于其推广活动效果的即时反馈，还为其提供了关于读者需求和兴趣的宝贵信息，从而帮助图书馆更精准地进行推广活动。接收者的反馈还为图书馆提供了一种与读者互动的机会。通过这种互动，图书馆可以更好地了解读者的需求和期望，从而调整其服务和资源，确保其更好地满足读者的需求。这种互动不仅增强了图书馆与读者之间的联系，还为图书馆提供了一种与读者共同创造价值的机会。

接收者的反馈并不总是正面的。有时，它也能揭示出图书馆在推广活动中的不足之处。对于图书馆来说，这种负面反馈同样宝贵。它为图书馆提供了一种调整和改进的机会，确保其在未来的推广活动中能够取得更好的效果。

三、信息的编码、解码与传播障碍

（一）信息编码的重要性

编码可被视为一个转换过程，将原始的信息或知识转化为特定的格式或符号，从而使其能够通过特定的渠道传播并被接收者正确解读。在图书馆阅读推广的背景下，对信息编码的深入理解和应用是成功传播和接收信息的关键。

图书馆中的信息，无论是书籍、期刊还是数字资源，都包含了丰富的知识和文化内容。为了有效地传播这些内容，必须将其编码为适合特定受众和渠道的格式。例如，一个复杂的学术概念可能需要通过图表、图像或动画进行简化和可视化，以便在社交媒体上传播；而一个古老的文献可能需要通过数字化和元数据标注，以便在线搜索和访问。编码不仅关乎信息的格式和表示，还关乎其语境和文化背景。不同的文化和社群可能有不同的编码习惯和规则。为了使信息能够跨越文化和语境的障碍，图书馆需要深入了解其目标受众的文化和认知背景，选择适合的编码策略和工具。

信息编码的成功与否直接影响信息的传播效果。正确的编码可以确保信息快速、准确地传播，增强其吸引力和影响力；而错误的编码可能导致信息失真、误解或忽视。因此，图书馆在推广活动中必须重视信息编码的质量和适切性，确保其推广内容能够有效地触及和影响目标受众。

从信息传播学的视角看，信息编码是信息流动和交互的核心环节。它不仅涉及信息的技术处理和转换，还涉及信息的文化和社会解读。图书馆阅读推广中的编码活动，实际上是一个跨学科和跨文化的创新过程，旨在构建一个共享的知识和文化空间，促进知识的传播和创新。

（二）解码与信息接收

在传播的每一环节，从信息源到接收者，信息经历了从编码到解码的过程，这确保信息的内容和意图得以保留并被正确理解。对于图书馆来说，尤其在其阅读推广活动中，确保信息能被准确地解码并理解就显得尤为重要。信息的解码并不仅仅是一个简单的技术过程，而是一个复杂的认知活动，涉及接收者的知识、经验、文化背景和心理状态。因此，与信息编码一样，解码也是深受文化、社会和个人因素影响的过程。例如，同一份图书介绍在不同文化或社群中可能会有不同的解读，这要求图书馆在设计推广内容时要深入了解其目标受众的背景和需求。

确保信息能够被准确解码的另一个关键因素是信息的清晰性和一致性。图书馆需要确保其推广内容简明、具体，并与其他信息源保持一致。这可以避免信息的混淆和误解，并增强其信任度和权威性。即使在最理想的情况下，也难以确保每个接收者都能完美地解码信息。这就要求图书馆建立反馈机制，收集接收者的反馈和评价，从而不断优化其推广内容和策略。此外，图书馆还可以通过教育和培训活动，提高读者的信息素养，帮助他们更有效地解码和应用信息。

从信息传播学的角度看，解码与信息接收是信息传播成功与否的关键环节。它涉及接收者的整个认知和情感过程，从信息的初步感知到深入理解和应用。图书馆阅读推广中的解码活动，实际上是一个跨文化和跨学科的交流过程，旨在建立一个共同的知识和文化平台，促进知识的交流和共享。

（三）传播障碍与克服策略

在信息传播的过程中，特定的障碍往往影响到信息的有效流通，从而对图书馆阅读推广的结果产生不利影响。识别并克服这些障碍是确保推广有效性的关键。

一种常见的传播障碍是信息过载。在当今的信息爆炸时代，受众面临大量的信息来源，这可能导致他们对某一特定信息变得麻木或选择性地忽略。为了克服这一障碍，图书馆应确保其推广内容具有针对性、相关性和独特性，从而引起受众的关注和兴趣。文化和语言差异也是信息传播中可能遇到的障碍。不同的文化和语言背景可能导致信息的误解或歧义。为了避免这种情况，图书馆需要对其目标受众进行深入研究，选择适合的语言和表达方式，并在必要时提供文化和语境的解释。技术限制同样可能阻碍信息的有效传播。例如，部分受众可能无法访问数字化资源，或对某些技术工具不熟悉。针对这种情况，图书馆可以提供技术支持和培训，或选择更传统、普及的传播渠道。除此之外，心理和认知因素也可能成为传播障碍。受众的既有观念、信仰或态度可能使他们对某些信息持有偏见或抵制。为了克服这一障碍，图书馆需要建立与受众的信任关系，通过对话和参与增强其推广内容的说服力和可信度。

克服这些传播障碍需要图书馆采取综合策略。首先，图书馆需要不断更新其知识和技能，确保其推广活动与时俱进、创新有为。其次，图书馆需要加强与受众的互动和沟通，了解其需求和期望，从而提供更为个性化和有效的推广服务。最后，图书馆需要建立强大的合作网络，与其他文化、教育和传媒机构共同努力，共同克服传播障碍，实现知识和文化的广泛传播。

四、信息传播与图书馆的角色

（一）图书馆作为信息中心

作为主要的信息提供者和传播者，图书馆在信息社会中的作用日益显著，其影响深远。信息社会的特点是信息的爆炸性增长与快速流通。在这样的背景下，图书馆成为了信息的筛选者和组织者。通过专业的分类、编目和索引，图书馆确保了信息的有序存储和高效检索，使得公众可以方便地获取到所需的知识和信息。而这一过程正是信息传播学研究的核心内容之一。图书馆还作为信息的传播者，通过各种推广活动，如阅读促进、学术讲座和展览等，使更多的人得到信息的启迪并从中受益。这种传播活动不仅是信息的简单传递，更是文化和知识的传播，影响着公众的知识结构和价值观念。

图书馆也是信息的守护者。在数字时代，信息的安全和隐私成为了公众关心的焦点。图书馆不仅要保证其藏书和数字资源的安全，还要维护读者的隐私权。这需要图书馆与信息技术部门紧密合作，确保信息系统的安全性和稳定性。图书馆还是信息的评估者和批判者。在"假新闻"和"信息茧房"现象日益严重的今天，图书馆有责任帮助公众分辨信息的真伪，培养其批判性思维和信息素养。通过教育和培训活动，图书馆可以提高公众的信息鉴别能力，使其能够在信息洪流中做出明智的选择。

（二）推广策略与实践

图书馆，作为社会的知识中心和文化传播的关键节点，必须运用先进的信息传播理论，以制定并实施高效的阅读推广策略。在信息传播学的指引下，图书馆不仅是信息的守护者和组织者，更是其主动的传播者，对外界形成了深远的影响。

传统上图书馆的主要职责是收集、保存和提供访问信息资源。然而，在数字化和网络化的现代社会中，图书馆也肩负着使信息广泛流通的使命，使之触及尽可能多的受众。为此，图书馆必须对其推广策略进行深入的思考和调整，确保其在快速变化的信息环境中保持相关性和有效性。借助信息传播学，图书馆可以识别其目标受众的信息需求和偏好，从而为其提供量身定制的服务。例如，图书馆可以通过数据分析，了解受众的阅读习惯、兴趣点和信息搜索行为，进而为其推荐相关的书籍和资源。此外，图书馆还可以利用社会网络分析，发现社群之间的信息流通路径，从而优化其推广策略，提高信息的覆盖率和影响力。

信息传播学还为图书馆提供了多种有效的传播手段和技术，如故事叙述、可视化和多媒体等。通过这些手段，图书馆可以更生动、形象地展现其藏书和服务，引发受众的兴趣和好奇心。例如，图书馆可以通过虚拟现实技术，为受众提供身临其境的阅读体验，使其沉浸于知识和文化的海洋中。图书馆还应与其他文化、教育和传媒机构建立紧密的合作关系，共同推动信息的广泛传播。例如，图书馆可以与学校、博物馆和媒体合作，开展跨机构的阅读推广活动，如阅读节、讲座和展览等。通过这些活动，图书馆可以扩大其影响范围，触及更多的受众，实现其文化和教育使命。

（三）图书馆与社区的互动

图书馆作为知识与文化的宝库，已经超越了其传统的角色，发展成为与社区紧密互动的社会机构。在信息传播学的框架内，图书馆如何与社区互动，以及如何利用信息传播来增强其在社区中的影响力与服务能力，成了一个关键议题。图书馆与社区的互动不仅体现在信息的提供上，更体现在知识与文化的共享、创新与交流上。在信息社会中，图书馆成为连接各类用户，包括学者、学生、专家和公众的平台。通过组织各种活动，如阅读会、讲座、工作坊和展览等，图书馆为社区成员提供了一个交流思想、分享经验和创新知识的场所。这种互动模式的核心是信息的双向传播。而不仅仅是图书馆向社区传递信息，更重要的是图书馆能够聆听社区的声音，了解其需求和期望，从而提供更贴近用户的服务。例如，图书馆可以根据社区的特点和需求，采集和提供相关的资料和资源，如地方历史、民俗文化和社区发展等。

为了更有效地与社区互动，图书馆还需要运用现代信息技术，如社交媒体、移动应用和云计算等，来增强其信息传播的能力。通过这些技术，图书馆可以实时发布活动信息，收集用户反馈，与社区成员进行在线互动，甚至为远程用户提供虚拟的阅读和学习体验。图书馆还应与社区的其他机构和组织，如学校、企业、非政府组织和政府部门等，建立合作关系。通过这些合作，图书馆可以扩大其服务范围，为更多的社区成员提供知识和信息支持，同时也可以利用这些合作伙伴的资源和能力，共同推动社区的文化和知识进步。

第三节　阅读心理学

阅读心理学是研究个体在阅读过程中的心理活动、心理机制以及与之相关的影响因素的学科。它涉及对阅读过程中的认知、情感、动机等多种因素的研究，以及这些因素是如何与阅读效果、阅读理解和记忆等相关的。阅读心理学不仅为教育者提供了指导阅读教育的理论依据，还为图书馆等机构提供了推广阅读的策略和方法。

一、阅读过程中的认知与情感因素

（一）认知因素

认知因素在阅读过程中起着决定性的作用，深刻影响着读者从文本中获取、处理和理解信息的方式。图书馆在其阅读推广活动中，若能充分理解和应用与认知因素相关的阅读心理学理论，无疑将大大提高推广的效果。

阅读，作为一种复杂的认知过程，首先需要读者识别文字。这不仅仅是单纯地辨识字母或汉字，还涉及对单词、句子和段落的整体识别，进而解码其中蕴含的语义。在这一过程中，读者的识别速度和准确性会直接影响阅读效率和理解深度。特别是对于不同的文化背景和语言习惯的读者，对同一文本的识别难度可能会存在很大差异。

理解语义是阅读的核心。当读者成功地识别了文字后，接下来就是对这些文字背后的意义进行解读和理解。这需要读者运用其已有的知识和经验，与文本内容进行匹配和整合。先前的知识和经验成为了读者的有力工具。它们不仅可以帮助读者快速理解和记忆新的信息，还能使读者对某些难以理解的内容进行推断和猜测。构建意义是阅读的进一步深化。除了对单个词汇或句子的理解，读者还需要将文本中的各个部分连接起来，形成一个完整的、有逻辑的整体。这需要读者在阅读过程中不断地进行推理和判断，寻找文本中的逻辑关系和内在联系。对于那些结构复杂、信息丰富的文本，这一过程尤为关键。推理是阅读中的高级认知活动。它要求读者不仅仅停留在文本的表面，还要深入其背后，探索作者的意图、文本的深层含义以及可能的隐含信息。通过推理，读者可以更加深入地理解文本，同时也能提高对文本的批判性思考能力。

在图书馆的阅读推广活动中，认知因素的重要性不言而喻。为了更好地满足读者的需求，图书馆需要考虑读者的认知特点和差异，提供适合不同认知水平和背景的推广内容和服务。同时，通过了解阅读的认知过程，图书馆还可以为读者提供更有针对性的阅读指导和培训，帮助他们提高阅读效率和增强理解深度。

（二）情感因素

阅读，尽管常被看作是一种主要由认知活动组成的过程，其实是一种复杂的心理体验，融合了认知与情感两大要素。这种认知与情感的结合在阅读过程中起到了关键的作用，深刻地影响着读者与文本的互动以及从中获得的信息和启示。图书馆在其阅读推广活动中，若能充分认识到情感因素的重要性并据此行动，必将大大提升其推广效果和读者的满意度。

在讨论情感因素对阅读的影响之前，有必要深入了解情感在阅读中的具体表现和作用。当读者浏览书页时，他们不仅仅是在解码文字、理解内容，更是在体验与之相关的各种情感和情绪。这些情感可能与文本内容直接相关，也可能是由于读者的个人经历和背景而产生的。无论如何，这些情感都会影响读者的阅读动机、注意力集中程度以及最终的阅读理解。

兴趣是影响阅读动机的最重要的情感因素之一。当读者对某一主题或内容产生了浓厚的兴趣时，他们更有可能深入地阅读，投入更多的时间和精力。这种由兴趣驱动的阅读通常更加深入、持续，也更容易产生满足感和成就感。反之，缺乏兴趣的读者可能只是浅尝辄止，或者完全放弃阅读。态度也是影响阅读体验的关键情感因素。与兴趣不同，态度更多地反映了读者对文本的评价和看法。一个积极的态度可能会让读者更加开放、接受，而一个消极的态度则可能导致批判、抵触，甚至拒绝。这种态度会影响读者对文本的解读和评价，从而影响他们的阅读效果和满足度。情感状态作为一种瞬时的、与当前环境和情境相关的情感体验，也会影响阅读过程。例如，一个心情愉悦的读者可能更容易产生与文本的积极互动，而一个心情低落的读者可能更容易受到文本中消极内容的影响。

在图书馆的阅读推广活动中，应考虑到情感因素的重要性。通过了解和分析目标读者群体的兴趣、态度和情感状态，图书馆可以更有针对性地选择和推广适合的阅读材料，从而提高推广的成功率和效果。此外，图书馆还可以通过组织各种活动和工作坊，帮助读者培养和加强他们的阅读兴趣，调整和优化他们的阅读态度，以及更好地管理和调节他们的情感状态。

二、读者的心理模型与信息处理

(一)读者的心理模型

心理模型，作为读者对文本内容的内部表征，构成了阅读理解和记忆的核心机制。它不仅是对文本内容的简单反应，更是读者基于自身知识、经验和信仰构建的对文本的解释和评价。这种内部表征在阅读过程中起到了关键的作用，影响着读者与文本的互动以及从中获得的理解和启示。图书馆在其阅读推广活动中，若能深入了解和应用与心理模型相关的阅读心理学理论，必然会大大提高其推广的效果和质量。

当读者开始阅读某一文本时，他们会基于自身的知识、经验和信仰构建一个初始的心理模型。这个模型不仅包括对文本内容的预测和期望，还包括对文本结构、风格和目的的预测和期望。这种预测和期望会影响读者的注意力分配、信息选择和信息处理，从而影响他们的阅读速度、深度和质量。随着阅读的进行，读者会不断地与文本内容进行互动，对其进行解码、解释和评价。在这一过程中，他们会不断地与自己的心理模型进行匹配和调整。当文本内容与心理模型相匹配时，读者会感到满足和理解；当文本内容与心理模型不匹配时，读者则会产生疑惑和困惑，进而寻求进一步的解释和解决。这种匹配和调整的过程是阅读理解的核心，也是读者获得深入理解和长期记忆的关键。

心理模型不仅仅是对文本内容的反映，更是读者个体的独特表征。每个读者都有自己的知识结构、经验背景和信仰体系，因此，他们构建的心理模型也各不相同。这种个体差异不仅影响了读者的阅读理解和记忆，还影响了他们对文本的评价和看法。因此，对于同一文本，不同的读者可能会有完全不同的理解和反应。

(二)信息处理

阅读是一种复杂的信息处理活动，涉及从文本中获取、筛选、组织到整合信息的一系列过程。这种信息处理不仅要求读者具备一定的认知能力，还要求他们掌握和运用一系列的认知策略。这些策略不仅影响读者的阅读速度和效率，更影响他们的阅读理解和满足度。在图书馆的阅读推广活动中，对读者的信息处理进行深入了解和考虑，无疑将大大提高其推广的效果和质量。

当读者开始阅读某一文本时，他们首先需要对文本中的信息进行选择。这意味着他们需要确定哪些信息是重要的，哪些信息是次要的，以及哪些信息是可以忽略的。这种选择不仅取决于文本本身的结构和内容，还取决于读者的目的、背景和兴趣。例如，当读者阅读某一科技类的文章时，他们可能会重点关注实验方法和结果，而忽略背景和讨论。选择信息后，读者需要对这些信息进行组织，形成一个有逻辑的、连贯的整体。这需要他们识别文本中的主题、观点和论据，确定它们之间的关系和层次，进而构建一个清晰的、有结构的心理模型。这种组织过程要求读者具备一定的抽象思维和归纳能力，能够从文本中提取关键信息，忽略次要信息。组织信息后，读者需要对这些信息进行整合，与自身的知识、经验和信仰进行匹配和调整。这意味着他们需要对文本内容进行解释、评价和应用，进而形成对文本的深入理解和长期记忆。这种整合过程要求读者具备一定的推理和批判性思考能力，能够对文本内容进行深入的分析、比较和评价。

在图书馆的阅读推广活动中，了解和考虑读者的信息处理至关重要。通过分析目标读者群体的认知特点和策略，图书馆可以更有针对性地选择和推广适合的阅读材料，从而提高推广的成功率和效果。此外，图书馆还可以通过组织各种活动和工作坊，帮助读者培养和加强他们的信息处理能力，提高他们的阅读效率和理解深度。

三、阅读动机、兴趣与习惯的形成

（一）阅读动机

阅读动机是驱使读者阅读的内部动力。这种动力可能源于多种因素，如对知识的渴望、对娱乐的追求、对社交的需要等。不同的读者可能有不同的阅读动机，而同一位读者在不同的时间和情境下也可能有不同的阅读动机。这种多样性和变化性使得阅读动机成为阅读心理学中一个复杂而有趣的研究领域。阅读动机对阅读活动的影响是深远的。

在图书馆的阅读推广活动中，对阅读动机的深入了解和考虑至关重要。通过分析目标读者群体的兴趣、需要和期望，图书馆可以更有针对性地选择和推广适合的阅读材料，从而提高推广的成功率和效果。此外，图书馆还可以通过组织各种活动和工作坊，帮助读者培养和加强他们的阅读动机，提高他们的阅读参与度和满意度。

（二）阅读兴趣

阅读兴趣，作为读者对某一主题或内容的偏好，是决定阅读选择、质量和满足度的关键因素。它与阅读动机紧密相关，但又有其独特的属性和作用。在图书馆的阅读推广活动中，对阅读兴趣的深入了解和利用，将有助于提高推广的效果和质量，满足不同读者的需求和期望。

当谈到阅读兴趣时，通常指的是读者对某一主题、风格或作者的偏好。这种偏好可能是基于多种因素，如个人的经验、知识、信仰和情感。例如，对于喜欢历史的读者，他们可能更偏好于阅读与历史相关的书籍和文章；对于喜欢文学的读者，他们可能更偏好于阅读小说和诗歌。这种偏好不仅决定了读者的阅读选择，还影响了他们的阅读质量和满足度。阅读兴趣与阅读动机有着紧密的联系。当读者对某一主题或内容产生了浓厚的兴趣时，他们的阅读动机也会相应增强。这意味着他们更有可能选择阅读与之相关的文本，投入更多的时间和精力，从而获得更好的效果。反之，缺乏兴趣的读者可能对阅读缺乏动机，从而影响他们的阅读效果和满足感。

除了影响阅读的选择和动机，阅读兴趣还影响读者的信息处理和心理模型。当读者对某一主题或内容产生浓厚的兴趣时，他们更有可能对文本中的信息进行深入的解码、解释和评价，进而形成对文本的深入理解和长期记忆。同时，他们也更有可能与文本内容进行积极的互动，产生与之相关的情感和情绪。

在图书馆的阅读推广活动中，对阅读兴趣方面的因素深入了解和考虑至关重要。通过分析目标读者群体的兴趣和偏好，图书馆可以更有针对性地选择和推广适合的阅读材料，从而提高推广的成功率和效果。此外，图书馆还可以通过组织各种活动和工作坊，帮助读者发现和培养他们的阅读兴趣，提高他们的阅读参与度和满意度。

（三）阅读习惯

阅读习惯，作为长期的阅读实践所形成的稳定行为模式，对读者的阅读效率和效果有着深远的影响。这种稳定的行为模式不仅影响读者的阅读选择、速度和深度，还影响他们的信息处理、心理模型和满足度。在图书馆的阅读推广活动中，对阅读习惯的形成和培养进行深入了解和利用，将有助于提高推广的效果和质量，满足不同读者的需求和期望。

阅读习惯的形成是一个长期、复杂的过程，涉及多种因素的相互作用。这些因素包括个人的认知特点、情感因素、社会环境、文化背景等。在这一过程中，读者通过不断地阅读实践，逐渐形成了一套稳定的、适应自身需求的阅读策略和技巧。这套策略和技巧不仅帮助读者更有效地选择和处理文本中的信息，还帮助他们更好地满足自身的知识和情感需求。

良好的阅读习惯对阅读效率和效果的影响是显而易见的。当读者形成了一套适合自身的阅读策略和技巧时，他们可以更快地识别和理解文本中的信息，更深入地进行信息的组织和整合，从而获得更好的阅读理解和满足感。同时，良好的阅读习惯还可以帮助读者更好地管理和调节自身的认知资源，避免不必要的干扰和分散，提高阅读的集中度和持续性。

在图书馆的阅读推广活动中，对阅读习惯的形成和培养方面的因素进行深入了解和考虑至关重要。通过分析目标读者群体的阅读实践、策略和技巧，帮助读者发现和培养他们的阅读习惯，提高他们的阅读效率和效果。

四、阅读深度、注意力与记忆的心理机制

（一）阅读深度

阅读深度体现了读者对文本内容的深入理解和反思，它不仅仅是对文本表面信息的捕捉，而是对文本背后含义、观点和价值的探索和评价。与简单阅读不同，深度阅读要求读者进行更为深入的思考、比较和批判，从而获得对文本的深层次的理解和启示。在阅读深度的过程中，读者需要运用多种认知策略和技巧。这些策略和技巧包括但不限于：对文本内容进行组织和整合，与自身的知识、经验和信仰进行匹配和调整，对文本内容进行深入的解码、解释和评价。这种深度的信息处理不仅可以增强读者的阅读理解和记忆，还可以促进他们对文本的应用和转化。

图书馆在其阅读推广活动中，对阅读深度的培养和提高是一个重要的目标。通过选择和推广具有深度和价值的阅读材料，图书馆可以帮助读者提高他们的阅读质量和满意度，满足他们对知识和情感的需求。此外，图书馆还

可以通过组织各种活动和工作坊，帮助读者发现和培养他们的阅读深度，提高他们的阅读效果和满足度。

（二）注意力

注意力是阅读过程中的关键因素，它决定了读者对文本信息的选择、处理和记忆。在阅读过程中，读者需要集中注意力，才能有效地识别和理解文本中的信息，避免不必要的干扰和分散。注意力的集中和分配受到多种因素的影响。这些因素包括但不限于：文本的难易度、结构和内容，读者的兴趣、动机和状态，外部的环境和情境等。当文本内容与读者的兴趣和需求相匹配时，他们的注意力更容易集中；当文本内容与读者的兴趣和需求不匹配时，他们的注意力容易分散。图书馆在其阅读推广活动中，对注意力的培养和管理是一个重要的目标。通过选择和推广具有吸引力和价值的阅读材料，图书馆可以帮助读者提高他们的注意力集中度和持续性，提高他们的阅读效率和效果。此外，图书馆还可以通过组织各种活动和工作坊，帮助读者发现和培养他们的注意力，提高他们的阅读效果和满足度。

（三）记忆

记忆是阅读理解的基础，它决定了读者对文本信息的长期保存和应用。在阅读过程中，读者需要将新的信息与先前的知识和经验整合，形成稳定的、有结构的心理模型，从而获得长期记忆。记忆的形成和保存受到多种因素的影响。这些因素包括但不限于：文本的难易度、结构和内容，读者的认知策略和技巧，外部的环境和情境等。当文本内容与读者的知识和经验相匹配时，他们的记忆更容易形成；当文本内容与读者的知识和经验不匹配时，他们的记忆则更难形成。图书馆在其阅读推广活动中，对记忆的培养和加强是一个重要的目标。通过选择和推广具有记忆价值和效果的阅读材料，图书馆可以帮助读者提高他们的记忆效果和满足度，满足他们对知识和情感的需求。此外，图书馆还可以通过组织各种活动和工作坊，帮助读者发现和培养他们的记忆策略和技巧，提高他们的阅读效果和满足度。

第四节　阅读推广的策略和方法

一、现代阅读推广策略的框架

（一）定位与目标设定

通过明确的定位与目标设定，图书馆能够有针对性地设计和执行阅读推广策略，以满足特定群体的阅读需求和提高整个社区的阅读文化。定位是指图书馆在推广阅读时，应明确其服务的目标群体和服务的重点领域。通过深入分析和了解目标读者的阅读需求、阅读兴趣和阅读习惯，图书馆能够明确其推广阅读的定位，从而使推广活动更加具有针对性和效果。例如，图书馆可以针对青少年读者群体，推广与学习、成长和职业规划相关的读物并组织阅读活动。

目标设定是指图书馆在推广阅读时，应明确其希望通过推广活动实现的具体目标。这些目标可以包括提高特定年龄段或群体的阅读率、提高读者的阅读质量、拓展读者的阅读领域和提高读者的阅读满意度等。通过明确的目标设定，图书馆不仅可以为推广活动提供明确的方向和依据，同时也为评估推广活动的效果提供了基础。例如，图书馆可以设定通过一系列的推广活动，提高儿童和青少年的阅读率10%的具体目标。

定位与目标设定的过程是一个系统性和连续性的过程，需要图书馆在实践中不断地分析、评估和调整。通过有效的定位与目标设定，图书馆能够使其阅读推广活动更加符合读者的需求和期望，从而提高推广活动的效果和图书馆的社会影响力。同时，明确的定位与目标设定也有助于图书馆更好地整合和利用资源，实现阅读推广的可持续发展。

（二）多渠道推广

通过线上线下多种渠道的综合运用，如社交媒体、网站、展览和讲座等，图书馆能够拓宽阅读推广的覆盖面，增强推广活动的影响力，以更有效地促进阅读文化的传播和提高读者的阅读参与度。多渠道推广策略的实施，不仅可以让图书馆接触到更广泛的读者群体，也为图书馆提供了多样化推广阅读的可能性。例如，通过社交媒体和网站的运用，图书馆能够利用数字技术和网络平台，迅速传播阅读推广信息，吸引数字时代的读者，尤其是年轻人。同时，社交媒体和网站也为图书馆提供了与读者互动和了解读者需求的渠道，使图书馆能够及时调整推广策略，以更好地满足读者的需求。

线下的展览和讲座等活动，是图书馆传统的阅读推广渠道。通过组织多样化的展览和讲座，图书馆能够为读者提供直观、生动的阅读推广体验。例如，图书馆可以通过举办图书展览，展示图书馆的藏书资源和推荐特定主题的阅读；通过组织讲座和读书会，图书馆能够为读者提供交流阅读体验和学习新知识的平台。多渠道推广的实施，需要图书馆对不同推广渠道的特点和效果有深刻的理解，并能灵活运用多种渠道，以实现阅读推广的最大效果。同时，多渠道推广也要求图书馆能有效整合线上线下资源，形成推广力量的合力，以实现图书馆阅读推广的长远发展和社会影响的持续提升。通过精心设计和实施多渠道推广策略，图书馆能够在现代社会条件下，更好地完成其阅读推广的使命，促进阅读文化的传播和社区的知识共享。

（三）合作与联盟

通过与学校、社区、书店、出版社等不同社会组织的合作，图书馆能够拓展阅读推广的社会基础，共同推动阅读文化的传播和发展。这种合作与联盟不仅能够为图书馆提供更多的推广资源和推广渠道，同时也为图书馆与社会各界建立长期、稳定的合作关系提供了可能。

在与学校的合作中，图书馆能够通过定期举办阅读推广活动、提供阅读指导服务等方式，促进学校阅读教育的发展，帮助学生培养良好的阅读习惯和提高阅读能力。此外，图书馆还可以通过与学校的合作，利用学校的教育资源和传播渠道，拓展图书馆的阅读推广覆盖面，吸引更多的学生和教师成为图书馆的读者。在与社区的合作中，图书馆能够通过定期举办社区阅读活动、提供社区阅读服务等方式，满足社区居民的阅读需求，促进社区文化的发展。同时，图书馆还可以通过与社区的合作，利用社区的公共空间和传播渠道，拓展图书馆的阅读推广覆盖面，吸引更多的社区居民成为图书馆的读者。在与书店和出版社的合作中，图书馆能够通过共同举办图书展览、图书推介会等活动，促进图书的传播和阅读的推广。此外，图书馆还可以通过与书店和出版社的合作，利用他们的销售渠道和传播渠道，拓展图书馆的阅读推广覆盖面，吸引更多的读者。

二、阅读活动的策划与组织

（一）主题明确

当考虑阅读活动的策划时，应以主题的明确性为核心。一个明确的主题不仅为活动提供了明确的方向，而且使活动更具吸引力和教育意义。例如，针对青少年读者群体，可以策划一次关于科幻文学的专题讨论或工作坊，而对于成人读者，可以组织一次关于历史小说的书籍分享会。这些明确的主题可以帮助图书馆更精准地定位其目标受众，从而更有效地吸引他们参与。除了主题的明确性，确保活动与目标读者群体的兴趣和需求相匹配也是至关重要的。这要求图书馆在策划阅读活动时深入了解其目标读者群体的兴趣和需求。这可以通过调查、访谈或其他形式的市场研究来实现。了解读者的需求和兴趣后，图书馆可以为其策划更具吸引力和价值的阅读活动。

（二）资源整合

有效的资源整合能够丰富阅读活动的内容和形式，提高活动的吸引力和影响力。图书馆内部拥有众多宝贵的资源，包括但不限于图书、期刊、数字资源和专业人员。这些资源在整合时，可以为阅读活动提供丰富的内容。例如，图书馆可以利用其丰富的藏书为读者推荐一系列相关主题的书籍，或者利用数字化资源为读者提供线上的阅读体验。同时，图书馆的专业人员，如馆员和讲师，也可以为阅读活动提供专业的讲座或工作坊，分享他们的专业知识和经验。

除了图书馆内部的资源，外部资源的整合同样重要。与其他组织或机构的合作可以为图书馆带来更多的资源和机会。例如，图书馆可以与当地的学校、社区中心或非政府组织合作，共同举办阅读活动，从而吸引更多的参与者。此外，图书馆还可以与当地的作家、学者或其他专家合作，邀请他们为读者提供讲座或分享会，从而丰富活动的内容。空间也是图书馆的一个重要资源。不同的空间可以为阅读活动提供不同的体验。例如，一个安静的阅览室可以为读者提供一个沉浸式的阅读体验，而一个开放的讨论区可以为读者提供一个交流和分享的平台。

（三）宣传与推广

合适的宣传与推广策略可以确保阅读活动信息被有效传递，从而吸引更多的参与者以扩大活动的影响范围。图书馆需要根据其目标受众，选择最合适的宣传渠道和方法。例如，对于年轻读者，社交媒体和网络平台可能是最有效的宣传工具，而对于中老年读者，传统的媒体，如报纸、杂志和广播可能更具吸引力。

除了选择合适的宣传渠道，图书馆还需要考虑宣传内容的设计和制作。一个吸引人的宣传材料，不仅可以传达活动的基本信息，还可以引起读者的兴趣和好奇心，从而激发他们参与活动的愿望。因此，宣传材料的设计和内容选择对于提高活动的参与度具有关键作用。与其他组织和机构的合作也是宣传与推广的重要策略。通过与其他组织共同举办或推广阅读活动，图书馆可以扩大其宣传范围，吸引更多的潜在参与者。宣传与推广不应该仅仅在活动开始前进行。活动的进行中和结束后，也需要予以推广，分享活动的亮点和成功案例，从而为未来的阅读活动积累经验和吸引更多的关注。

三、创新型阅读推广工具与方法

（一）数字技术应用

利用增强现实（AR）技术，图书馆能够将虚拟信息融合到真实世界中，为读者提供富有吸引力和互动性的阅读体验。例如，图书馆可以通过 AR 技术，为图书展览提供互动式的展示和解说服务，使读者能够通过手机或 AR 眼镜，直观地了解图书的内容和背景信息，从而增加读者的阅读兴趣和参与度。

利用虚拟现实（VR）技术，图书馆能够为读者提供身临其境的阅读体验。例如，图书馆可以通过 VR 技术，为读者提供虚拟的图书馆导览服务，使读者能够在虚拟的环境中自由探索图书馆的藏书资源，从而激发读者的阅读兴趣和探索欲望。同时，图书馆还可以通过 VR 技术，为读者提供虚拟的阅读空间和阅读社群，使读者能够在虚拟的环境中享受阅读的乐趣和交流阅读体验。

利用移动应用技术，图书馆能够为读者提供便捷、个性化的阅读服务。例如，图书馆可以通过移动应用程序，为读者提供在线图书借阅、阅读推荐和阅读社区等服务，使读者能够随时随地享受阅读的乐趣，同时也为图书馆提供了与读者互动和了解读者需求的渠道。

（二）社交媒体营销

社交媒体平台的运用，使图书馆能够直接接触到大量的潜在读者，尤其是年轻人。通过发布富有创意和吸引力的内容，如图书推荐、读者故事和阅读活动预告等，图书馆能够在社交媒体上建立与读者的连接，激发读者的阅读兴趣和参与意愿。同时，社交媒体平台的多元化和互动性，使图书馆能够根据读者的反馈和互动，及时调整推广内容和策略，以更好地满足读者的需求和期望。

通过组织互动的活动，如线上读书会、阅读挑战和读者投票等，图书馆能够促进读者的参与和交流，形成良好的阅读社群。这种互动的活动不仅能够为读者提供有趣和有价值的阅读体验，同时也为图书馆提供了了解读者需求和收集读者反馈的渠道。通过分析和利用这些数据，图书馆能够更准确地了解读者的阅读需求和兴趣，从而制定更有效的推广策略，提高阅读推广活动的效果和影响力。

社交媒体营销的成功实施，需要图书馆具备一定的数字技术和网络传播能力。通过培训和学习，图书馆的工作人员能够掌握社交媒体营销的基本技能和方法，从而为图书馆的阅读推广活动提供有力的支持。同时，通过与其他社会组织和网络媒体的合作，图书馆能够拓展社交媒体营销的资源和渠道，实现阅读推广活动的传播范围和影响力的持续提升。

（三）读者社群建设和维护

读者社群的建设不仅能够为图书馆的读者提供一个交流和学习的平台，同时也为图书馆提供了了解读者需求和收集读者反馈的渠道。通过组织各种形式的读者交流活动，如读书会、讲座和读者论坛等，图书馆能够为读者提供展示自我和分享阅读体验的机会，同时也能够为读者提供学习新知识和拓展阅读视野的机会。

在读者社群的建设过程中，图书馆能够通过提供多样化和个性化的阅读服务，满足不同读者的阅读需求和兴趣，从而吸引更多的读者参与社群活动，形成良好的社群氛围。同时，图书馆还能够通过社群活动，为读者提供与作者、专家和其他读者直接交流的机会，从而丰富读者的阅读体验，提高读者的阅读满意度。读者社群的维护需要图书馆投入一定的资源和精力，包括组织社群活动、提供社群服务和处理社群事务等。通过有效的社群管理和服务，图书馆能够保持社群的活跃度和凝聚力，从而实现社群的持续发展和阅读推广活动的持续推进。

四、评估阅读推广活动的效果

（一）数据收集与分析

问卷调查是一种常用且效率较高的数据收集方法。通过设计精确、全面的问卷，图书馆能够收集到大量关于读者满意度、阅读兴趣、阅读需求等方面的数据。这些数据能够为图书馆了解阅读推广活动的接受程度和效果提供直接、明确的反馈。同时，问卷调查的匿名性也有助于确保数据的真实性和可靠性，为后续的数据分析和评估提供有力的支持。

访谈是一种更为深入且个性化的数据收集方法。通过面对面或电话访谈，图书馆能够深入了解读者的阅读体验、阅读需求和阅读建议。与问卷调查相比，访谈能够获得更为丰富和详细的数据，为图书馆提供更为全面和深入的了解。同时，访谈也为图书馆与读者建立良好的交流和互动关系提供了机会，有助于提高读者的满意度和忠诚度。

数据分析是数据收集的后续环节，通过对收集到的数据进行分析和处理，图书馆能够准确评估阅读推广活动的效果和影响。通过运用统计学、数据挖掘等方法，图书馆能够从大量的数据中提取有价值的信息，为推广活动的优化和改进提供科学、有效的依据。同时，数据分析的结果也能够为图书馆的决策提供重要的支持，为图书馆的发展和服务提供有力的指导。

（二）效果反馈

效果反馈过程中，图书馆需要通过科学、准确的方法，收集和整理有关阅读推广活动的效果数据，如参与人数、满意度、影响度等。通过对这些数据的分析和评价，图书馆能够了解阅读推广活动的实际效果和存在的问题，从而为后续的推广活动提供有价值的参考和指导。

及时的效果反馈，能够为图书馆与相关人员和组织建立良好的沟通和交流机制。通过与相关人员和组织的交流和合作，图书馆能够得到有关阅读推广活动的外部评价和建议，为持续改进和优化推广策略提供更为全面和多元的视角。同时，效果反馈也为图书馆与相关人员和组织建立长期、稳定的合作关系提供了机会，为图书馆的发展和服务提供了有力的支持。

效果反馈的实施，需要图书馆具备一定的数据处理和沟通能力。通过培训和学习，图书馆的工作人员能够掌握效果反馈的基本技能和方法，从而为图书馆的阅读推广活动提供有力的支持。同时，通过与其他图书馆和专业机构的交流和合作，图书馆能够不断提高效果反馈的质量和效果，为持续改进和优化推广策略提供有力的支持。

（三）持续优化

持续优化要求图书馆在评估阅读推广活动的效果时，能够明确存在的问题和不足，从而针对性地调整推广策略和方法。例如，若发现某项推广活动的参与度不高，图书馆应考虑推广内容、形式或是交互方式是否存在待改进之处，进而做出相应的优化。持续优化也意味着图书馆应保持对新的推广策略和方法的探索和尝试，以适应读者需求的变化和社会发展的趋势。例如，随着数字技术的发展，图书馆可能需要考虑如何利用新媒体、社交平台等，将阅读推广活动延伸至线上，以吸引更多的年轻读者参与。持续优化的过程中，图书馆也应考虑如何借力社区力量、合作伙伴以及跨界合作等，以拓展阅读推广的渠道和资源，增加推广活动的影响力和覆盖面。例如，与学校、社区组织、出版社等建立合作关系，共同推动阅读文化的传播。

第五节　图书馆学与信息科学

一、图书馆学的基本原理

图书馆学是研究图书馆的建设、管理和服务的科学，其基本原理包括了图书馆的社会功能、知识组织、信息服务和读者服务等方面。

（一）社会功能

图书馆对于社会文化的传承具有特殊的意义。通过收藏、保护和传播各类文献资料，图书馆成为历史文化遗产的重要载体。它们以独特的方式记录和反映了人类社会的历史进程和文化变迁，为后人提供了宝贵的学术资源和研究材料。同时，图书馆也是多元文化交流和理解的重要平台，通过展示和推广不同文化背景下的文献资料，它们为促进文化多样性和文化交流提供了有力的支持。在教育推广方面，图书馆则通过提供丰富多样的学习资源和学术活动，为公众的终身学习和个人发展提供了必要的支持。图书馆不仅是知识的获取场所，更是学习和研究的重要平台。它们通过提供开放、共享和自主学习的环境，提升了公众的学习兴趣和学习能力。公众知识的普及是图书馆社会功能的另一重要体现。图书馆通过举办各类阅读推广活动和公共讲座，传播科学知识和社会信息，为公众提供了知识更新和能力提升的机会。同时，图书馆也是公众社会参与和社区交流的重要场所，它们通过提供公开、平等和自由的交流平台，促进了公众的社会参与和文明意识的培养。

（二）知识组织

图书馆学的核心原理之一是知识组织，它针对图书馆资源的有序排列和分类，以确保读者和图书馆工作人员能够快速准确地找到所需的信息资源。图书馆学通过独特的分类、索引和元数据标准，为图书馆的知识组织提供了理论基础和实践指导。

知识组织不仅是对物理资源的组织，如书籍和期刊，同时也包括数字化资源的管理和分类。随着信息技术的发展，图书馆的知识组织也逐渐从传统的卡片目录和书架排列，向数字目录和在线数据库发展。图书馆学为这种转变提供了理论支撑，强调如何通过科学的方法，实现对不同类型和格式资源的有效组织和管理。在知识组织的过程中，分类和索引是基础且关键的环节。图书馆学研究了如何通过逻辑严密、科学合理的分类体系和索引方法，将图书馆的资源进行有效地组织。元数据标准在知识组织中也起到了关键的作用。通过统一的元数据标准，图书馆能够实现对资源的标准化描述和组织，为资源的检索和共享提供了基础。

知识组织的目的不仅是为了实现资源的有效管理，更是为了满足读者和社会的信息需求。通过有效的知识组织，图书馆能够为读者提供方便、快捷的信息服务，同时也为学术研究和社会发展提供了支持。知识组织也反映了图书馆学的人文关怀和社会责任，通过对知识的组织和传播，图书馆能够为社会的进步和文化的传承作出贡献。

（三）信息服务

图书馆作为信息的仓库和传播中心，其信息服务的核心目的在于促进知识的传播和应用。通过提供参考咨询服务，图书馆能够为读者解决具体的信息问题，提供必要的信息支持。例如，通过专业的参考咨询服务，图书馆能够为读者提供准确、及时的信息解答，满足其学术研究或日常学习的需求。

文献检索服务是图书馆信息服务的另一个重要方面。图书馆学探讨了如何通过科学的检索方法和技术，实现对图书馆资源的有效检索和利用。通过文献检索服务，图书馆能够为读者提供系统、全面的文献检索和利用支持，帮助读者发现和获取所需的信息资源。例如，通过在线检索系统和数据库，图书馆能够为读者提供高效、便捷的文献检索服务，满足其多元化的信息需求。

随着信息技术的发展，远程访问服务成为图书馆信息服务的重要组成部分。图书馆学强调了如何通过远程访问服务，为读者提供时间和空间上的便利，满足其随时随地的信息需求。例如，通过图书馆的数字化资源和在线服务，读者能够在家或其他任何地方，方便地访问和利用图书馆的资源和服务。

信息服务的多元化是图书馆学基本原理的体现，它反映了图书馆为满足不同读者群体需求的努力和责任。通过提供多元化的信息服务，图书馆能够为读者提供丰富、多样的信息支持，同时也为社会的知识传播和文化交流作出了贡献。

（四）读者服务

以读者为中心的服务理念是图书馆学的核心原则之一，它要求图书馆在提供服务时，充分考虑和关注读者的实际需求和利益。通过深入了解和分析读者的需求，图书馆能够提供更为精准和个性化的服务，从而提高读者的满意度和图书馆服务的效果。例如，图书馆可以通过读者需求调查和反馈机制，不断优化服务内容和形式，以满足读者的多元化需求。图书馆学也强调，读者服务不仅满足读者的基本信息需求，更在知识传播和文化交流中发挥图书馆的社会功能。通过提供多元化和高质量的读者服务，图书馆能够促进知识的传播和应用，为读者的学习、研究和个人发展提供必要的支持。例如，图书馆可以通过举办各类阅读推广活动和学术讲座，为读者提供丰富的学习资源和交流平台，从而促进读者的知识获取和能力提升。

为读者服务的质量直接影响图书馆的社会影响力和服务效果。图书馆学提供了评估和优化读者服务质量的理论指导和方法，为图书馆的服务质量提升提供了科学的依据。例如，图书馆可以通过服务质量评估和用户满意度调查，了解和改进服务中存在的问题和不足，以实现服务质量的持续提升。

二、信息科学与图书馆服务的融合

（一）数字化服务

在数字化服务的推动下，图书馆的资源得以在数字平台上得到广泛的传播和利用。通过信息科学技术，如扫描、光学字符识别和元数据标准等，图书馆能够将传统的纸质资源转化为数字格式，为读者提供更为便捷和高效的访问方式。例如，通过数字化的图书和期刊，读者能够在任何时间和地点，通过网络访问图书馆的丰富资源，实现知识的自由获取和交流。

线上检索是数字化服务的重要组成部分，它通过应用现代的信息检索技术和方法，为读者提供了高效、准确的检索服务。例如，通过布尔检索、模糊检索和语义检索等高级检索技术，读者能够快速准确地找到所需的信息资源，满足其学术研究和日常学习的需求。

数字化服务也为图书馆的资源共享和合作提供了有力的支持。通过数字化平台和网络技术，图书馆能够实现资源的跨区域、跨机构的共享和传播，为读者提供更为丰富和多元化的信息服务。例如，通过参与数字图书馆项目和资源共享网络，图书馆能够为读者提供更为广泛和多样的资源访问服务，促进了知识的交流和传播。

数字化服务的推动也为图书馆的服务创新提供了有力的支持。通过应用信息科学技术，图书馆能够开发和提供多种新型的数字服务，如虚拟参考咨询、在线教育和数字展览等，为读者提供丰富多样的信息服务体验。

（二）数据分析

数据分析技术为图书馆提供了丰富而有效的方法和工具，以收集、处理和分析图书馆的业务数据和用户数据。例如，通过对图书馆的借阅数据、检索数据和访问数据进行分析，图书馆能够了解读者的信息需求和使用习惯，发现图书馆服务中存在的问题和不足，以及读者的满意度和偏好。

应用数据分析技术，图书馆能够在宏观和微观层面上对读者的需求和偏好进行深入的了解和分析。在宏观层面上，图书馆能够通过数据分析了解图书馆服务的整体运行状况和效果，发现服务中存在的问题和不足，为图书馆服务的优化和改进提供科学的依据。在微观层面上，图书馆能够通过对个体读者数据的分析，了解读者的个性化需求和偏好，从而提供更为精准和个性化的服务。

数据分析技术的应用也为图书馆的服务创新提供了有力的支持。通过对数据的深入分析和挖掘，图书馆能够发现和探索新的服务需求和可能性，为读者提供多元化和创新性的服务。例如，通过对读者的检索和访问数据进行分析，图书馆能够发现读者对某些新领域或新资源的需求，从而为读者提供新的信息服务和资源推荐。通过对图书馆的业务数据和用户数据进行分析，图书馆能够得到客观、准确和全面的数据支持，为图书馆的决策提供科学的依据，同时也为图书馆的长远发展提供了重要的数据支持和参考。

（三）知识发现

信息资源的爆炸式增长使得知识发现成为一项挑战。图书馆通过应用信息科学技术，如数据挖掘、机器学习和自然语言处理等，能够有效地在庞大的信息资源中发现有价值的知识，提取和整合相关的信息，为读者提供高质量的知识服务。例如，通过数据挖掘技术，图书馆能够发现不同资源之间的关联和共性，为读者提供更为精准和全面的知识检索和推荐服务。

知识发现不仅仅是对单一信息资源的检索和利用，更是对多源信息资源的整合和创新。通过应用信息科学技术，图书馆能够实现对不同来源和格式的信息资源的整合和链接，为读者提供更为丰富和多元化的知识服务。例如，通过元数据标准和链接数据技术，图书馆能够实现对不同资源的描述和链接，为读者提供基于主题或者关键词的知识发现服务。

知识发现的过程也是知识创新和交流的重要平台。通过图书馆的知识发现服务，读者能够获取到最新、最有价值的知识信息，同时也能够与其他读者和学者进行知识的交流和讨论，促进知识的创新和传播。例如，通过图书馆的学术社区和知识交流平台，读者能够分享和讨论自己的研究成果和经验，促进学术和社会的交流和合作。通过应用信息科学技术，图书馆能够实现对知识资源的有效管理和利用，为读者提供多元化和创新性的知识服务，同时也为图书馆的长远发展和创新提供了重要的理论支持和实践经验。

（四）云服务和移动服务

云计算技术的应用为图书馆的云服务提供了技术基础和支持。通过构建图书馆的云服务平台，图书馆能够实现资源的云端存储和服务的云端运行，为读者提供高效、便捷的在线服务。例如，通过图书馆的云服务平台，读者能够在线访问和下载图书馆的数字资源，实现对图书馆资源的随时随地的访问和利用。移动技术的应用为图书馆的移动服务提供了重要的支持。通过开发图书馆的移动应用软件和移动网站，图书馆能够为读者提供多元化的移动服务，满足读者的移动学习和信息获取的需求。例如，通过图书馆的移动应用软件，读者能够在移动设备上方便地访问图书馆的资源和服务，实现移动学习和移动阅读。

云服务和移动服务的推动也为图书馆的服务创新和优化提供了重要的支持。通过应用云计算和移动技术，图书馆能够开发和提供多种新型的云服务和移动服务，为读者提供丰富多样的服务体验。例如，通过图书馆的云服务平台，图书馆能够为读者提供基于云计算技术的大数据分析和知识发现服务，促进读者的学习和研究。通过云服务和移动服务，图书馆能够实现资源的跨区域、跨机构的共享和传播，为读者提供更为丰富和多元化的信息服务。例如，通过云服务和移动服务，图书馆能够与其他图书馆和机构实现资源的互联互通和服务的合作，促进图书馆之间的资源共享和服务合作。

三、图书馆的信息组织、存储与检索

图书馆的信息组织、存储与检索是图书馆服务的基础，直接影响图书馆服务的质量和效率。

（一）分类与索引

图书馆的分类与索引系统是对信息资源进行有序组织的基础。通过分类与索引，图书馆能够将众多的信息资源按照一定的规则和标准进行组织，使图书馆的资源得以有序、系统地存储和管理。例如，通过将图书按照学科分类，读者能够根据自己的需求和兴趣方便地找到相关的图书和资料，从而实现快速准确地检索。

分类与索引的科学性和准确性直接影响图书馆阅读推广的效果。一个科学、准确的分类与索引系统能够使读者更为方便快捷地获取所需信息，从而提升读者的满意度和图书馆的服务质量。同时，准确的分类与索引也能够为图书馆的推广活动提供支持。例如，图书馆可以根据分类与索引系统，推广特定学科或主题的阅读活动，吸引读者的兴趣和参与。

分类与索引系统的建立和完善，也为图书馆的长期发展和服务创新提供了基础。通过不断优化分类与索引系统，图书馆能够更为准确地反映读者的需求和社会的发展趋势，从而为图书馆的资源采购、服务设计和推广活动提供指导。例如，通过分析分类与索引数据，图书馆能够发现某些学科或主题的资源不足或过时，从而调整资源采购策略，优化图书馆的资源结构。

（二）数据库技术

图书馆的数据库系统能够将不同类型、格式的信息资源集中存储，实现对资源的统一管理和维护。这种集中、统一的管理模式为读者提供了一个统一的检索入口，简化了读者的检索过程，提高了检索的效率和准确性。例如，通过图书馆的数据库系统，读者能够实现对图书、期刊、数字化资源等多种类型资源的统一检索，从而为读者提供便捷、高效的检索服务。

通过数据库技术，图书馆能够实现对信息资源的结构化组织。例如，通过构建元数据标准和控制词表，图书馆能够实现对信息资源的精准描述和组织，为读者提供更为准确的检索服务。这种结构化的组织方法为图书馆的资源组织和服务创新提供了重要的支持。例如，通过分析数据库中的元数据，图书馆能够发现读者的检索需求和偏好，从而为图书馆的阅读推广活动提供数据支持。

通过数据库技术，图书馆能够实现对阅读推广活动的有效管理和评估。例如，通过构建阅读推广活动的数据库，图书馆能够实现对推广活动的统一管理和评估，为图书馆的阅读推广活动提供数据支持。同时，通过数据库技术，图书馆能够实现对阅读推广活动的实时监控和分析，为图书馆的阅读推广活动提供实时、有效的反馈。通过不断优化和升级数据库系统，图书馆能够不断提升其信息组织、存储与检索的效率和质量，从而为图书馆的阅读推广和服务创新提供重要的技术基础。例如，通过应用新型的数据库技术，图书馆能够实现对大数据和开放数据的有效管理和利用，为图书馆的阅读推广和社会服务功能提供新的可能。

（三）检索系统

高效的检索系统能够为读者提供快速、准确的检索服务，帮助读者在图书馆庞大的信息资源中找到所需的资料。例如，通过关键词检索、主题检索和分类检索等多种检索途径，读者能够根据自己的需求和检索水平选择适合的检索方法，从而快速定位到相关的信息资源。这种多元化的检索途径为图书馆的阅读推广提供了重要支持，通过高效的检索系统，图书馆能够为读者提供方便快捷的检索服务，促进图书馆资源的有效利用并实现阅读推广。

检索系统的设计和优化也为图书馆的服务创新和优化提供了重要的支持。通过不断优化检索系统，图书馆能够为读者提供更为人性化、智能化的检索服务。例如，通过构建语义检索和推荐系统，图书馆能够为读者提供更精准和个性化的检索服务，促进图书馆的阅读推广和服务创新。同时，通过分析检索系统的使用数据，图书馆能够了解读者的检索需求和偏好，从而为图书馆的阅读推广活动提供数据支持。

通过检索系统，图书馆能够为读者提供丰富多样的阅读推广活动。例如，通过构建主题检索和推荐系统，图书馆能够为读者提供特定主题或领域的阅读推广活动，引起读者的兴趣。同时，通过分析检索系统的使用数据，图书馆能够了解读者的阅读需求和偏好，从而设计和推广符合读者需求的阅读活动，提升和扩大图书馆阅读推广的效果和影响。通过不断优化和升级检索系统，图书馆能够不断提升其信息组织、存储与检索的效率和质量，为图书馆的长期发展和社会服务功能提供重要的技术基础。例如，通过应用新型的检索技术，图书馆能够实现对大数据和开放数据的有效检索和利用，为图书馆的阅读推广和社会服务功能提供新的可能。

（四）元数据标准

元数据标准在图书馆的信息组织、存储与检索环节中具有重要意义，它为图书馆阅读推广奠定了基础。通过采用统一的元数据标准，图书馆能够实现对信息资源的标准化描述，进而提高信息组织和检索的质量。元数据标准是对信息资源的特征和属性进行标准化描述的规则和框架，它为图书馆的信息资源组织提供了一个统一、标准的描述体系。通过元数据标准，图书馆能够实现对不同类型、格式的信息资源的统一描述和组织，为图书馆的信息组织和检索提供了重要支持。例如，通过采用统一的元数据标准，图书馆能够实现对图书、期刊、数字化资源等多种类型资源的统一描述和组织，从而为读者提供统一、标准的检索服务，提高检索的效率和准确性。

元数据标准的应用对图书馆的阅读推广具有重要的促进作用。首先，元数据标准为图书馆的资源组织提供了一个统一、标准的描述体系，有助于提高图书馆资源的组织质量和检索效率，为图书馆的阅读推广提供了基础支持。通过元数据标准，图书馆能够为读者提供准确、完整的资源描述信息，帮助读者快速找到所需的资源，从而促进图书馆资源的利用和阅读推广。其次，元数据标准的应用为图书馆的服务创新和优化提供了重要的支持。通过分析元数据，图书馆能够了解读者的检索需求和偏好，从而为图书馆的阅读推广活动提供数据支持。通过元数据标准，图书馆能够实现对阅读推广活动的有效管理和评估，为图书馆的阅读推广活动提供数据支持，提高阅读推广的效果和影响。

第三章 图书馆阅读推广政策、规划与管理

第一节 阅读推广政策的框架与实践

随着数字化时代的到来，图书馆的角色和功能正在经历一次深刻的变革。图书馆不再仅仅是知识的储存库，而是成了知识传播、信息获取和社区参与的中心。此背景下，阅读推广政策在图书馆融合发展中具有重要作用。

一、阅读推广政策的框架

（一）目标与愿景

阅读，作为一种知识获取和精神享受的方式，长久以来在人类文明中占有重要的位置。图书馆，作为知识的守护者和传播者，对于推广阅读有着不可或缺的责任和使命。因此，制定明确的目标与愿景是任何有效的阅读推广政策的核心。

图书馆需要明确其长期和短期的推广目标。长期目标可能涉及改变或增强公众对阅读的态度和习惯，而短期目标可能更注重具体的活动和项目，如提高某一活动的参与率或推广某一特定类别的图书。例如，长期目标可能是"提高公众的阅读兴趣"，而短期目标可能是"在接下来的三个月内，吸引1000名读者参与阅读挑战"。愿景则描述了图书馆希望达到的理想状态，它通常更为宏观和抽象，但为图书馆提供了一个明确的方向。例如，一个可能的愿景是"建立一个知识渴求的社区，其中每个成员都经常阅读并珍惜阅读的价值"。

（二）目标人群

　　了解和确定目标人群是制定有效阅读推广政策的关键。每个社区都有其独特的组成和需求，因此，图书馆必须深入研究其服务的群体，以制定针对性的策略。学生是图书馆的主要目标人群之一，他们对于知识和信息的需求很大。图书馆可以通过与学校合作，为学生提供各种学术资源和阅读活动。老年人，尤其是退休后有更多的空闲时间的人，也是图书馆的重要用户。针对他们的需求，图书馆可以提供更为舒适的阅读环境和专门的服务。儿童是未来的读者，对他们进行早期的阅读培养至关重要。图书馆可以组织各种儿童阅读活动，如故事会、绘本展示等。此外，特定的社区成员，如新移民、少数族裔等，也需要特定的服务和资源。图书馆应该提供多语种的图书和资料，以满足他们的需求。

（三）资源配置

　　资源配置在阅读推广过程中起到了基础而决定性的作用。不同类型的资源，包括人力、物力和资金，共同构成了阅读推广活动的基石。缺乏足够的资源将直接影响阅读推广政策的实施和效果。

　　人力资源是图书馆服务的核心。图书馆员不仅需要具备丰富的专业知识和技能，还需具有热情和创意，以便能够有效组织和实施各种阅读推广活动和服务。他们是连接图书馆和读者的重要桥梁，通过他们的努力，图书馆的资源和服务能够得到更好的展现和利用。在这方面，图书馆应考虑定期为图书馆员提供培训和发展机会，以确保他们能够适应数字化时代的需求和挑战。

　　物力资源，包括图书、电子资源和设备等，是图书馆服务的基础。图书馆应该根据目标受众和社区的需求，采购和更新相关的资源。这需要图书馆有明确的采购策略和资源更新机制，以确保其资源能够满足不同读者群体的需求。在数字化时代，数字化资源和数字化工具的利用也变得越来越重要。它们不仅能够为读者提供更为丰富和多样的阅读选择，还能够通过数据分析和用户反馈，帮助图书馆更好地了解和满足读者的需求。

　　资金是实施任何政策和策略的基础。图书馆需要有稳定的资金来源，以保障其日常运营和发展。稳定的资金来源不仅能够确保图书馆的基本运营，还能为图书馆的长期发展提供保障。此外，图书馆还可以通过寻求外部资助，如赞助、捐赠和政府补助，来支持其特定的项目和活动。外部资助不仅能够为图书馆提供额外的资源，还能够帮助图书馆建立与社区和其他组织的合作关系，从而为图书馆的长期发展提供更为广泛和多元化的支持。

（四）合作与伙伴关系

阅读推广的任务不仅仅是图书馆的责任，而是一个涉及多方合作和共同努力的过程。图书馆与外部机构和组织建立合作和伙伴关系，能够为图书馆带来更多的资源和机会，也有助于更好地实现阅读推广的目标。以下几点分析了图书馆与不同合作伙伴之间的可能合作模式及其对阅读推广的贡献。

学校与图书馆间的合作是促进阅读的重要途径。通过与学校建立紧密的合作关系，图书馆能够更好地了解和满足学生的阅读需求。例如，图书馆可以为学生提供个性化的阅读推荐、学习资源和研究支持。同时，图书馆还可以与学校共同组织阅读活动和教育项目，为学生提供更为丰富和多元化的学习和阅读体验。此外，学校与图书馆的合作还能为学生提供一个与知识和文化相接触的平台，有助于培养他们的阅读兴趣和学习热情。

出版社是图书馆的另一个重要合作伙伴。与出版社建立良好的合作关系，能够为图书馆提供更为丰富的图书和资料资源。例如，图书馆可以通过与出版社合作，获得新书的优先采购权或者特殊折扣。此外，图书馆还可以与出版社共同组织各种文化活动，如作者见面会、新书发布会和读书会等。这些活动不仅为读者提供了一个与作者和文化界人士交流的机会，也为图书馆提供了一个展示其资源和服务的平台。

社区组织，如非政府组织和社区中心，也是图书馆的重要合作伙伴。通过与社区组织的合作，图书馆能够更好地理解和服务于社区的需求。例如，图书馆可以与社区组织共同开展阅读推广活动和知识传播项目，为社区居民提供学习和交流的机会。此外，社区组织的合作还能为图书馆提供更为广泛的社区资源和支持，有助于图书馆更好地实现其社区服务和阅读推广的目标。

二、阅读推广政策的实践

（一）活动与项目

在深入探讨阅读推广政策实施的过程中，活动与项目的组织显得尤为关键。它们构成了实现图书馆与读者互动，以及提升公众阅读兴趣和参与度的重要平台。图书馆每年的阅读节活动便是此类努力的典型代表，它通过多种形式，如朗读会、书展和文学讲座，展现了图书馆丰富多彩的资源和服务。阅读节不仅为公众提供了展现和发现新知识的舞台，也为他们与作者、出版社以及其他读者建立交流的渠道，进而增强了阅读社区的凝聚力和归属感。作家见面会活动为读者提供了一个珍贵的机会，使他们能够近距离与作家交流，深化对文学作品的理解和欣赏，也有可能激发读者自身的创作热情。在这一系列活动中，讲座和工作坊的设立，能够为求知者提供更为深入和专业的知识与技能，满足了不同读者群体的需求，进一步丰富了阅读推广的内涵和外延。通过这些精心组织的活动和项目，阅读推广政策得以具体实施，也使得图书馆与读者之间建立更为紧密和多层次的联系。

（二）技术与数字工具

随着科技不断进步，数字化工具与平台逐渐成为图书馆服务的重要辅助设施。它们为读者提供了更为便捷和多元化的阅读途径，同时也为图书馆的服务和推广开创了新的可能。电子书的流行不仅为读者提供了一个随时随地阅读的机会，而且其轻便和易于携带的特点，很好地满足了现代社会快节奏生活的需求。与传统的纸质图书相比，电子书能够为读者提供更为丰富和多样的阅读体验。音频书的出现为视障者和其他特定群体提供了一个新的阅读选择。它不仅丰富了他们的阅读体验，也在很大程度上提高了他们的生活质量。音频书的推广也显示了数字化工具在促进文化包容和社会公平方面的潜力。在线阅读社区，如豆瓣读书等，为读者提供了一个分享和交流的平台。这些社区通过构建交流和分享的社交网络，增强了读者对作品的理解和欣赏，也在很大程度上激发了他们的参与和创作热情。通过这些社区，读者不仅能够发掘和分享新的阅读资源，也能够通过互动和讨论，深化对作品的理解和体验。

（三）评估与反馈

任何政策和策略的实践都需要定期的评估和反馈，以确保其效果和效率。通过评估和反馈，图书馆可以了解其服务的优势和不足，以及公众的需求和期望，从而不断完善和调整其政策和策略。图书馆可以通过各种方式，如问卷调查、访谈、观察等，收集公众的反馈和建议。这些反馈和建议不仅可以提供图书馆服务的第一手资料，还能为图书馆提供改进的方向和建议。图书馆还可以通过数据分析，如流量统计、下载次数、参与率等，评估其服务的效果和效率。这些数据不仅可以为图书馆提供客观和具体的评估依据，还能为图书馆的决策提供参考和依据。

三、图书馆融合发展的重要性

图书馆，作为知识的存储和传播中心，长久以来都是社会文化和教育的重要组成部分。然而，随着技术的飞速发展和社会变革的不断深化，图书馆面临着前所未有的机遇和挑战。在这种背景下，融合发展不仅是图书馆的选择，更是其生存和发展的必要条件。

（一）应对技术革命的挑战

在数字化和信息化浪潮的推动下，传统图书馆服务与功能正面临着前所未有的挑战。一方面，数字化资源和在线服务的兴起为读者提供了前所未有的便捷和多样化选择，使得知识和信息的获取及分享不再受时空限制；另一方面，传统的图书馆服务，如书籍借阅和现场咨询的吸引力和影响力正在逐渐减弱。在这种情况下，图书馆的变革和创新成为不可回避的议题。

图书馆必须顺应时代潮流，整合现代技术和工具，以满足现代读者的多元化需求。例如，电子书和音频书的引入，不仅丰富了图书馆的资源类型，也满足了现代读者随时随地阅读的需求。在线阅读社区的建立，为读者提供了一个交流和分享的平台，也为图书馆提供了一个了解读者需求和反馈的渠道。

图书馆还需加强与数字技术的融合，以实现服务和功能的创新。例如，通过引入人工智能和大数据技术，图书馆可以实现对资源的智能推荐和个性化服务，也可以通过数据分析，更好地了解读者的需求和喜好，从而优化资源采购和服务提供。此外，图书馆还可以利用现代通信技术，提供在线咨询和远程服务，以弥补传统服务的不足。

对于图书馆而言，技术革命不仅是一个挑战，也是一个机遇。通过积极拥抱现代技术，图书馆可以实现服务和功能的创新和优化，也可以为读者提供更为丰富和多元化的阅读体验。技术的引入和利用，也有助于图书馆提高运营效率和服务质量，也为图书馆的长期发展和持续创新提供了可能。

然而，技术革命也对图书馆提出了新的要求和挑战。例如，图书馆需要投入更多的资源和精力，以学习和掌握新技术，也需要不断地更新和优化其服务和管理体系，以适应数字化时代的需求和变化。此外，图书馆还需要面对数字技术可能带来的隐私和安全问题，以及数字鸿沟可能带来的社会公平和文化包容问题。

（二）拓展服务范围和影响力

随着社会文化的多元化进程不断加快，公众对图书馆的期望和需求也呈现出多样化的趋势。图书馆不仅仅是传统意义上的知识和学习的殿堂，更是多元化需求的满足中心。面对这种变化，图书馆需要拓展其服务范围和影响力，以满足公众日益丰富和多元化的需求。通过融合发展策略，图书馆可以探索和开发更为丰富和多样化的服务和资源。例如，数字创意工作室的设立，不仅为读者提供了一个创意表达和学习的空间，也为图书馆提供了一个扩大其影响力和服务范围的机会。通过提供各种创意工具和设备，图书馆可以吸引更多对创意和数字技术感兴趣的读者，也可以为公众提供更为丰富和多元化的创意表达和学习的机会。

社区活动中心的建立，为图书馆和社区的交流和合作提供了一个平台。通过组织各种社区活动和项目，图书馆不仅可以增强其与社区的联系和合作，也可以为公众提供更为丰富和多元化的交流和学习的机会。同时，社区活动中心的设立也为图书馆的社区服务和影响力的拓展提供了可能。

在线学习平台的开发，为图书馆的数字化服务提供了一个新的方向。通过提供各种在线课程和学习资源，图书馆可以满足公众日益增长的在线学习需求，也可以为读者提供更为丰富和多元化的学习资源和支持。同时，在线学习平台的开发也为图书馆的数字化服务和影响力的拓展提供了可能。

通过拓展服务范围和影响力，图书馆不仅可以满足公众日益多样化的需求，也可以为其自身的发展和创新提供更多的机会和可能。在这个过程中，图书馆需要不断地探索和尝试，以找到最适合自己的发展路径和策略。同时，图书馆还需要加强与社区和公众的交流和合作，以更好地了解和满足公众的需求，也为图书馆的长期发展和持续创新提供支持和保障。

（三）增强社区参与和归属感

在现代社会文化多元化的背景下，图书馆的角色已逐渐从单纯的知识存储和传播中心，拓展到社区的交流和参与中心。图书馆有潜力成为促进社区参与和增强归属感的重要场所。通过融合发展策略，图书馆能为公众提供更为开放和包容的空间和平台，鼓励公众的参与和分享，进而增强他们的社区归属感和参与感。

图书馆可以与各种社区组织、学校以及非政府组织建立合作关系，共同组织多种多样的活动和项目。例如，通过举办讲座、工作坊、展览、文化节等活动，图书馆能为公众提供丰富多彩的学习、交流和参与的机会。这些活动不仅丰富了图书馆的服务内容，也为提升公众的文化素质、促进社区的交流与合作提供了有利的平台。图书馆还可以利用其独特的资源和平台，推动公众的创意表达和知识分享。例如，图书馆可以提供专业的资源和支持，鼓励公众参与文学创作、艺术展览等活动。通过开放其空间和资源，图书馆可以成为公众创意表达和交流的重要场所，也为增强公众的社区归属感和参与感提供了有力的支持。通过发展多元化的服务和资源，满足不同群体的需求和期望。例如，图书馆可以提供多语言的资源和服务，以满足不同文化背景的公众的需求。通过提供包容和多元化的服务，图书馆不仅可以吸引更多的公众，也可以为促进社区的多元化和包容性提供有力的支持。

图书馆还可以利用现代技术，提供在线的社区交流和参与平台。例如，图书馆可以建立在线的阅读社区和学习平台，鼓励公众在线交流和分享。通过提供线上线下相结合的社区交流和参与平台，图书馆可以为公众提供更为丰富和多元化的参与和交流的机会，也为增强公众的社区归属感和参与感提供了有力的支持。

第二节　阅读推广的规划与设计

随着现代人对知识的日益追求，图书馆的角色也在发生深刻的变革。阅读推广不再仅仅是提供书籍和资料，而是需要结合读者的需求，进行有针对性的规划和设计，从而达到推广效果最大化。

一、阅读推广规划与设计的重要性

（一）需求导向

在当前的信息时代，读者的需求呈现出多元化、个性化的特点。不同的读者群体对于阅读的需求、兴趣和期望都有所不同。因此，图书馆的阅读推广活动如果仅仅停留在传统的、泛泛的层面，将很难触及读者的真实需求。

只有深入了解读者的实际需求，图书馆才能制定出有针对性的阅读推广策略。例如，对于大学生这一特定的读者群体，他们可能更关心职业发展、技能提升等方面的书籍和资料；而对于中老年读者，他们可能更偏向于健康、养生、历史文化等方面的阅读内容。图书馆需要从大量的书籍和资料中筛选出符合不同读者群体需求的内容，并进行有针对性地推广。这不仅可以提高读者的满意度，还可以提升图书馆的社会影响力和公众形象。当读者感觉到图书馆能够提供他们真正需要的阅读资源，他们对图书馆的依赖性和忠诚度也会相应提高，从而形成一个良好的互动关系。

（二）资源优化

图书馆拥有大量的书籍、资料和其他资源，如何合理地进行规划和使用，是图书馆面临的一个重要问题。没有明确的规划和设计，图书馆可能会在一些不太受读者欢迎的书籍和资料上投入过多的资源，从而导致资源的浪费。通过对读者需求的了解和分析，图书馆可以更加精准地分配资源，确保每一本书、每一份资料都能得到有效利用。有了明确的规划和设计，图书馆的工作人员也可以更加高效地工作。他们不再需要在大量的书籍和资料中盲目地寻找，而是可以根据推广策略进行有针对性的选择和推广。作为公共文化服务机构，图书馆有责任确保其提供的服务能够满足社会的需求。合理的资源规划和设计，不仅可以提高图书馆自身的工作效率，还可以更好地满足社会的文化需求。

（三）效果提升

有针对性的推广策略和活动设计是提高阅读推广效果的关键。当推广活动能够精准地触及读者的实际需求，其效果自然会得到大大的提高。当推广活动得到了读者的广泛认可和积极参与，图书馆的社会影响力也会随之增强。这不仅可以提高图书馆的公众形象，还可以为图书馆带来更多的社会资源和支持。成功的阅读推广活动，可以形成良好的口碑效应，吸引更多的读者来到图书馆。这不仅可以提高图书馆的阅读率，还可以为图书馆带来更多的社会资助和支持。

二、阅读推广的规划方法

（一）需求分析

需求分析是阅读推广规划的第一步，也是最关键的一步。只有深入了解读者的需求，图书馆才能制定出真正有针对性的推广策略。这涉及对目标读者进行调查和分析，了解他们的阅读习惯、兴趣和需求。例如，年轻人可能更喜欢电子书和在线阅读，而中老年人可能更偏向于纸质书。有的读者可能对科普类书籍有浓厚的兴趣，而有的读者可能更喜欢文学作品。此外，不同的文化、教育背景、职业和生活经历也会影响读者的阅读需求。因此，图书馆需要使用问卷调查、访谈、焦点小组等多种方法，全面、深入地了解读者的需求。

（二）目标设定

在明确了读者需求的基础上，图书馆需要制定阅读推广的具体目标。这些目标应该是明确的、可衡量的。例如，提高某一读者群体的阅读率、推广某一类型的书籍、增加某一时间段的图书借阅量等。在设定目标时，图书馆还需要考虑其自身的资源、条件和社会责任。不同的图书馆可能有不同的目标。例如，大型的公共图书馆可能更注重服务广大的公众，而专业的学术图书馆可能更注重服务特定的学术群体。此外，目标还需要根据实际情况进行调整。例如，如果某一类型的书籍在社会上突然变得非常流行，图书馆可能需要调整其推广策略，以满足读者的新需求。

（三）资源分配

资源是实现阅读推广目标的基础。图书馆需要根据目标，合理分配其资源，如经费、人力和物资。这涉及对图书馆的各种资源进行详细的盘点和分析。例如，对于经费，图书馆需要考虑如何获取资金、如何使用资金和如何监控资金的使用。对于人力，图书馆需要考虑如何选拔、培训和激励工作人员，以确保他们能够有效地进行阅读推广。对于物资，图书馆需要考虑如何购买、存储和使用各种物资，如书籍、电子资源、活动用品等。此外，图书馆还需要考虑如何与外部机构合作，共同推进阅读推广活动。

（四）策略制定

策略是实现阅读推广目标的方法和手段。图书馆需要设计针对不同读者群体的推广策略和活动。这涉及对各种推广方法和技术的研究和创新。例如，对于年轻人，图书馆可以使用社交媒体、在线阅读平台和电子游戏等新兴技术进行推广；对于中老年人，图书馆可以使用传统的讲座、展览和读书会等方法进行推广。此外，图书馆还需要考虑如何与社区、学校、企事业单位等外部机构合作，共同开展阅读推广活动。例如，可以与社区合作开展夏令营、阅读节等活动，与学校合作开展课程、讲座等活动，与企事业单位合作开展公益广告、赞助活动等活动。

三、阅读推广设计方法遵循的原则

（一）创新性

在当今的信息爆炸时代，读者面临着海量的信息和多样的娱乐选择，这使得阅读推广活动更加困难。传统的推广方法，如宣传册、海报和讲座，可能已经无法吸引现代读者的注意。因此，图书馆在设计推广活动时，必须注重创新，避免单一和重复。创新不仅仅是引入新的技术或方法，更重要的是要从读者的角度出发，了解他们的实际需求和兴趣，设计出真正有吸引力的推广活动。例如，可以结合当下的流行文化和社会热点，设计一系列与之相关的阅读推广活动，如"科幻文学月""历史文化节"等。此外，还可以与其他机构或企业合作，共同开展一些跨界的推广活动，如"阅读与旅游""阅读与美食"等。图书馆还需要不断尝试和探索新的推广方法，如使用虚拟现实技术进行在线阅读体验、开展"阅读马拉松"等新颖的活动。只有不断创新，图书馆才能在激烈的竞争中脱颖而出，真正吸引读者的注意。

（二）参与性

参与性是阅读推广设计的另一个重要原则。与传统的单向推广方法不同，现代的推广活动更注重与读者的互动和参与。鼓励读者参与推广活动，不仅可以增强他们的归属感和满足感，还可以更好地了解他们的需求和反馈，从而不断完善推广策略。参与性可以体现在多个方面。第一，图书馆可以邀请读者参与推广活动的设计和策划，如征集推广活动的主题、形式和内容等。第二，还可以鼓励读者参与推广活动的实施和执行，如组织读者志愿者团队，负责推广活动的组织、宣传和服务等。第三，还可以鼓励读者参与推广活动的评价和反馈，如设置在线评价系统，让读者对推广活动进行打分和评论等。

（三）实效性

实效性是衡量阅读推广活动成功与否的关键标准。设计的推广活动，不仅仅是形式上的宣传，更重要的是要确保其能够实际推动读者阅读。这需要图书馆在设计推广活动时，充分考虑其实际效果，避免形式主义和空洞化。

实效性可以体现在多个方面。第一，推广活动需要有明确的目标和指标，如提高某一读者群体的阅读率、推广某一类型的书籍等。这些目标和指标需要根据实际情况进行调整和完善。第二，图书馆还需要建立一个完善的监测和评价体系，对推广活动的实际效果进行定期检查和评估。例如，可以通过数据分析，了解推广活动对图书借阅量、在线阅读次数等指标的影响。第三，还可以通过问卷调查、访谈等方法，了解读者对推广活动的满意度和反馈。

第三节　阅读推广的组织与管理

一、组织与管理的重要性

（一）资源的合理分配与使用

资源管理被视为图书馆运营的核心内容之一。对于图书馆而言，每一种资源，从馆藏、数字资产到人力资源，都具有其独特的价值。在阅读推广中，对资源的合理分配与使用显得尤为关键。通过精细化管理，图书馆可以确保资源在推广活动中的最大化应用，实现资源的最优配置。这种优化不仅体现在物质资源的有效利用上，更关乎如何将有限的人力资源进行合理的分工与调配，确保每个环节都得到恰当的关注。这样的管理策略有助于提高图书馆的运营效率，同时也为满足读者多元化的需求提供了坚实的基础。

（二）团队的合作与协调

从组织学的角度看，一个成功的组织往往需要其成员之间形成高效的合作。而在图书馆的阅读推广活动中，团队的合作与协调显得尤为关键。多个部门或团队往往需要在同一目标下协同工作，这种协同不仅依赖于清晰的组织结构，更依赖于高效的信息流通和决策机制。通过精确的任务划分、明确的沟通渠道以及持续的团队建设，图书馆可以确保其阅读推广活动的顺利进行。这不仅有助于提高工作效率，更能够促进团队创新，实现图书馆的战略目标。

（三）与读者和其他合作方的沟通与协作

在现代图书馆学中，以读者为中心的服务理念已被广泛接受。这意味着图书馆的每一项服务，包括阅读推广，都需要围绕读者的需求和期望进行。为此，与读者建立起有效的沟通机制，深入了解他们的阅读习惯、兴趣和需求，成为阅读推广成功的关键因素。同时，图书馆还需要与其他机构，如出版社、学校、企事业单位等，建立起合作关系。这种合作不仅可以带来更多的资源和机会，更能够拓展图书馆的服务范围，提高其社会影响力。从这个角度看，与读者和其他合作方的沟通与协作不仅是图书馆阅读推广的实际需要，更是实现其长远发展的战略选择。

二、组织结构的设定

（一）组织结构的明确性

组织结构的明确性是其有效性的前提。在图书馆的阅读推广部门或团队中，应当明确地界定每一个岗位的职责、权限和工作范围，以及他们之间的关系。这种明确性不仅有助于防止职责重叠和资源浪费，还能确保每一个团队成员都明白自己的任务和期望，从而提高工作效率和质量。此外，明确的组织结构还能为员工提供一个清晰的晋升路径，从而提高他们的工作动力。在设定组织结构时，应充分考虑图书馆的特点和需求，如其规模、藏书量、读者群体和服务范围等，以确保结构的合理性和适应性。同时，还应该定期评估和调整组织结构，以适应不断变化的环境和需求。

（二）内外部沟通与协作的重要性

阅读推广部门或团队不仅要负责内部的推广活动，还需要与其他部门和外部机构进行沟通与协作。这种沟通与协作的重要性不言而喻。首先，它能够帮助阅读推广部门获取更多的资源和支持，如资金、人员、技术和信息等。其次，它还能够扩大推广的影响范围，达到更多的读者群体。最后，它还能够促进知识和经验的交流与分享，从而提高推广的效果和质量。为了确保沟通与协作的有效性，阅读推广部门应该建立和完善相关的机制和流程，如定期的沟通会议、共享的信息平台和明确的合作协议等。同时，还应该培训和鼓励员工提高他们的沟通与协作能力。

（三）策略与方法的科学性

阅读推广的策略与方法是其成功的关键。因此，阅读推广部门或团队应该根据图书馆的特点和需求，以及读者群体的特点和需求，制定科学、合理和创新的策略与方法。这些策略与方法应该充分考虑各种因素，如文化、社会、经济和技术等，以确保其实施的有效性和可持续性。为了确保策略与方法的科学性，阅读推广部门应该定期进行市场调研和分析，以了解读者群体的需求和期望，以及竞争对手的策略和方法。同时，还应该建立和完善相关的机制和流程，如策略与方法的审查、评估和修订等。

（四）人力资源的培训与发展

人是阅读推广中最重要的资源。因此，阅读推广部门或团队应该重视人力资源的培训与发展。这不仅能够提高员工的知识和技能，还能够提高他们的工作动力和满意度，从而提高推广的效率和质量。在培训与发展人力资源时，应该充分考虑员工的个性和潜力，以及图书馆的特点和需求。培训内容应该涵盖各个领域，如专业知识、技能、态度和价值观等。培训方法应该多样化，如讲座、研讨会、实践和模拟等。同时，还应该建立和完善相关的机制和流程，如培训的计划、实施和评估等。

三、人员培训与激励

（一）专业培训的深度与广度

在图书馆环境中，阅读推广的成功很大程度上取决于员工的专业知识和技能。为此，图书馆需要确保其员工接受系统的专业培训，涵盖了所需的各个领域。这种培训应该不仅有深度，还要有广度。

深度意味着对于某一领域或技能的深入训练和实践。例如，员工可能需要深入了解某一类型的文学作品，或者某一种阅读推广方法。通过深度培训，员工可以获得深入的知识和经验，从而更好地服务于读者。广度则涉及多个领域和技能的培训。在图书馆环境中，阅读推广不仅仅是关于书籍或文学，它还涉及市场营销、事件策划、技术支持和客户服务等多个方面。通过广度培训，员工可以获得多方面的知识和技能，从而更好地应对各种情况和挑战。

（二）激励机制的设计与实施

激励机制是任何组织成功的关键因素，图书馆也不例外。一个合理和有效的激励机制可以激发员工的积极性和创造性，从而提高他们的工作效率和满意度。

在设计激励机制时，应该充分考虑员工的需求和期望，以及图书馆的目标和策略。激励可以是物质的，如薪酬、奖金和福利等，也可以是非物质的，如认可、尊重和晋升机会等。无论是哪种形式，激励都应该与员工的表现和贡献相匹配，从而确保其公正性和有效性。在实施激励机制时，应该建立和完善相关的机制和流程，如评估、审查和反馈等。同时，还应该定期评估和调整激励机制，以适应不断变化的环境和需求。

（三）培训与激励的整合

培训和激励虽然是两个独立的方面，但它们之间存在着密切的关系。一个合理和有效的培训可以增强员工的知识和技能，从而提高他们的工作效率和满意度，这自然会增加他们获得激励的机会。与此同时，一个合理和有效的激励可以激发员工的积极性和创造性，从而促使他们更加积极地参与培训和学习，这自然会增强他们的知识和技能。因此，图书馆应该整合培训与激励，确保它们之间的相互支持和促进。这可以通过多种方式实现，如将培训成果作为激励的标准之一，或者为参与培训的员工提供额外的激励等。

（四）培训与激励的持续性与可持续性

培训和激励不应该是一次性的或短期的，而应该是可持续的。这是因为图书馆的环境和需求是不断变化的，员工的知识和技能也需要不断地更新和完善。同时，员工的需求和期望也是不断变化的，激励机制也需要不断地调整和优化。为了确保培训与激励的可持续性，图书馆应该建立和完善相关的机制和流程，如培训的计划、实施和评估，以及激励的设计、实施和评估等。同时，还应该进行定期的市场调研和分析，以了解外部的环境和需求，以及内部的情况和问题。这样，图书馆才能确保其培训与激励始终与时俱进，始终满足员工和读者的需求和期望。

四、活动的组织与协调

（一）活动策划的系统性与创新性

活动策划是图书馆阅读推广活动成功的关键因素。一个成功的活动需要系统的策划，它涵盖了活动的各个方面，如目标、内容、形式、时间、地点、参与者、资源和评估等。这种系统性不仅有助于确保活动的全面性和连贯性，还能够避免潜在的问题和风险。

首要的是明确活动的目标。这是活动策划的基础，也是评估活动成功与否的标准。目标应该是明确的、具体的、可衡量的、实际的和有时限的，从而确保其可实施性和可评估性。接着是确定活动的内容和形式。这取决于活动的目标、图书馆的特点和需求、读者群体的特点和需求，以及外部的环境和竞争对手等。内容和形式应该是多样化的，以满足不同的需求和期望。同时，还应该是创新的，以吸引读者的注意和兴趣。另外，还要考虑活动的时间和地点。这取决于活动的内容和形式、图书馆的资源和条件、读者群体的习惯和偏好，以及外部的事件和节日等。时间和地点应该是合适的，以确保活动的顺利进行和高参与率。还要确定活动的参与者和资源。参与者可以是图书馆的员工、读者、合作伙伴和媒体等。资源可以是资金、人员、技术和信息等。参与者和资源应该是充足的和合适的，以确保活动的高效率和高质量。最后还要考虑活动的评估。这是活动策划的闭环，也是提高活动效果和质量的手段。评估应该是持续的和全面的，涵盖了活动的各个方面和阶段，从而确保其客观性和准确性。

（二）活动协调的复杂性与灵活性

活动协调是图书馆阅读推广活动实施的关键因素。一个成功的活动需要各部门的协调，涉及多个部门和外部机构的合作与协调。这种复杂性不仅增加了活动的难度和风险，还增加了活动的机会和价值。

首先要明确活动的责任和权限。这是活动协调的基础，也是确保活动能顺利进行并保持高效率的手段。责任和权限应该是明确的、具体的、合理的和公正的，从而确保其可实施性和可接受性。建立和完善活动的机制和流程，取决于活动的内容和形式、图书馆的特点和需求、合作伙伴的特点和需求，以及外部的环境和竞争对手等。机制和流程应该是简洁的、清晰的、连贯的和灵活的，以确保活动的高效率和高质量。还要考虑活动的沟通与信息共享。这是活动协调的桥梁，也是增强活动透明度和公信力的手段。沟通与信息共享应该是持续的、及时的、真实的和完整的，从而确保其有效性和可靠性。考虑活动的风险管理与应急响应是活动协调的保障，也是避免活动的失败和损失的手段。风险管理与应急响应应该是预防的、主动的、快速的和有力的，从而确保活动的安全性和稳定性。最后，还要考虑活动的反馈与改进。这是活动协调的闭环，也是提高活动效果和质量的手段。反馈与改进应该是持续的和全面的，涵盖了活动的各个方面和阶段，从而确保其客观性和准确性。

五、评价与反馈

（一）评价机制的构建与实施

评价是任何活动管理中的关键环节，对于图书馆的阅读推广活动尤为重要。评价机制的建立意味着需要制定明确、客观、合理的标准和方法，用以衡量推广活动的效果和影响。

首要考虑的是确定评价的目标。这些目标应当与活动的初衷和预期结果相一致，确保评价的方向性和针对性。例如，评价的目标可能包括增加读者的数量、提高读者的满意度、扩大推广活动的影响范围等。评价方法的选择也是评价机制建立中的核心环节。常见的评价方法包括问卷调查、深度访谈、观察法、数据分析等。选择合适的评价方法可以确保评价的客观性、准确性和可靠性。例如，问卷调查可以广泛地收集读者的反馈和意见，深度访谈则可以深入了解读者的需求和期望。评价的实施需要考虑时间和频率。周期性的评价可以及时发现问题，持续地优化活动。例如，可以在每次活动结束后、每季度或每年进行评价。评价结果的解读和应用是评价机制的终点，也是新一轮活动策划的起点。评价结果不仅可以为图书馆提供宝贵的数据支持和决策依据，还可以为未来的阅读推广活动提供经验和教训。

（二）反馈的收集与整合

反馈是评价的一个重要组成部分，也是图书馆与读者、合作伙伴之间沟通的桥梁。有效地收集、整合和使用反馈，可以不断完善推广活动，提高其效果和影响。建立反馈渠道是收集反馈的第一步。常见的反馈渠道包括在线调查、反馈箱、社交媒体、读者会议等。多样化的反馈渠道可以确保广泛、全面地收集反馈，满足不同读者的习惯和需求。反馈的分类和分析是整合反馈的关键。不同的反馈可能关注不同的问题和方面，如活动的内容、形式、时间、地点、参与者、资源等。对反馈进行分类和分析，可以发现问题的本质和规律，提炼出有价值的信息和建议。

反馈的应用和跟进是反馈机制的闭环，也是持续改进的动力。应用反馈意味着根据反馈调整和优化推广活动，确保其更加贴近读者的需求和期望。跟进反馈则意味着及时回应反馈，与读者建立长期、稳定的互动关系，从而增强读者的忠诚度和满意度。

第四节　阅读推广政策的执行与评估

一、政策的执行

（一）领导层的支持与指导

图书馆的领导层在阅读推广政策执行中起到至关重要的作用。作为决策者和领导者，领导层的态度、决策和行动直接影响到政策的有效性和持续性。领导层应当对阅读推广政策给予充分的重视，确保其与图书馆的总体目标和策略相一致。这不仅可以为政策提供清晰的方向和框架，还可以为政策的执行提供必要的资源和支持。

领导层还应当对阅读推广政策进行定期的审查和调整。随着时间的推移，图书馆的环境和需求可能会发生变化，政策也需要相应地进行更新和完善。

领导层应当建立和完善相关的机制和流程，如政策的审查、评估和修订等，确保政策始终与时俱进，始终满足图书馆和读者的需求和期望。领导层应当对阅读推广政策的执行进行监督和指导。这可以通过多种方式实现，如定期的汇报、检查和反馈等。

此外，领导层应当对执行中的问题和难题给予关注和解决，确保政策的顺利进行。同时对执行中的成果和贡献给予认可和奖励，确保政策的高质量和高满意度。

（二）资源的合理分配与使用

资源是阅读推广政策执行中的关键因素。合理的资源分配和使用不仅可以确保政策的有效性和持续性，还可以提高政策的效率和满意度。图书馆应当根据政策的目标和内容，以及自身的特点和需求，制定科学、合理、创新的资源分配和使用策略。

资源的种类和数量是资源分配的基础。图书馆应当充分考虑各种资源的特点和价值，如资金、人员、技术和信息等，确保资源的多样性和充足性。同时，还应当考虑资源的来源和获取，如预算、捐赠、合作和外部资助等，确保资源的可获得性和可持续性。资源的需求和优先级是资源分配的关键。图书馆应当根据政策的目标和内容，以及读者和合作伙伴的需求和期望，确定资源的需求和优先级。这不仅可以确保资源的合理性和有效性，还可以避免资源的浪费和冲突。资源的管理和监督是资源使用的保障。图书馆应当建立和完善相关的机制和流程，如资源的计划、实施和评估等，确保资源的高效率和高质量。同时，还应当对资源进行定期的审查和调整，确保资源始终与时俱进，始终满足图书馆和读者的需求和期望。

（三）沟通与协作的强化

沟通与协作在阅读推广政策执行中起到至关重要的作用。有效的沟通与协作不仅可以确保政策的顺利进行和高效率，还可以提高政策的影响力和公信力。图书馆应当加强与内部部门和外部机构的沟通与协作，确保资源、信息和经验的共享与交流。

内部沟通与协作是政策执行的基础。图书馆的各个部门和团队都应当对政策给予充分的支持和配合，确保政策的连贯性和一致性。这可以通过多种方式实现，如定期的会议、报告和讨论等。图书馆应当建立和完善相关的机制和流程，如沟通的规则、方法和频率等，确保沟通的及时性、真实性和完整性。外部沟通与协作是政策执行的关键。图书馆应当与其他图书馆、学校、政府、企业、媒体和社团等外部机构建立稳定、长期的合作关系，确保政策的广泛性和多样性。这可以通过多种方式实现，如合作协议、项目和活动等。图书馆应当建立和完善相关的机制和流程，如合作的条件、方式和期限等，确保合作的平等性、互利性和可持续性。

二、政策的监督与调整

（一）持续监督确保政策的有效执行

图书馆所实施的阅读推广政策旨在促进公众的阅读兴趣和习惯，但如何确保这些政策真正发挥其预期效果？答案在于持续的监督。监督不仅是评估政策效果的手段，更是确保政策方向正确的关键。

1. 数据收集与分析

定期收集关于阅读推广活动的数据，如参与人数、活动反馈、新书借阅率等，可以为图书馆提供宝贵的反馈信息。通过数据分析，图书馆可以了解哪些活动受到欢迎，哪些需要改进，从而为后续的决策提供有力支持。

2. 质量控制

持续的监督可以确保阅读推广活动的质量得到保证。例如，图书馆可以通过对活动组织者进行培训、对活动内容进行审查等方式，确保每一个活动都达到了预期的标准。

3. 公众反馈的重要性

公众是阅读推广活动的直接受益者，因此他们的反馈对于图书馆来说是非常宝贵的。通过定期的调查或反馈渠道，图书馆可以了解公众对于阅读推广活动的真实感受，从而做出相应的调整。

（二）适时调整以应对可能出现的问题

即使一个政策在设计时经过了深思熟虑，但在实际执行过程中仍然可能出现各种问题。这就需要图书馆在监督的基础上，进行适当的调整。

1. 灵活性

在面对不断变化的社会环境和公众需求时，图书馆需要具备足够的灵活性，以便对阅读推广政策进行适时的调整。这不仅可以确保政策的实际效果，还可以使图书馆更好地适应外部环境的变化。

2. 持续创新

为了吸引更多的公众参与阅读推广活动，图书馆需要不断地创新。这可能涉及新的活动形式、新的合作伙伴、新的技术手段等。只有通过持续的创新，图书馆才能确保其阅读推广政策始终保持活力。

3. 风险管理

任何政策的执行都可能面临风险，而图书馆的阅读推广政策也不例外。通过适时的调整，图书馆可以及时应对可能出现的风险，确保政策的稳定执行。

三、政策的评估

（一）数据分析：量化的效果评估

数据分析可以为图书馆提供一个定量的评估手段。例如，通过对新书的借阅率、活动的参与人数、线上资源的点击量等数据的分析，图书馆可以了解阅读推广政策的实际效果。除了对单一数据进行分析外，图书馆还可以通过对一系列数据的分析，了解阅读推广政策的效果趋势。这不仅可以帮助图书馆了解政策是否持续有效，还可以为后续的决策提供参考。

数据分析还可以帮助图书馆对不同的阅读推广策略进行效果对比。例如，图书馆可以通过对不同活动的参与人数、不同推广方式的效果等数据进行分析，了解哪些策略更为有效。

（二）问卷调查：了解公众的真实感受

1. 深度了解

问卷调查可以帮助图书馆深入了解公众对于阅读推广政策的看法。这不仅可以为图书馆提供宝贵的反馈信息，还可以为后续的决策提供参考。

2. 广泛参与

问卷调查可以涵盖广大的公众，从而确保评估结果的代表性。这对于图书馆来说是非常重要的，因为只有确保评估结果的代表性，才能确保政策的有效性。

3. 针对性分析

通过问卷调查，图书馆还可以对特定的群体进行针对性的分析。例如，图书馆可以针对不同年龄、职业、教育背景等群体进行调查，从而了解他们对于阅读推广政策的看法。

（三）访谈：深入探讨政策的效果

访谈作为评估阅读推广政策效果的手段，在图书馆领域中占据着至关重要的地位。它为阅读推广提供了一个独特的机会，使图书馆能够与公众、图书馆员以及合作伙伴等关键人物进行深入的交流和互动。这种交流不仅让图书馆获取到更为深入、详细且具体的关于政策效果的反馈信息，还为其提供了一个全面的评估视角。不同于问卷调查这种相对表面化的信息收集手段，访谈活动深度挖掘了每个参与者的真实感受和看法，从而使图书馆能够从多个角度全方位地了解政策的实际效果。此外，访谈还为图书馆提供了一个宝贵的机会，使其能够及时发现和解决在政策执行过程中可能出现的问题。例如，在与合作伙伴的交流中，图书馆可以及时获悉合作中可能出现的问题或瓶颈，并据此进行必要的策略调整，以确保阅读推广政策的顺利实施。总之，访谈作为一个评估手段，在图书馆的阅读推广政策制定和执行中发挥着不可替代的作用。

四、政策的更新与改进

（一）适应外部环境的变化

面对社会、技术和文化持续的进步与变革，图书馆的外部环境呈现出复杂和动态的特征。这种不断的变迁为图书馆带来了挑战，同时也带来了新的机遇。为了确保阅读推广政策在这种变化中保持其持续的有效性，图书馆不得不对策略进行定期的审查，细致地分析并根据新的情境进行策略的更新和完善。这种主动地适应和更新努力能够确保图书馆的服务和资源始终能够贴近时代的脉搏，满足广大读者群体和合作伙伴的期望和需求。

考虑到数字技术的飞速发展，这已经彻底改变了信息的获取和分享方式。图书馆在此背景下，应认识到数字阅读的重要性，并在其阅读推广政策中融入相关的策略和内容。数字阅读不仅为年轻一代提供了更为便捷和个性化的阅读体验，而且它的普及性和互动性为图书馆开辟了一个全新的、具有广泛影响力的推广渠道。数字化也带来了与其他文化和国家得更为紧密的联系。图书馆可以利用这种联系，为读者提供更为丰富和多元的阅读资源，如外国文献、多语种的资料等。这种多元化的推广策略不仅能够满足读者对于外国文化的好奇和求知欲，还可以帮助图书馆建立一个更为开放和包容的形象。

随着人工智能、虚拟现实和增强现实等新技术的兴起，图书馆还可以考虑如何利用这些技术为读者提供沉浸式和互动式的阅读体验。这不仅可以吸引更多的读者，还可以为图书馆提供一个与众不同的竞争优势。

（二）满足读者和合作方的新需求

跨文化交流的不断加强使得读者对外国文化和语言产生了浓厚的兴趣。为了满足这一需求，图书馆可以在其阅读推广政策中融入与外国文化和外国语言相关的内容。例如，通过举办外国文化讲座、外文书籍展览和外语学习工作坊，图书馆可以为读者提供一个了解外国文化和学习外语的平台。这不仅能够吸引更多的外国读者，还能够为图书馆与外国图书馆、文化机构和教育机构建立合作关系提供一个契机。随着科技的发展，读者对数字化资源和在线服务的需求也在不断增长。图书馆可以考虑在其阅读推广政策中加入与数字化资源和在线服务相关的内容。例如，通过提供在线阅读平台、数字化藏书和远程参考咨询服务，图书馆可以为读者提供一个便捷和个性化的阅读体验。

合作方，如出版社、学术机构和非政府组织，也为图书馆提供了新的合作机会。为了满足这些合作方的需求，图书馆可以在其阅读推广政策中加入与合作项目和资源共享相关的内容。这不仅可以为图书馆带来更多的资源和支持，还可以为其提供一个扩大影响力和提高知名度的机会。

（三）持续改进的重要性

评估是持续改进过程中的关键步骤。通过对阅读推广政策的实际效果进行评估，图书馆可以了解其在实际操作中的表现，以及可能存在的问题和不足。数据分析、问卷调查和访谈是常用的评估手段，它们为图书馆提供了一个全面、深入和多角度的评估视角。例如，数据分析可以为图书馆提供一个定量的效果评估，而访谈则可以深入了解读者和合作方的真实感受和需求。

基于这些评估结果，图书馆需要对其阅读推广政策进行必要的更新和改进。这可能涉及对某些策略或活动的调整、增加或删除。例如，如果某个推广活动的参与人数持续低迷，图书馆可能需要考虑其是否仍然符合读者的兴趣和需求，或者是否需要采取不同的推广策略。

持续改进不仅可以确保图书馆的阅读推广政策始终保持活力和效果，还可以为图书馆提供一个持续学习和发展的机会。每次的评估和改进都是一个新的学习经验的机会，它可以帮助图书馆更好地了解其读者和合作方，以及如何更好地为他们提供服务。

第四章 阅读推广与数字技术融合

第一节 数字技术与阅读推广

数字技术在近年来已经对各个领域产生了深远的影响，包括图书馆和阅读推广。与此同时，图书馆作为知识的宝库，也在积极寻找与数字技术融合的方式，以更好地服务读者和提高其自身的效率和功能。

一、数字化资源的推广和共享

（一）数字图书馆与电子资源

在 21 世纪的信息时代，数字技术的迅速发展和普及对图书馆学领域产生了深远的影响。其中，数字图书馆的构建和电子资源的收集与推广成为图书馆界的重要议题。数字图书馆不仅代表着图书馆的数字化转型，而且标志着图书馆服务模式从传统的实体形态向线上、移动、远程和多媒体的方向发展。

数字图书馆的出现源于数字化技术的进步，特别是信息检索、存储和传输技术的革命性变革。这些技术使得大量的文献资料可以被扫描、存储并在网络上迅速传播，从而为读者提供了更为便捷的获取方式。与此同时，数字化技术还为电子资源的创建、组织和管理提供了新的工具和方法。电子资源，包括电子书籍、文章、音频、视频等，现已成为数字图书馆的核心内容。这些资源的特点是格式多样、更新快速、容易获取和传播。与传统的纸质资源相比，电子资源具有更高的灵活性和可用性，可以满足不同读者的个性化需求。此外，由于电子资源可以在线访问，因此，无需占用实体空间，也不受开放时间的限制，为读者提供了 7×24 的服务。

电子资源的推广和共享也面临一些挑战。例如，如何确保资源的质量和权威性、如何解决版权问题、如何提高资源的检索效率和使用体验等。为了应对这些挑战，图书馆需要与出版社、技术提供商、学术机构等合作伙伴建立紧密的合作关系，共同推进电子资源的开发、整合和推广。

图书馆阅读推广与数字技术的融合是图书馆发展的必然趋势。在这一过程中，图书馆不仅要充分利用数字技术的优势，提供高质量的电子资源服务，还要注重培养读者的信息素养，帮助他们有效地检索、评估和使用电子资源。此外，图书馆还需要加强与其他文化和教育机构的合作，共同推进文化和知识的数字化传播。

（二）资源共享

数字化资源的共享和推广是数字技术与图书馆阅读推广融合的重要体现。过去，由于物理限制，图书馆的资源主要为本地读者服务，而其他地方的读者很难获取这些资源。但在数字化时代，这些局限性已经被打破。通过数字化技术，大量的文献资料和其他资源可以被扫描、存储并在网络上迅速传播，从而实现真正的资源共享。资源共享不仅为读者提供了更广泛和深入的学习和研究机会，还为图书馆带来了诸多好处。例如，资源共享可以提高图书馆的资源利用率，减少重复购买和存储的成本。同时，资源共享还可以增强图书馆的服务能力，满足不同读者的多样化需求。

为了实现有效的资源共享，图书馆需要采取一系列措施。首先，图书馆需要进行资源的数字化，确保资源的质量和完整性。此外，图书馆还需要建立统一的标准和规范，如元数据标准、检索和分类体系等，以保证资源的互操作性和一致性。此外，图书馆还需要建立高效和安全的网络平台，为读者提供便捷的访问和下载服务。此外，为了解决版权和知识产权问题，图书馆还需要与出版社、版权机构和其他利益相关者进行合作和协商，确保资源的合法和合理使用。

资源共享也为图书馆带来了一些挑战。例如，如何确保资源的安全和隐私，如何处理版权和知识产权问题，如何提高资源的检索和访问效率等。为了应对这些挑战，图书馆需要不断更新和完善其技术和管理策略，与其他图书馆和机构建立紧密的合作关系，共同推进资源共享的发展。图书馆阅读推广与数字技术的融合是图书馆发展的必然趋势。在这一过程中，资源共享作为核心理念，为图书馆提供了新的发展方向和机遇。只有充分利用数字技术，推进资源共享，图书馆才能更好地满足读者的需求，实现其在知识社会中的核心价值和地位。

二、互动和社交功能的增强

（一）读者社区

读者社区是图书馆在线服务的重要组成部分，为读者提供一个交流、分享和学习的平台。在这里，读者可以分享自己的阅读体验、写书评、参与在线讨论等，通过这些方式与其他读者建立联系和互动。这一互动不仅增强了读者之间的联系，也为图书馆提供了一个更加直接的与读者沟通的渠道。

互动和社交功能的增强是读者社区的核心特点。通过各种在线工具和应用，如社交网络、博客、论坛等，读者可以方便地发布和分享自己的观点和感受，与其他读者进行深入的交流和讨论。这一互动不仅促进了知识的传播和分享，还为读者提供了一个学习和成长的机会。读者社区还为图书馆提供了一个宝贵的反馈渠道。通过读者的评论、评价和建议，图书馆可以更好地了解读者的需求和期望，及时调整服务策略和内容，提高服务质量和效率。同时，读者社区也为图书馆提供了一个与读者建立深度联系和互信的机会，从而增强图书馆的品牌形象和影响力。

图书馆阅读推广与数字技术的融合在读者社区中得到了充分的体现。通过数字技术，图书馆可以为读者提供更加丰富和多样的阅读资源，如电子书、音频、视频等。同时，图书馆还可以利用数字技术，如数据挖掘、推荐系统等，为读者提供更加个性化和精准的阅读推荐。此外，图书馆还可以利用数字技术，如社交媒体、移动应用等，开展各种线上和线下的阅读推广活动，如阅读俱乐部、作者访谈、线上阅读马拉松等，进一步增强读者的参与感和归属感。

（二）虚拟现实（VR）和增强现实（AR）

虚拟现实技术可以为读者创建一个全新的、仿真的三维环境，使读者仿佛置身于另一个世界中。这种沉浸式的体验使得读者可以更加深入地了解和感受到书籍或资料中描述的场景、人物和事件。例如，当读者阅读一本描述古代文明的书籍时，通过 VR 技术，他们可以"走入"那个时代，亲眼看到那里的建筑、风景和人们的日常生活，从而更加生动和真实地理解和感受到书中的内容。

增强现实技术则是在真实环境的基础上叠加计算机生成的图像、声音和其他信息，为读者提供更加直观和互动的阅读体验。例如，当读者在图书馆浏览一本介绍名画的书籍时，他们可以通过 AR 技术，看到名画的 3D 模型、作者的简介和其他相关信息，从而更加深入地了解和欣赏这些艺术品。

VR 和 AR 技术的应用不仅增强了读者的阅读体验，还为图书馆提供了与读者互动和沟通的新途径。通过这两项技术，图书馆可以为读者提供更加个性化和参与式的服务，如虚拟的导览、互动的展览和教育活动等。此外，图书馆还可以利用 VR 和 AR 技术，开展各种线上和线下的阅读推广活动，如虚拟的阅读俱乐部、AR 的书籍展示和 VR 的作者访谈等，进一步增强读者的参与感和归属感。

图书馆阅读推广与数字技术的融合在 VR 和 AR 技术的应用中得到了充分的体现。通过这两项技术，图书馆不仅可以为读者提供更加丰富和沉浸式的阅读体验，还可以与读者建立更加紧密的联系和互动，实现知识的共创和共享。这一转变不仅有利于图书馆的发展和创新，还为社会提供了一个开放、包容和多元的知识交流和学习的平台。

三、个性化的服务和推荐系统

（一）数据分析

图书馆的数据来源主要包括读者的借阅记录、在线搜索记录和互动行为等。这些数据反映了读者的阅读兴趣、学习习惯和信息需求，为图书馆提供了宝贵的决策依据。通过对这些数据的分析，图书馆可以发现读者的偏好和趋势，及时调整资源配置和服务策略，提高服务质量和效率。

个性化的服务是数据分析的重要应用之一。传统的图书馆服务往往是一刀切的，难以满足不同读者的个性化需求。但在数字化时代，图书馆可以根据读者的数据，为他们提供更加个性化和定制化的服务，如个性化的阅读推荐、定制化的学习路径和专属的信息咨询等。这一服务不仅增强了读者的满意度和忠诚度，还为图书馆带来了更高的资源利用率和服务效益。

推荐系统是个性化服务的核心技术。通过对读者的数据进行挖掘和分析，推荐系统可以为读者提供更加精准和相关的阅读推荐。这一推荐不仅基于读者的历史行为和偏好，还考虑了其他读者的行为和反馈，以及图书馆的资源和策略。此外，推荐系统还可以利用机器学习和人工智能技术，实时更新和优化推荐结果，确保推荐的准确性和时效性。

图书馆阅读推广与数字技术的融合在数据分析中得到了充分的体现。通过数据分析，图书馆不仅可以为读者提供更加个性化和精准的服务，还可以与读者建立更加紧密的联系和互动，实现知识的共创和共享。这一转变不仅有利于图书馆的发展和创新，还为社会提供了一个开放、包容、多元的知识交流和学习平台。

（二）推荐系统

推荐系统的核心是基于数据分析，为读者提供与其兴趣和需求相匹配的内容。这些数据来源于读者的借阅记录、在线搜索记录、互动行为等。通过对这些数据的深入分析，推荐系统可以挖掘出读者的兴趣模式和偏好，从而为读者提供更加精准和相关的推荐。

个性化的服务是推荐系统的主要特点之一。与传统的图书馆服务相比，推荐系统可以为读者提供更加个性化和定制化的服务。这种服务不仅基于读者的历史行为和偏好，还考虑了其他读者的行为和反馈，以及图书馆的资源和策略。此外，推荐系统还可以利用机器学习和人工智能技术，实时更新和优化推荐结果，确保推荐的准确性和时效性。

推荐系统的应用不仅增强了读者的阅读体验，还为图书馆提供了与读者互动和沟通的新途径。通过推荐系统，图书馆可以更好地了解和满足读者的需求，与读者建立更加紧密的联系和互动。这一互动不仅增强了读者的满意度和忠诚度，还为图书馆带来了更高的资源利用率和服务效益。

第二节 数字技术对阅读推广的影响

一、数字资源的构建和传播

（一）数字资产管理

在信息化与数字化的浪潮中，图书馆面临着前所未有的机遇与挑战。传统的实体藏书正逐渐被数字资产所取代，这无疑为图书馆的阅读推广打开了新的视角与路径。数字资产管理系统（DAMS）在此背景下应运而生，为图书馆提供了对其宝贵资产进行高效管理、检索、分发和共享的渠道，从而增强了图书馆在数字时代的核心竞争力。

数字资产管理系统的核心是对图书馆的数字资产进行集中管理。这些资产包括电子书、期刊、音视频资料、图像、数据库等各种格式的数字内容。通过 DAMS，图书馆可以对这些资产进行分类、标记、存储和检索，确保资产的安全、完整和持久性。此外，DAMS 还提供了各种工具和应用，如元数据管理、版权管理和访问控制等，为图书馆提供了一个全面、灵活和可扩展的数字资产管理解决方案。

数字资产的构建是数字资产管理的基础。为了满足读者的多样化需求，图书馆需要对其藏书和资料进行数字化处理，转化为数字格式。这一过程不仅包括扫描和拍摄，还包括 OCR 识别、格式转换和数据清洗等。此外，图书馆还需要对数字资产进行元数据标注，为资产提供描述、分类和索引，从而提高资产的可检索性和可用性。

数字资产的传播是数字资产管理的目标。通过 DAMS，图书馆可以为读者提供一个统一、便捷和高效的数字资源访问平台。在这里，读者可以快速检索和浏览自己感兴趣的资料，也可以下载、分享和引用资料，与其他读者进行交流和合作。此外，图书馆还可以利用 DAMS，为读者提供各种增值服务，如个性化推荐、在线阅读和远程访问等，进一步增强了读者的阅读体验和满意度。

（二）开放获取与知识共享

开放获取的核心是为所有人提供自由、公开和不受限制的访问权限，使他们可以阅读、下载、复制、传播和使用这些资料，而无需经过传统的版权和许可限制。这一理念不仅有利于知识的传播和应用，还有助于提高研究的质量和影响力，促进科学、教育和文化的进步。知识共享是开放获取的实践和延伸。在数字化时代，知识不再是封闭的、孤立的和静态的，而是开放的、连通的和动态的。人们可以通过互联网、社交媒体和其他数字平台，分享自己的知识和经验，与他人进行交流和合作，实现知识的共创和共享。这一过程不仅促进了知识的创新和发展，还为社会提供了一个多样化、包容性和民主化的知识生态系统。

图书馆在开放获取和知识共享的推进中发挥了关键作用。通过数字技术，图书馆可以构建和传播丰富的数字资源，如电子书、期刊、数据库和多媒体资料等。这些资源不仅满足了读者的学术和文化需求，还为他们提供了一个开放、公平和高效的知识访问平台。此外，图书馆还可以利用开放获取和知识共享的理念，开展各种阅读推广和教育活动，如公开课、在线讨论和创意比赛等，进一步增强读者的参与感和归属感。

数字技术对阅读推广的影响在开放获取和知识共享中得到了充分的体现。通过开放获取和知识共享，图书馆不仅可以为读者提供更加丰富和多样的阅读资源，还可以与读者建立更加紧密的联系和互动，实现知识的共创和共享。这一转变不仅有利于图书馆的发展和创新，还为社会提供了一个开放、包容和多元的知识交流和学习平台。

二、技术驱动的互动与社交构建

（一）在线用户行为分析

在线用户行为分析是理解现代图书馆用户需求的关键。在过去，图书馆的服务往往基于统计数据和经验进行决策，而现代图书馆则可以基于用户的实际在线行为进行决策。例如，通过分析用户在数字资源中的搜索、点击和阅读行为，图书馆可以了解哪些资源最受欢迎，哪些话题最受关注，以及用户在检索和阅读过程中遇到的问题和需求。这种基于数据的方法为图书馆提供了新的服务和推广策略。例如，图书馆可以根据用户的搜索和阅读行为，为其推荐相关的资源和活动，从而提高资源的利用率和用户的满意度。此外，图书馆还可以利用用户行为数据，开展各种社交和互动活动，如在线讨论、书评分享和知识问答等，进一步增强用户的参与感和归属感。

（二）社交媒体与社群建设

社交媒体在当代社会中扮演着不可或缺的角色，成为人们日常生活和沟通的重要工具。图书馆，作为知识的传播者和守护者，也意识到了社交媒体在阅读推广和用户互动中的巨大潜力。通过有效利用社交媒体，图书馆可以与更广泛的读者群体建立联系，传播其价值观和理念，同时也为读者提供了一个交流和学习的平台。

社交媒体为图书馆提供了与读者互动的新机会。不同于传统的服务和推广方法，社交媒体允许图书馆与读者进行实时、双向和多元的互动。读者可以通过社交媒体提问、发表意见、分享资源和经验，与图书馆和其他读者进行交流和合作。这种互动不仅增强了读者的参与感和归属感，还为图书馆提供了更为直接和及时的反馈和建议。社群建设是社交媒体策略的核心。通过建立和维护在线社群，图书馆可以为读者提供一个开放、包容和多元的知识交流和学习平台。在这里，读者可以根据自己的兴趣和需求，选择和加入不同的话题和小组，与其他读者进行交流和合作，实现知识的共创和共享。此外，图书馆还可以利用社群，开展各种阅读推广和教育活动，如在线讨论、读书会和创意比赛等，进一步增强读者的参与感和满意度。

三、数据驱动的个性化服务

（一）智能推荐系统

智能推荐系统的核心是对用户的阅读行为和偏好进行分析和挖掘。通过对用户的搜索、点击、阅读和评价等行为数据进行收集和处理，系统可以构建一个全面、细致和动态的用户画像。基于这一画像，系统可以为用户提供与其兴趣和需求相匹配的书籍和资源推荐，从而提高资源的利用率和推广效果。

数据驱动的个性化服务是智能推荐系统的主要特点。与传统的推荐方法相比，数据驱动的推荐更加客观、准确和及时。系统可以实时监测和分析用户的行为和反馈，调整推荐策略和内容，确保推荐的持续性和稳定性。此外，系统还可以利用机器学习和深度学习技术，自动发现和学习用户的潜在需求和偏好，从而进一步增强推荐的质量和效果。

（二）用户画像构建

用户画像是基于用户数据进行深入分析和挖掘的结果，它可以为图书馆提供一个全面、细致和动态的用户模型。这一模型不仅包括用户的基本信息，如性别、年龄和职业，还包括用户的阅读习惯、信息需求和偏好等。基于这一模型，图书馆可以为用户提供与其兴趣和需求相匹配的服务和资源，从而提高服务的满意度和效果。

数据驱动的个性化服务是用户画像构建的主要应用。与传统的服务方法相比，数据驱动的服务更加客观、准确和及时。图书馆可以根据用户画像，为其推荐相关的书籍、文章和活动，提供个性化的搜索和检索服务，以及开展各种针对性的阅读推广和教育活动。这种基于数据的方法不仅可以提高资源的利用率和推广效果，还可以为用户提供一个更加个性化和多元化的阅读和学习体验。

第三节　阅读推广的数字化策略

在图书馆学与信息科学领域，数字化策略已逐渐成为促进阅读推广的关键手段。图书馆阅读推广与数字技术融合不仅是为了适应技术发展的趋势，更是为了更好地满足用户需求、优化服务模式并扩大社会影响。

一、数字资源的策略性构建和整合

（一）集成电子资源

集成电子资源系统的主要目标是将各种数字资源整合在一起，为读者提供统一的访问入口。这意味着图书馆需要对其现有的资源进行深入的分析和评估，确定哪些资源是核心的，哪些资源是互补的，以及如何将这些资源有效地组织和呈现。此外，图书馆还需要考虑如何与其他机构和平台合作，共享和交换资源，从而扩大其资源的覆盖面和影响力。

数字资源的策略性构建和整合是集成电子资源系统的核心内容。这不仅涉及到资源的选择、采购和许可，还涉及资源的描述、索引和检索。为了实现这一目标，图书馆需要建立一套完整、规范和灵活的元数据标准和规范，确保资源的质量和可用性。

阅读推广的数字化策略在集成电子资源系统中得到了充分的体现。通过集成电子资源系统，图书馆可以为读者提供更加丰富和多样的阅读资源，促进知识的传播和共享。此外，图书馆还可以利用系统的数据和功能，开展各种阅读推广和教育活动，如在线讨论、读书会和创意比赛等，进一步增强读者的参与感和满意度。

（二）元数据标准与知识组织

在图书馆学领域中，元数据可以被视为描述资源特性的"数据关于数据"，而知识组织则涉及如何系统地分类和组织这些资源，以便于检索和利用。元数据标准是确保数字资源高效检索和利用的关键。一个统一、规范的元数据标准可以为图书馆提供一个清晰、一致的资源描述框架，使得资源的管理、检索和共享变得更为容易和有效。例如，通过为每个资源分配一个唯一的标识符和一组标准的描述属性，图书馆可以迅速地定位和检索资源，满足读者的多样化和个性化的信息需求。

知识组织则涉及如何将这些资源系统地分类和组织。传统的知识组织方法，如杜威十进制分类法和国际标准书号，虽然在某种程度上仍然有效，但在数字时代已经难以满足图书馆的需求。为此，图书馆需要采用更为先进和灵活的知识组织方法，如语义网、本体论和知识图谱，确保资源的结构化、关联性和语境化。

数字资源的策略性构建和整合在元数据标准与知识组织中得到了充分的体现。通过元数据标准与知识组织，图书馆不仅可以为用户提供更加丰富和多样的阅读资源，还可以促进知识的传播和共享。这一转变不仅有利于图书馆的发展和创新，还为社会提供了一个开放、包容和多元的知识交流和学习平台。阅读推广的数字化策略也在这一转变中发挥了关键作用。通过元数据标准与知识组织，图书馆可以更好地了解和满足读者的需求，实现知识的共创和共享。此外，图书馆还可以利用这些数据和技术，开展各种阅读推广和教育活动，如在线讨论、读书会和创意比赛等，进一步增强读者的参与感和满意度。

二、数字技术助力的互动与参与

（一）增强现实（AR）与虚拟现实（VR）

增强现实和虚拟现实技术为图书馆提供了一个沉浸式的阅读和学习环境。与传统的文字和图片相比，AR 和 VR 可以为读者提供一个三维、动态和交互的知识空间，使其能够更为直观和生动地了解和体验知识内容。例如，通过 VR 技术，读者可以置身于古代的历史场景，亲身体验历史事件和文化背景；通过 AR 技术，读者可以在现实世界中与虚拟的知识对象互动，获得更为丰富和多样的信息反馈。

数字技术助力的互动与参与是 AR 和 VR 技术在图书馆中的核心价值。这一价值不仅体现在技术的创新性和先进性，更体现在技术如何为图书馆和读者带来实际的利益和价值。通过 AR 和 VR 技术，图书馆可以为读者提供一个更加个性化和多元化的阅读和学习体验，满足其多样化和个性化的信息需求。此外，图书馆还可以利用这些技术开展各种互动和参与活动，如虚拟导览、模拟实验和创意比赛等，进一步增强读者的参与感和满意度。

阅读推广的数字化策略在 AR 和 VR 技术中得到了充分的体现。这一策略不仅关乎技术的应用和推广，更关乎技术如何为图书馆带来新的发展机遇和挑战。只有充分利用 AR 和 VR 技术，推进互动和参与的创新和深化，图书馆才能更好地满足读者的需求，实现其在知识社会中的核心价值和地位。

（二）在线讨论与社群建设

图书馆，作为知识的宝库和文化的中心，一直致力于为公众提供高质量的信息服务和资源。然而，在数字化时代，仅提供信息资源已不再足够。现代图书馆面临的挑战和机遇在于如何利用数字技术构建与读者的深层次互动和参与，进而实现阅读推广的目标。在线讨论与社群建设恰好为图书馆提供了这样一个机会，使其能够更为有效地服务于公众，实现其在知识社会中的核心价值。

在线讨论与社群建设的重要性在于其能够为读者提供一个开放、平等和多元的交流和学习空间。与传统的面对面交流相比，在线讨论具有更高的时空灵活性和参与度。读者可以随时随地参与讨论，分享自己的观点和体验，获取其他读者的反馈和建议。图书馆还可以通过在线讨论收集读者的需求和反馈，进一步完善其服务和资源。社群建设则涉及如何将这些分散的读者聚集在一起，构建一个有凝聚力和活力的社群。这一过程不仅涉及技术和平台的选择和开发，还涉及社群的管理和运营。例如，图书馆需要考虑如何激励和培训社群成员，如何组织和推广社群活动，以及如何处理社群中的冲突和问题。

三、数据驱动的服务优化

（一）用户行为分析

了解和满足用户的需求是图书馆服务的核心目标。而用户行为分析正是实现这一目标的有效手段。用户行为分析涉及对用户的各种在线活动，如搜索、浏览、下载、评论等进行数据收集、处理和分析。这些数据不仅可以为图书馆提供大量的用户信息，还可以为其提供关于资源、服务和系统的反馈。例如，通过分析用户的搜索记录，图书馆可以了解其对某一主题或资源的兴趣和需求；通过分析用户的下载记录，图书馆可以了解其对某一资源的满意度和使用情况。

数据驱动的服务优化是用户行为分析的核心价值。这一价值不仅体现在数据的量和质，更体现在数据如何为图书馆带来实际的利益和价值。通过用户行为分析，图书馆可以更好地了解和满足用户的需求，提供更为精准和个性化的服务。此外，图书馆还可以利用这些数据进行资源、服务和系统的评估和改进，确保其高效、稳定和可靠。阅读推广的数字化策略在用户行为分析中得到了充分的体现。这一策略不仅关乎数据的收集和分析，更关乎数据如何为图书馆带来新的发展机遇和挑战。只有充分利用用户行为分析，推进数据驱动的服务优化，图书馆才能更好地满足用户的需求，实现其在知识社会中的核心价值和地位。

（二）智能推荐与个性化服务

智能推荐与个性化服务的核心在于如何利用用户行为数据构建有效的推

荐算法。这些数据，如用户的搜索、浏览、下载、评论等记录，可以为图书馆提供丰富的用户信息，如其兴趣、需求、行为模式等。基于这些信息，图书馆可以构建各种推荐模型，如基于内容的推荐、基于协同过滤的推荐、基于深度学习的推荐等。这些模型不仅可以为用户提供与其兴趣和需求相匹配的资源推荐，还可以为其提供与其行为和习惯相匹配的服务推荐。

数据驱动的服务优化是智能推荐与个性化服务的关键。这一优化不仅体现在服务的精准度和效率，更体现在服务的创新性和前瞻性。例如，图书馆可以根据用户的行为和反馈实时调整其推荐策略，确保推荐的实时性和准确性；图书馆还可以根据用户的兴趣和需求预测其未来的行为和需求，为其提供前瞻性的服务和推荐。

阅读推广的数字化策略在智能推荐与个性化服务中得到了深入的体现。这一策略不仅关乎技术的应用和创新，更关乎技术如何为图书馆带来长远的发展和变革。只有充分利用智能推荐与个性化服务，推进数据驱动的服务优化，图书馆才能更好地满足用户的需求，实现其在知识社会中的核心价值和地位。这一转变不仅代表了图书馆的数字化和技术化趋势，更标志着图书馆由传统的知识服务者转型为现代的知识创新者。

四、数字传播与宣传策略

（一）社交媒体营销

社交媒体营销的核心在于如何利用社交网络的特性，如实时性、互动性、广泛性等，进行有效的信息传播和宣传。这一过程不仅涉及到内容的选择和制作，还涉及到平台的选择和运营、策略的制定和执行、效果的评估和反馈等。例如，图书馆可以根据不同的社交平台，如微博、微信等，选择适合的内容形式，如图文、视频、直播等，进行信息的发布和推广；图书馆还可以根据不同的目标群体，如学生、教师、研究者等，选择适合的宣传策略，如话题营销、病毒营销、社群营销等，进行信息的传播和宣传。

数字传播与宣传策略在社交媒体营销中得到了深入的体现。这一策略不仅关乎技术的应用和创新，更关乎技术如何为图书馆带来实际的利益和价值。只有充分利用社交媒体营销，推进数字传播与宣传策略，图书馆才能更好地满足读者的需求，实现其在知识社会中的核心价值和地位。这一转变不仅代表了图书馆的数字化和社会化趋势，更标志着图书馆由传统的知识守门人转型为现代的知识传播者和创新者。

阅读推广的数字化策略在社交媒体营销中得到了充分的体现。这一策略不仅关乎内容的创新和推广，更关乎内容如何为图书馆带来新的发展机遇和挑战。只有充分利用社交媒体营销，推进数字传播与宣传策略，图书馆才能更好地满足读者的需求，实现其在知识社会中的核心价值和地位。这一转变不仅代表了图书馆的未来发展方向，还为其提供了一个与社会深度互动和参与的平台。

（二）内容营销策略

内容营销策略已成为当代图书馆扩大其数字影响力的核心手段。在知识经济和数字传媒的背景下，内容不仅代表知识和信息，更代表价值和权威。通过制定和实施有效的内容营销策略，图书馆不仅可以提高其在线曝光度，还可以增强其在社会和学术界的地位和影响力。

内容营销策略的关键在于如何创造和传播高质量的内容。这一内容不仅要具有深度和广度，还要具有新颖性和实用性。例如，图书馆可以根据其收藏和服务的特点，创建与其相关的博客、视频、教程等；图书馆还可以根据读者的需求和反馈，策划与其相关的话题和活动，如阅读俱乐部、作家讲座、在线研讨会等。这些内容不仅可以为读者提供知识和信息，还可以为其提供交流和互动的机会，增强其对图书馆的认同感和忠诚度。

数字传播与宣传策略在内容营销策略中得到了充分的体现。这一策略不仅关乎内容的创造和传播，更关乎内容如何为图书馆带来实际的利益和价值。只有充分利用内容营销策略，推进数字传播与宣传策略，图书馆才能更好地满足读者的需求，实现其在知识社会中的核心价值和地位。这一转变不仅代表了图书馆的数字化和社会化趋势，更标志着图书馆由传统的知识守门人转型为现代的知识创作者和传播者。

阅读推广的数字化策略在内容营销策略中得到了深入的体现。这一策略不仅关乎技术的应用和创新，更关乎技术如何为图书馆带来新的发展机遇和挑战。只有充分利用内容营销策略，推进数字传播与宣传策略，图书馆才能更好地满足读者的需求，实现其在知识社会中的核心价值和地位。这一转变不仅代表了图书馆的未来发展方向，还为其提供了一个与社会深度互动和参与的平台。

第四节　数字技术在阅读推广中的应用

一、数字化资源的构建与优化

（一）资源数字化

资源数字化是图书馆为适应现代化信息社会需求而进行的一项关键性工作。在过去数十年中，随着数字技术的日益成熟和应用，许多图书馆开始将其丰富的纸质资源转化为数字格式，以满足读者对方便、快速和高效访问的需求。这一转变不仅极大地丰富了图书馆的数字资源库，还为图书馆提供了新的服务模式和推广机会。

资源数字化的核心在于如何将纸质资源高效、准确地转化为数字格式。这一过程不仅涉及技术的选择和应用，如扫描、音视频编码等，还涉及标准的制定和遵循、质量的控制和评估、版权的管理和保护等。例如，图书馆在进行古籍数字化时，不仅要考虑到图像的清晰度和色彩的还原，还要考虑到文字的识别和标注、元数据的创建和描述、注释和译文的添加和整合等。这些工作不仅要确保数字资源的完整性和准确性，还要确保其可用性和持久性。

数字化资源的构建与优化是资源数字化的延伸和深化。这一过程不仅涉及资源的获取和整合，如合并、去重、链接等，还涉及资源的加工和提升，如分类、索引、标签等。例如，图书馆在进行数字资源的构建时，不仅要考虑到资源的内容和格式，还要考虑到资源的结构和关系、语境和背景、质量和权威等。这些工作不仅要确保数字资源的丰富性和多样性，还要确保其的相关性和可信性。

数字技术在阅读推广中的应用是资源数字化的目的和价值所在。这一应用不仅涉及技术的创新和拓展，如搜索、推荐、可视化等，还涉及策略的制定和执行、效果的评估和反馈、经验的总结和分享等。例如，图书馆在进行数字阅读推广时，不仅要考虑到技术的支持和驱动，还要考虑到内容的选择和呈现、渠道的开发和利用、对象的分析和定位、方式的探索和实践等。这些工作不仅要确保数字阅读的普及性和受欢迎性，还要确保其有意义性和价值性。

（二）元数据标准化

在数字化资源的构建过程中，元数据的作用不仅仅是描述资源的内容、格式、来源和权威，更是确保资源在数字图书馆中的可检索性和可识别性。统一的元数据标准不仅确保了资源描述的一致性和规范性，还为资源的交换、共享和互操作提供了基础。例如，通过采用国际通用的元数据标准，如Dublin Core 或 MARC，图书馆可以更容易地与其他机构合作，实现资源的跨库检索和整合。

在数字化资源的优化过程中，元数据的重要性更为凸显。随着数字化资源的数量和复杂性的增加，如何确保资源的高效管理和利用变得尤为关键。此时，元数据不仅要描述资源的基本属性和特征，还要描述资源的关系和语境、变化和演化、使用和评价等。例如，通过采用语义网技术和本体论，图书馆可以构建更为丰富和深入的元数据，实现资源的语义检索和推荐。

数字技术在阅读推广中的应用与元数据标准化息息相关。基于元数据的数字化资源不仅可以为读者提供更为精准和个性化的检索和推荐，还可以为读者提供更为丰富和多样的互动和体验。例如，通过利用元数据的语义关系和关联，图书馆可以为读者提供基于主题、作者、时间等的导航和浏览，实现资源的关联推荐和跨媒体展示。

在此背景下，图书馆需要充分认识到元数据标准化的重要性和紧迫性，加强元数据的研究和实践，促进元数据的创新和发展。只有这样，图书馆才能更好地满足读者的需求，实现其在数字化时代的核心价值和地位。这一转变不仅代表了图书馆的未来发展方向，还为其提供了一个与知识、技术和社会深度互动和参与的平台。

（三）云存储与分发

云技术的引入为图书馆提供了一个全新的维度，使其能够更加灵活、高效地存储、管理和传输大量的数字资源。这种转变不仅反映了技术进步的趋势，更代表了图书馆对于满足读者需求的不懈追求。云存储技术为图书馆提供了一个高度可扩展、高度可用的数据存储解决方案。与传统的本地存储相比，云存储可以根据图书馆的实际需求进行动态扩展，从而满足其日益增长的数据存储需求。同时，通过数据冗余和备份技术，云存储确保了数据的安全性和稳定性，使得图书馆不再需要担心数据丢失或损坏的风险。

云分发技术为图书馆提供了一个高效、低成本的数据传输解决方案。通过全球分布的数据中心和优化的传输协议，云分发可以确保读者无论身处何地都能够高速、流畅地访问图书馆的数字资源。这种即时、无障碍的访问体验大大提高了资源的利用率和满意度，为图书馆赢得了更多的忠实读者和好评。

数字资源的构建与优化是云存储与分发的直接受益者。通过云技术，图书馆可以更加灵活地组织、分类和标注其数字资源，实现资源的深度整合和关联。例如，通过元数据和语义技术，图书馆可以构建更为丰富和深入的资源索引，实现资源的语义检索和推荐。同时，通过分析和挖掘云中的大数据，图书馆可以更加准确地了解读者的需求和偏好，为其提供更为个性化的服务和体验。

数字技术在阅读推广中的应用是云存储与分发的延伸和拓展。基于云技术，图书馆可以更加方便地开展各种线上活动和项目，如电子展览、数字教育、远程咨询等。这些活动和项目不仅提供了一个与读者直接互动和交流的平台，还为图书馆打开了一个与其他机构合作和交流的新窗口。

二、技术增强的阅读体验

（一）移动阅读

在数字时代，移动阅读已成为人们日常生活的一部分，为读者带来前所未有的便捷与自由。图书馆在这一变革中，拥抱移动技术，以满足现代读者的期望与需求。移动阅读不仅仅是阅读方式的转变，更深层次地，它体现了数字技术对阅读体验的彻底重塑。

移动设备，如智能手机和平板电脑，由于其便携性和多功能性，已经成为人们获取、处理和分享信息的首选工具。图书馆构建的移动应用或移动适配的网站，确保读者无论身处何地，都能够方便地访问图书馆的资源和服务。这种随时随地的访问模式打破了传统图书馆的时间和空间限制，使阅读成为一种随时可进行的活动。移动阅读还提供了丰富的互动与个性化体验。通过移动应用，图书馆可以为读者提供定制化的内容推荐、实时的阅读反馈、与其他读者的互动交流等功能。这些功能不仅增强了读者的参与感和沉浸感，还为图书馆提供了大量的数据和信息，帮助其更好地了解读者的需求和偏好。

数字技术在这一过程中发挥了至关重要的作用。它不仅使移动阅读成为可能，还为其提供了强大的技术支持和保障。例如，通过云技术，图书馆可以实现资源的跨设备同步和共享，确保读者在任何设备上都能够获得一致的阅读体验。同时，通过大数据和机器学习技术，图书馆可以为读者提供更为精准和个性化的内容推荐和服务。

（二）增强现实（AR）与虚拟现实（VR）

增强现实技术通过叠加数字信息到真实环境中，为读者提供了一种新的信息交互方式。例如，读者可以通过移动设备的摄像头扫描书籍封面，立即获得与之相关的额外内容，如作者访谈、视频书评或与书籍内容相关的互动教程。这种技术不仅增加了阅读的趣味性，还为图书馆提供了一个与读者更为紧密互动的机会。与此同时，虚拟现实技术则为读者提供了一个完全沉浸的三维空间，使其能够深入到书中描述的场景或历史事件中，亲身体验其中的情境。例如，当读者阅读有关古埃及的书籍时，他们可以通过 VR 技术进入金字塔内部，亲自探索其神秘的墓室和通道。这种沉浸式的体验不仅加深了读者对书籍内容的理解，还激发了其对知识的好奇心和探索欲望。

然而，AR 与 VR 技术在图书馆中的应用并不局限于阅读体验的增强。它们还为图书馆提供了一个与其他机构、如博物馆、研究机构和教育机构，进行跨界合作的新机会。通过这种合作，图书馆可以为读者提供更为丰富和多元的学习资源，满足其多样化的学习需求。AR 与 VR 技术也为图书馆的阅读推广活动提供了新的思路和方法。例如，图书馆可以通过 VR 技术举办虚拟的书展或讲座，使读者无论身处何地都能够参与其中，感受图书馆的魅力和价值。

（三）语义网与知识图谱

语义网技术强调信息的含义和上下文，而不仅仅是简单的关键词匹配。它通过理解信息之间的关系和含义，为读者提供更为精确的检索结果。例如，当读者搜索"太阳能"，语义搜索不仅会返回与"太阳能"直接相关的资料，还可能推荐与可再生能源、环境保护等相关领域的内容，从而为读者提供一个更加全面的知识视角。

知识图谱则为读者提供了一个视觉化的知识结构，显示出不同知识点之间的关系。当读者浏览某一主题时，知识图谱可以即时展示与该主题相关的其他知识点，如概念、事件、人物等，帮助读者构建更为完整的知识体系。例如，当读者浏览关于"文艺复兴"时，知识图谱可能会展示与其相关的艺术家、作品、历史背景等，使读者能够深入了解该时期的文化和艺术景观，语义网与知识图谱技术还为图书馆提供了一种与其他知识机构，如研究机构、博物馆和档案馆，进行深度合作的机会。通过共享语义数据和知识图谱，各机构可以共同构建一个跨界的、统一的知识体系，为读者提供更为丰富和深入的学习资源。

三、数据分析与个性化服务

（一）用户行为追踪

用户行为追踪技术通过收集和分析用户在图书馆数字平台上的各种行为数据，如搜索记录、点击路径、下载历史等，为图书馆提供了丰富的原始数据。这些数据不仅反映了用户的兴趣和偏好，还为图书馆揭示了用户的信息需求、检索习惯、资源使用模式等。通过对这些数据的深入挖掘和分析，图书馆能够更为精准地识别用户的需求，从而为其提供更为贴切的服务。

数据分析的深度和广度，使图书馆能够实现个性化的服务。基于用户行为数据，图书馆可以为用户提供个性化的资源推荐、检索建议、阅读路径等。例如，对于经常检索法律资料的用户，图书馆可以为其推荐新入藏的法律书籍或相关的法律研究文章；对于经常浏览历史类资源的用户，图书馆可以为其推荐相关的历史讲座或展览活动。这种基于数据的个性化服务，不仅提高了用户的满意度，还为图书馆带来了更高的资源使用效率。

用户行为追踪技术还为图书馆提供了优化服务的依据。通过对用户行为数据的分析，图书馆可以发现其数字服务中的短板和不足，从而进行针对性的优化。例如，如果数据显示大量用户在检索某一主题时经常遭遇失败，图书馆可以对该主题的检索策略进行调整，或为用户提供相关的检索指导。

（二）智能推荐系统

在当代图书馆领域，智能推荐系统已经成为核心技术之一，为读者提供个性化的内容推荐。这一技术的发展和应用，不仅标志着图书馆服务模式的创新，而且也体现了数字技术在阅读推广中的深度应用。智能推荐系统基于用户行为数据和机器学习算法来运作。它通过分析用户的检索记录、点击记录、下载记录等，识别用户的兴趣和偏好，从而为其推荐相关的内容。与传统的、基于规则的推荐方式相比，基于数据和算法的推荐方式更为精准、高效，能够更好地满足用户的个性化需求。

图书馆的智能推荐系统在内容推荐的同时，还具有学习和自适应的能力。随着用户行为数据的增加，系统能够不断地优化自身的推荐策略，使其推荐的内容更为贴切、相关。这种持续的学习和优化，使图书馆能够为用户提供持续、长期的个性化服务，增强其与用户之间的连接和互动。智能推荐系统还为图书馆提供了一个新的、基于数据的决策支持工具。通过对用户行为数据的深入分析，图书馆可以更好地了解其资源的使用情况、用户的需求和偏好，从而为其资源采购、服务策略等提供有力的决策支持。

从更为广泛的角度看，智能推荐系统的应用，体现了数字技术对图书馆阅读推广的深度影响。在数字化时代，图书馆的服务不再仅仅是提供资源，而是需要为用户提供更为智能、个性化的服务。这种服务模式的转变，不仅提升了图书馆的服务质量，还为其在社会中的地位和价值提供了有力的支撑。

（三）用户反馈与持续优化

用户反馈机制允许读者直接为图书馆的数字资源和服务提供意见和建议。这种从基层的、真实的用户体验出发的反馈，为图书馆提供了宝贵的数据来源，帮助其更为深入地了解用户的真实需求、偏好和问题。这不仅有助于图书馆及时发现并解决存在的问题，还为其未来的服务策略和资源配置提供了有力的依据。

持续优化则是基于用户反馈进行的一系列行动。图书馆可以根据用户的反馈，对其数字资源的内容、界面、功能等进行优化，使其更为符合用户的需求。例如，如果多数用户反映某一搜索功能不够友好，图书馆可以对其进行相应的优化，使其更为简单、直观。这种基于用户反馈的持续优化，不仅提高了图书馆的服务质量，还加强了其与用户之间的联系和互动。从更为宏观的角度看，用户反馈与持续优化反映了数字技术在图书馆阅读推广中的深度应用。在数字化时代，图书馆需要更为灵活、快速地响应用户的变化和需求，为其提供更为个性化的服务。这种基于数据和用户反馈的服务模式，不仅提升了图书馆的服务效果，还为其在数字环境中继续发挥其核心价值和作用提供了有力的支撑。

四、数字化宣传与营销

（一）社交媒体策略

图书馆的社交媒体策略需要关注两个核心要素：内容与用户。内容是社交媒体策略的基石，决定了图书馆在社交媒体上的形象和影响力。高质量、有价值的内容能够吸引更多的用户关注和参与，如书籍推荐、文化活动、学术讲座等。与此同时，社交媒体的互动性要求图书馆对用户产生的内容、评论和反馈给予及时的回应，形成与用户的双向交流。

社交媒体的多样性为图书馆提供了多种选择和组合的可能性。不同的社交媒体平台有其独特的用户群体、功能和特点。例如，微博更适合发布短消息和图文信息，而微信则可以用于发布长文章、音视频等内容。图书馆需要根据自己的目标和资源，选择适合的社交媒体平台，并制定相应的内容策略。

除了内容，社交媒体策略还需要考虑如何吸引和保持用户。这需要图书馆不断地创新和尝试，如组织线上活动、问答互动、话题讨论等，增强与用户的互动和联系。同时，通过对社交媒体数据的分析，图书馆可以更好地了解用户的需求和偏好，从而调整自己的策略和内容。

（二）内容营销

内容营销的核心是为受众提供有价值、相关和连贯的内容，而不是单纯地推销产品或服务。对于图书馆而言，营销的核心意味着创作和发布能够反映其独特价值和专业性的内容，如深度文章、研究指南、专题讲座视频等。这些内容不仅可以帮助读者获取知识和信息，还可以展示图书馆在学术和文化领域的权威地位。

为了确保内容的高质量和连贯性，图书馆需要制定明确的内容策略，包括目标受众的定义、内容的类型和格式、发布的频率和渠道等。此外，图书馆还需要建立一支跨部门的内容团队，包括图书馆员、市场营销专家、设计师和技术人员，确保内容的专业性和吸引力。内容的发布和传播是内容营销策略的另一个关键环节。在这方面，图书馆可以利用各种数字技术和工具，如社交媒体、电子邮件营销、搜索引擎优化等，将内容推送到目标受众。同时，图书馆还可以与其他组织和机构合作，如学术期刊、出版社、教育机构等，共同创作和推广内容，扩大其影响力。

最后，为了评估内容营销策略的效果和价值，图书馆需要建立一套完整的数据分析和反馈机制。这包括对内容的访问量、用户的互动行为、转化率等关键指标的追踪和分析，以及定期收集读者的反馈和建议，不断优化内容策略。

（三）电子邮件营销

电子邮件具有直接性和私密性，使其成为一种高度个性化的传播工具。图书馆可以利用这一特点，为读者提供量身定制的内容，如新书推荐、专题研究指南、即将到来的活动预告等。这样的内容不仅满足了读者的具体需求，还加强了其与图书馆的互动和参与。

为了确保电子邮件营销的有效性，图书馆需要细致地细分其读者群体，根据不同的兴趣和需求制定不同的邮件内容和策略。例如，可以为文学爱好者发送经典文学作品的推荐，为学术研究者提供最新的学术资料和研究工具。此外，图书馆还可以利用电子邮件进行问卷调查和反馈收集，进一步了解读者的需求和评价，不断优化服务。

电子邮件营销还具有长期性和持续性，使图书馆能够与读者建立长期的关系和信任。通过定期发送电子通讯，图书馆可以为读者提供持续的信息更新和学习机会，鼓励其持续参与和互动。同时，图书馆还可以通过电子邮件提供特定的优惠和活动，如电子书折扣、线上讲座预约等，进一步增加读者的忠诚度。

然而，电子邮件营销也面临着一些挑战，如信息过载、隐私问题等。为了应对这些挑战，图书馆需要制定明确的隐私政策，确保用户数据的安全和隐私。此外，图书馆还需要注意邮件的质量和频率，避免发送过多的无关或重复的信息，应保持邮件的简洁和专业性。

第五章 阅读推广与教育融合

第一节 教育融合的理论与实践

基于"教育融合的理论与实践"视角，图书馆阅读推广与教育融合是当代图书馆学与教育学领域的重要研究方向。融合教育理念于图书馆阅读推广中，不仅有助于提高公众的阅读素养，还能够为教育提供更为丰富和多样的资源和服务。

一、资源整合与知识构建

（一）跨学科资源整合

随着现代教育体系的日益多样化和复杂化，教育的核心目标已经不仅仅是传授知识，更是要培养学生的跨学科思维能力和知识整合能力。因此，图书馆作为知识的仓库和传播中心，必须积极响应这一变化，通过跨学科资源整合来促进教育融合的深度和广度。

资源整合与知识构建是现代教育融合理论实践中的核心概念。在这一背景下，图书馆不仅要为读者提供丰富、多样的学科资源，还要通过整合这些资源，为读者提供一个更为完整、系统的知识体系。这一过程不仅要求图书馆有能力收集、整理和分类各种学科资源，还要求图书馆能够深入理解各个学科之间的内在联系，从而为读者提供一个跨学科的知识融合体验。图书馆的跨学科资源整合不仅仅是物理资源的整合，更是知识的整合。这意味着图书馆需要不断地挖掘各个学科之间的内在联系，构建一个完整、系统的知识体系。这样，当读者在图书馆中寻找某一学科的资料时，他们不仅可以找到相关的学科资源，还可以找到与其他学科相关联的资源，从而实现跨学科的知识融合。

为了实现这一目标，图书馆需要进行深入的研究和探索。这包括对各个学科的深入了解，对各个学科之间的内在联系进行深入的研究，以及对知识构建的方法进行深入的探索。只有这样，图书馆才能真正地为读者提供一个跨学科的知识融合体验。

教育融合理论实践中的"资源整合与知识构建"对于图书馆来说，不仅是一种理论指导，更是一种实践指导。图书馆需要根据这一理论，不断地完善自己的资源整合策略，不断地探索和创新知识构建的方法，从而为读者提供一个真正的跨学科的知识融合体验。

（二）开放教育资源

开放教育资源的核心思想是分享和开放。这与图书馆的核心价值观念相一致，即知识的传播和分享。图书馆可以将开放教育资源整合到其资源体系中，为读者提供更为丰富、多样的学习材料。这不仅可以满足读者的学习需求，还可以促进知识的传播和分享，从而实现教育的融合与发展。

资源整合与知识构建是教育融合理论实践的核心。在开放教育资源的背景下，这一概念得到了进一步的深化和拓展。图书馆不仅要整合物理资源，还要整合数字资源，如开放教科书等。这要求图书馆有能力收集、整理和分类各种开放教育资源，同时还要有能力深入理解这些资源的特点和价值，从而为读者提供一个完整、系统的知识体系。

知识构建在开放教育资源的背景下，也呈现出新的特点和挑战。图书馆需要根据开放教育资源的特点，构建一个与之相适应的知识体系。这要求图书馆不仅要有深入的学科知识，还要有丰富的教育理论和实践经验。只有这样，图书馆才能真正地为读者提供一个与开放教育资源相匹配的知识融合体验。

开放教育资源为图书馆提供了一个与时俱进、拓展服务范围的机会。但同时，这也为图书馆带来了新的挑战。如何整合开放教育资源，如何构建与之相匹配的知识体系，如何满足读者的学习需求，这些都是图书馆在开放教育资源背景下，需要深入研究和探索的问题。

（三）知识组织与语义技术

图书馆所面临的挑战之一是如何帮助读者从海量的信息中快速、准确地找到所需的资源。这正是知识组织与语义技术所能发挥的核心价值。知识组织的核心目标是对信息资源进行系统、有序的分类和描述，从而使这些资源更易于检索和利用。传统的知识组织方法，如分类法、主题词表等，已经在图书馆中得到了广泛的应用。然而，随着信息技术的发展，尤其是语义技术的出现，知识组织已经进入了一个新的发展阶段。

语义技术的出现，使得图书馆能够对教育资源进行更为深入、精确的描述和分类。与传统的知识组织方法相比，语义技术可以提供更为丰富、多维的信息描述，从而使得资源的检索和利用更为高效。这不仅可以帮助读者快速、准确地找到所需的资源，还可以为读者提供一个更为完整、系统的知识体验。知识组织与语义技术为教育融合理论实践中的"资源整合与知识构建"提供了新的视角和思路。资源整合不仅仅是物理资源的整合，更是知识的整合。知识组织与语义技术可以帮助图书馆构建一个完整、系统的知识体系，从而为读者提供一个真正的知识融合体验。

图书馆需要根据语义技术的特点，构建一个与之相适应的知识体系。这要求图书馆不仅要有深入的学科知识，还要有丰富的知识组织和语义技术经验。只有这样，图书馆才能真正地为读者提供一个与时代相匹配的知识融合体验。知识组织与语义技术为图书馆提供了一个与时俱进、拓展服务范围的机会。但同时，这也为图书馆带来了新的挑战。如何利用知识组织与语义技术，如何构建与之相匹配的知识体系，如何满足读者的学习需求，这些都是图书馆在知识组织与语义技术背景下，需要深入研究和探索的问题。

（四）数字化与可访问性

数字化的核心价值在于将传统的纸质资源转化为数字格式，从而使这些资源更易于存储、检索和传播。在图书馆的背景下，数字化不仅可以为读者提供更为便捷、高效的检索和利用体验，还可以为图书馆节省大量的存储空间和维护成本。更为重要的是，数字化可以为读者提供一个更为完整、系统的知识体验，从而实现知识的传播和分享。

可访问性则是数字化的核心要求之一。这意味着图书馆需要确保其数字资源对所有用户都是可访问的，不论他们的身体条件、经济状况或技术能力如何。这不仅是图书馆的社会责任，也是其核心价值观的体现。只有当所有用户都能够平等、自由地访问图书馆的资源，图书馆才能真正地实现其知识传播和分享的目标。资源整合不仅仅是物理资源的整合，更是数字资源的整合。图书馆需要根据数字化与可访问性的特点，构建一个与之相匹配的资源整合策略，从而为读者提供一个完整、系统的知识体系。

知识构建在数字化与可访问性的背景下，也呈现出新的特点和挑战。图书馆需要根据数字资源的特点，构建一个与之相适应的知识体系。这要求图书馆不仅要有深入的学科知识，还要有丰富的数字技术和可访问性经验。只有这样，图书馆才能真正地为读者提供一个与数字化和可访问性相匹配的知识融合体验。数字化和可访问性为图书馆提供了一个与时俱进、拓展服务范围的机会。但同时，这也为图书馆带来了新的挑战。如何实现资源的数字化，如何确保资源的可访问性，如何满足不同用户的教育需求，这些都是图书馆在数字化与可访问性背景下，需要深入研究和探索的问题。

二、教育活动与学习体验

（一）阅读与研究技能培训

通过工作坊、讲座等形式，图书馆可以为公众提供系统、有针对性的阅读和研究技能培训。这不仅可以帮助公众提高其信息检索、评估和使用的能力，还可以帮助公众培养批判性思维、创新思维和终身学习的能力。这样，图书馆不仅仅是知识的仓库，更是知识的传播者和教育者。

教育活动不仅仅是知识的传授，更是技能的培训和能力的提高。图书馆可以通过举办各种工作坊、讲座等教育活动，为公众提供一个实践、体验的学习平台，从而实现真正的教育融合。学习体验是教育融合的核心。在阅读与研究技能培训的背景下，图书馆可以为公众提供一个真实、生动、有深度的学习体验。这不仅可以帮助公众更好地掌握阅读和研究技能，还可以培养其对学习的兴趣和热情，从而实现终身学习的目标。

阅读与研究技能培训为图书馆提供了一个与时俱进、拓展服务范围的机会。但与此同时，这也为图书馆带来了新的挑战。如何设计有效、有针对性的教育活动，如何为公众提供一个真实、生动的学习体验，这些都是图书馆在阅读与研究技能培训背景下，需要深入研究和探索的问题。

（二）沉浸式学习体验

图书馆传统上被视为知识的仓库和传播中心。但随着技术的发展和社会的变革，图书馆的角色和功能也在发生变化。沉浸式学习体验为图书馆提供了一个与时俱进、拓展服务范围的机会。通过利用虚拟现实（VR）与增强现实（AR）等技术，图书馆可以为公众提供一个真实、生动的学习体验，如虚拟的历史场景再现、科学实验模拟等。这不仅可以帮助公众更好地理解和掌握知识，还可以培养其对学习的兴趣和热情。

教育活动是教育融合的核心。在沉浸式学习体验的背景下，图书馆可以为公众提供一个真实、生动的教育活动平台。这要求图书馆不仅要有深入的学科知识，还要有丰富的技术和创新经验。只有这样，图书馆才能真正地为公众提供一个与沉浸式学习体验相匹配的教育活动，从而实现真正的教育融合。学习体验是教育活动的核心。学习体验不仅可以帮助公众更好地掌握知识，还可以培养其对学习的兴趣和热情。这要求图书馆不仅要有深入的学科知识，还要有丰富的技术和创新经验。只有这样，图书馆才能真正地为公众提供一个与沉浸式学习体验相匹配的学习体验，从而实现真正的学习融合。

沉浸式学习体验为图书馆提供了一个与时俱进、拓展服务范围的机会。但同时，这也为图书馆带来了新的挑战。如何利用先进的技术提供沉浸式学习体验，如何设计和组织教育活动，如何满足公众的学习需求，这些都是图书馆在沉浸式学习体验背景下，需要深入研究和探索的问题。

（三）线上学习平台与课程

构建线上学习平台意味着图书馆需要将其传统的服务和功能转移到线上。这不仅可以为公众提供一个 24 小时 ×7 的学习环境，还可以为公众提供一个更加个性化、定制化的学习体验。通过线上学习平台，公众可以根据自己的兴趣和需求，选择和学习各种课程和教育内容。这不仅可以帮助公众更好地掌握知识，还可以培养其自主学习和终身学习的能力。

提供各种课程和教育内容则是线上学习平台的核心功能之一。这要求图书馆不仅要有深厚的学科知识，还要有丰富的教育理论和实践经验。只有这样，图书馆才能为公众提供一个真实、生动、有深度的学习体验。此外，图书馆还需要与各种教育机构、专家和教师合作，共同开发和提供高质量、多样化的课程和教育内容。线上学习平台与课程为教育融合理论实践中的"教育活动与学习体验"提供了新的视角和思路。教育活动不仅仅是知识的传授，更是技能的培训和能力的提高。线上学习平台与课程为图书馆提供了一个与时俱进、拓展服务范围的机会，从而为公众提供一个真实、生动的教育活动和学习体验。

学习体验是线上学习平台与课程的核心。这要求图书馆不仅要提供高质量、多样化的课程和教育内容，还要为公众提供一个真实、生动的学习环境。只有这样，公众才能真正地享受到学习的乐趣，从而实现真正的学习融合。

（四）学习社群与协作

学习社群不仅是知识的共享空间，更是学习者之间交流、协作和共创的平台。这种社群的存在，使得学习不再是孤立的、个体的行为，而是一个集体、协作的过程。在这样的环境中，学习者可以分享自己的知识和经验，同时也可以从其他学习者那里获得新的知识和启示。

图书馆可以通过构建线上或线下的学习社群，为公众提供一个交流和协作的平台。这种社群可以是基于特定的学科、兴趣或项目的，也可以是开放的、多学科的。通过这种方式，图书馆不仅可以促进知识的传播和分享，还可以为公众提供一个真实、生动的学习体验。

协作是学习社群的核心。在协作的过程中，学习者可以共同探索知识、解决问题、完成项目。这种协作的学习模式，使得学习者可以从实践中获得知识，同时也可以培养其团队合作、沟通和创新的能力。图书馆可以通过提供各种工具、资源和支持，促进公众之间的协作，从而实现真正的学习融合。

在教育融合理论实践中，学习社群与协作为"教育活动与学习体验"提供了新的视角和思路。教育活动不仅仅是知识的传授，更是学习者之间交流、协作和共创的过程。学习体验则是学习者在这个过程中获得的感受和启示。通过学习社群与协作，图书馆可以为公众提供一个更为丰富、多维的教育活动和学习体验。

三、评估与反馈机制

（一）学习成果评估

评估不仅提供了对学习者吸收和掌握知识的直接反馈，而且为教育者提供了宝贵的数据，以改进教学方法和内容。对于图书馆而言，作为现代知识的中心和学习的场所，有效的评估机制是其教育融合实践中不可或缺的部分。

学习成果评估可以通过多种方式实现阅读推广与教育融合，如测验、作业和项目等。这些评估方法为图书馆提供了一个机会，了解公众对其提供的资源和服务的吸收情况。例如，通过测验，图书馆可以了解公众对某一学科或主题的理解程度；通过作业，图书馆可以了解公众的应用和实践能力；通过项目，则可以了解公众的创新和协作能力。

评估与反馈机制在教育融合理论实践中具有核心地位。有效的评估机制不仅可以为图书馆提供关于公众学习成果的直接反馈，还可以为其提供宝贵的数据，以改进其资源和服务。此外，评估还可以为公众提供一个机会，了解自己的学习进度和效果，从而调整自己的学习策略。同时，通过及时的反馈，图书馆可以与公众建立起更加紧密的联系，从而实现真正的教育融合。

（二）服务质量评价

服务质量评价为图书馆提供了一个关键的途径，深入了解公众对其教育服务的满意度和需求。评价不仅能帮助图书馆了解其服务的优势和不足，而且可以为其提供宝贵的数据和建议，以改进服务和满足公众的需求。

在图书馆阅读推广与教育融合中，服务质量评价可以通过多种方式实现，如问卷调查、访谈等。这些评价方法允许图书馆从不同的角度和维度了解公众的意见和需求。例如，通过问卷调查，图书馆可以获得大量的定量数据，以评估其服务的满意度；通过访谈，则可以获得更加深入和细致的定性数据，以了解公众的真实感受和需求。

评估与反馈机制在服务质量评价中起到了至关重要的作用。有效的评估机制可以为图书馆提供关于公众满意度和需求的实时反馈，从而帮助其调整和优化服务。及时的反馈还可以为公众提供一个机会，与图书馆建立起更加紧密的联系，从而实现真正的教育融合。与此同时，图书馆需要建立一个持续的、系统的评估与反馈机制，以确保其服务始终与公众的需求和期望保持一致。

（三）数据分析与优化

评估是一个持续的、动态的过程，它需要定期收集、分析和解释数据，以评估图书馆服务的效果和影响。通过数据分析，图书馆不仅可以了解公众的满意度，还可以洞察其行为模式、偏好和需求。这为图书馆提供了一个机会，从宏观和微观的层面了解其服务的实际效果，从而为其提供宝贵的反馈。

反馈则是评估与反馈机制的另一个关键组成部分。它不仅要求图书馆对收集到的数据进行分析，还要求其根据分析结果采取实际行动，持续优化其服务。这可能包括调整资源配置、改进服务流程、提高服务效率等。只有这样，图书馆才能确保其服务始终与公众的需求和期望保持一致，从而实现真正的教育融合。

（四）持续教育与资源更新

在教育融合的理念中，持续教育与资源更新被视为实现真正教育融合的关键。教育融合不仅仅是知识的传授，更是一个动态、持续的学习过程。这要求图书馆不仅要提供高质量的教育资源和服务，还要确保这些资源和服务始终与时俱进。

根据评估结果和公众的反馈进行资源更新是持续教育的重要组成部分。评估可以为图书馆提供关于其服务效果和影响的直接反馈，从而帮助其了解公众的满意度和需求。公众的反馈可以为图书馆提供关于其服务的实际效果和影响的深入洞察，从而帮助其发现服务的不足和改进点。基于这些信息，图书馆可以定期更新其教育资源和内容，确保其服务始终与公众的需求和期望保持一致。

第二节　图书馆与教育机构的协同

从"图书馆与教育机构的协同"这一视角，图书馆阅读推广与教育融合是一个跨领域的合作模式，旨在通过双方的资源和专长，为公众提供更为全面和高效的阅读和学习体验。

一、资源整合与共享

（一）互通有无

在知识经济时代，信息资源成为各类组织发展的核心资产。图书馆和教育机构分别拥有大量的文献、期刊、数据库和教育软件等资源。单独使用这些资源往往无法满足用户的多样化和个性化需求。而资源整合与共享则能够打破这种局限性，通过集中管理和优化配置，实现资源的最大化利用。

资源整合与共享有助于提高资源的利用效率。在没有整合与共享的情况下，图书馆和教育机构可能会重复购买或订阅相同的资源，导致资源的浪费。而资源整合与共享则可以避免这种重复投资，通过统一的采购和管理策略，实现资源的合理配置和有效利用。此外，资源整合与共享还可以实现资源的跨机构和跨领域的流通，满足不同用户的需求。

资源整合与共享还能够促进图书馆和教育机构的互通有无。在传统的模式下，图书馆和教育机构往往是相互独立的，资源的流通和交换受到诸多限制。而资源整合与共享则打破了这种隔阂，通过共享平台、协议和技术手段，实现资源的无缝对接和高效流通。这种互通有无不仅有助于提高资源的使用效率，而且能够促进图书馆和教育机构的交流与合作，形成良好的合作机制和文化融合。

（二）联合采购

在数字化时代，图书馆和教育机构越来越依赖于数字资源，如数据库、电子书、电子期刊等。这些资源往往伴随着高昂的采购和维护成本。对于单一的图书馆或教育机构而言，独立购买可能导致经济压力增大。而联合采购，作为一种资源共享和整合的方式，可以通过合作来分担这些成本。当多个机构共同购买同一资源时，单个机构所需支付的价格往往会低于独立购买，这得益于规模经济的优势。

除了直接的经济效益，联合采购还具有其他效用。它有助于避免资源的重复购买，确保资源的有效利用。在没有联合采购的前提下，不同的机构可能会独立购买相同的资源，这不仅导致资源的冗余，还可能浪费有限的经费。而通过联合采购，可以实现对资源的统一管理和配置，确保每一份经费都得到最大化的使用。

联合采购还为图书馆和教育机构之间建立了一种新的合作关系。这种合作不仅局限于资源的购买，还可能涉及资源的管理、使用和推广等多个层面。例如，两个或多个机构可以共同开发一套资源管理和利用的标准和规范，确保资源的高效流通和使用。

（三）知识创作与发布

教育机构的教师和研究人员持续地创造新的知识，这些知识涉及多个学科和领域，具有很高的学术价值和应用潜力。然而，这些知识往往分散在各种学术期刊、会议论文和教学材料中，其获取和利用效率相对较低。而图书馆，作为一个专业的信息服务机构，拥有丰富的资源管理和发布经验，可以为这些知识提供一个统一和高效的发布平台。

通过图书馆的平台，教育机构的教师和研究人员可以更为方便地发布自己的研究成果和教学材料，确保这些知识得到广泛地传播和应用。与此同时，图书馆可以利用这些知识为用户提供更为丰富和多样的信息服务，如文献检索、知识咨询和教育培训等。

知识的创作与发布也有助于加强图书馆与教育机构之间的合作与交流。通过共同参与到知识的创作与发布中，双方可以共享知识创作的经验和方法，形成一个共同的知识创作文化。这种合作关系不仅有助于提高知识的创作与发布效率，而且可以促进双方的互相学习和发展，提高整体的服务水平。

（四）标准化与互操作性

标准化是指根据一定的规则和标准，对信息资源进行统一的描述、存储和检索。通过标准化，可以确保信息资源的质量和一致性，提高资源的管理和利用效率。例如，图书馆和教育机构可以共同制定一套资源描述的标准，确保资源的元数据和内容都符合统一的规范。这样，无论是图书馆的读者还是教育机构的学生，都可以使用相同的方法和工具，快速地检索和获取所需的资源。

互操作性是指不同的信息系统之间，可以实现资源的无缝对接和高效流通。通过互操作性，可以打破信息孤岛的局限，实现资源的跨系统和跨机构的共享。例如，图书馆和教育机构可以共同制定一套资源交换的协议，确保资源在双方的系统中都可以正常地显示和访问。这样，图书馆的读者可以直接访问教育机构的教学材料，而教育机构的学生也可以方便地使用图书馆的文献资源。

标准化与互操作性的实现，需要图书馆与教育机构进行深入的合作与交流。双方可以共同参与到标准和协议的制定中，分享彼此的经验和知识，确保标准化与互操作性的实施都符合双方的需求和期望。此外，标准化与互操作性也需要技术的支持。

二、教育活动与项目合作

（一）共同培训

图书馆作为知识的存储和传播中心，拥有丰富的资源和经验，可以为用户提供各种信息服务。而教育机构，作为知识的创造和传授中心，对于教育方法和内容有深入的了解。通过共同培训，两者可以整合各自的优势，为用户提供更为系统和全面的培训内容。例如，图书馆可以提供关于信息检索和管理的培训，而教育机构则可以提供关于研究方法和学术写作的培训。这种整合不仅确保了培训内容的连贯性和完整性，而且提高了培训的实用性和针对性。

共同培训也为图书馆与教育机构之间建立了一种新的合作模式。传统上，图书馆和教育机构往往是相互独立的，各自开展培训活动。而共同培训打破了这种隔阂，促使两者形成一个互补和协同的关系。这种关系不仅有助于提高培训的效果，而且促进了双方的资源共享和合作，形成了一个共同的教育活动平台。

（二）项目合作

图书馆拥有丰富的资料和专业的信息管理技能。这些资料涵盖了各个学科领域，是进行研究的宝贵资源。现代图书馆还拥有先进的技术和设施，如数字化设备、专业数据库和分析工具，这些都为研究提供了重要的支持。教育机构，尤其是高等教育机构，拥有大量的教师和研究人员，他们在各自的领域拥有深厚的学术背景和研究经验。当这些教师和研究人员与图书馆合作时，他们可以充分利用图书馆的资源和技术，进行更为深入和广泛的研究。

项目合作是图书馆与教育机构协同的一个重要形式。例如，教育机构可以与图书馆合作，进行某一课题的研究，利用图书馆的资源进行资料收集和分析，同时得到图书馆专家的指导和帮助。又如，图书馆可以与教育机构合作，进行教育实验，探索新的教育方法和技术，为教育改革提供理论和实践的支持。这种项目合作不仅提高了研究的质量和效率，而且促进了双方的资源共享和交流。图书馆可以了解到教育机构的最新研究动态和需求，从而更好地调整自己的服务策略和资源配置。而教育机构则可以借助图书馆的力量，拓展研究的深度和广度，提高研究的影响力和价值。

（三）活动与展览

在数字化与社交网络的时代背景下，图书馆逐渐转型为社区的文化与学术中心，提供多种形式的活动与展览空间，持续产出大量的学术成果和创意作品。这些成果和作品，如果能得到更广泛的展示和传播，无疑会对社会和公众产生更大的影响。

图书馆为教育机构的学生和教师提供展览和活动空间，实际上是一种资源与需求的完美匹配。例如，学生作品展不仅为学生提供了一个展示自己才华的平台，还可以吸引更多的公众参观和交流，提高学生作品的社会影响力。而学术讲座，则为教育机构的教师和研究人员提供了一个与公众直接交流的机会，教师和研究人员通过分享自己的研究成果和经验，从而扩大研究的传播范围。

这种活动与展览的合作，不仅丰富了图书馆的服务内容，也增强了教育机构与社会的联系。通过合作，双方可以共同策划和组织各种活动与展览，确保活动的质量和效果。例如，可以邀请知名的学者和艺术家参与，提供专业的指导和评价，为活动增加专业性和权威性。

（四）学习支持与指导

图书馆与教育机构在学习支持与指导方面的协同合作体现了对现代教育模式的深度理解与响应。在这种合作中，双方将各自的专长与资源整合，为学生提供更为全面、系统的学术支持，进而促进学生的独立学习与研究能力的培养。

学习支持与指导的需求来自于学生在学术研究和写作过程中面临的各种挑战。这些挑战包括如何确定研究方向、如何进行文献检索、如何选择合适的研究方法、如何撰写高质量的论文等。对于许多学生而言，这些都是全新的。通过合作，双方可以为学生提供一站式的学术支持服务。例如，图书馆可以为学生提供文献检索和管理的培训，帮助学生掌握现代信息技术，快速定位和获取所需的文献资料。而教育机构的教师则可以为学生提供研究方法和论文写作的指导，帮助学生明确研究方向，选择合适的方法，撰写高质量的论文。

这种学习支持与指导的合作，不仅为学生提供了全面、系统的学术支持，还促进了学生的独立学习与研究能力的培养。学生不再是被动的知识接受者，而是成为主动的知识创造者，他们可以更为深入地探索学术问题，发现和创新知识。

三、评估与反馈的双向机制

（一）服务评价与改进

服务评价在阅读推广与教育融合的背景下，显得尤为关键。教育机构和图书馆、阅读中心等文化机构之间的合作需要一个持续的、系统的评价机制，以确保所提供的阅读资源、活动和服务都与教育目标和学习者的需求相匹配。这种评价不仅基于数量（如借阅量或活动参与人数）进行，更重要的是对学习者的阅读体验和收获进行深入的分析和反思。例如，某项阅读推广活动是否真正提高了学习者的阅读兴趣、是否增强了其批判性思维能力，或者是否帮助其拓展了知识视野。这种深入的服务评价为教育与阅读推广的真正融合奠定了基础，确保双方在合作中都能实现其期望的效果和价值。

单纯的服务评价并不足以支持阅读推广与教育的持续融合。反馈的双向机制成为连接评价与改进的纽带，确保评价的结果能够转化为实际的改进措施。教育机构根据其教学目标和学习者的需求，可以为阅读推广机构提供具体的建议和方案，如推荐某些阅读材料、设计某种阅读活动或引入某种新的技术支持。同时，阅读推广机构也可以根据其资源和经验，为教育机构提供反馈，如提供更合适的阅读资源、分享成功的阅读推广经验或提出新的合作建议。这种反馈的双向机制不仅加强了教育与阅读推广之间的合作关系，还为双方提供了一个持续学习和创新的机会，确保服务的持续改进和优化。

（二）需求调查与满足

需求调查在阅读推广与教育的交汇点上，为评估与反馈双向机制注入了生命力。在这样一个阅读推广与教育融合的背景下，教育机构的需求不再仅仅局限于传统的教材和学术资料，而是扩展到了各种形式的阅读材料、活动和技术支持。这种调查为图书馆提供了一个明确的方向，指引其如何更好地整合资源、设计服务和创新技术，以满足教育机构的实际需求。通过深入的需求调查，图书馆可以获得更多关于学习者的阅读习惯、兴趣和挑战的信息，为其提供更有针对性和价值的阅读体验。

评估与反馈双向机制中的需求满足是基于需求调查的结果进行的。当图书馆明确了教育机构的需求后，它需要采取具体的措施，如采购新的阅读材料、设计新的阅读活动或引入新的技术支持，确保资源和服务与教育需求完美匹配。同时，这种机制还为双方提供了一个持续的交流和学习的平台。教育机构可以根据其教学经验和学习者的反馈，为图书馆提供更有针对性的建议和方案。反之，图书馆也可以分享其在阅读推广中的成功经验和挑战，为教育机构提供更多的启示和机会。

（三）技术与方法交流

技术与方法交流在评估与反馈双向机制中具有核心地位。阅读推广机构和教育机构之间的合作并非单纯地交换资源或服务，更重要的是在技术和方法上的相互启发和创新。例如，教育机构可能已经在教学方法上取得了一些研究成果，而这些成果可以为阅读推广提供新的思路和策略。反之，阅读推广机构在技术上的进步，如新的数字化技术或数据分析方法，也可以为教育提供更多的可能性。这种技术与方法的交流不仅加强了双方在实际操作中的合作，还为双方提供了一个探索新的教育和阅读推广模式的机会。

评估与反馈双向机制为技术与方法的交流提供了一个实际的操作框架。这种机制确保了双方在交流中的互相尊重和公平，每一方都可以根据自己的需求和期望提出建议和方案。例如，教育机构可以根据其教学目标和学习者的需求，向阅读推广机构提出一些具体的技术方面的需求。同时，阅读推广机构也可以根据其资源和经验，为教育机构提供一些新的技术和方法的建议。这种双向的反馈确保了双方在交流中的平等和双赢，为双方创造了一个持续学习和创新的环境。

（四）持续合作与发展

持续合作在阅读推广与教育融合中占据了核心位置。这种合作并不仅仅体现在资源和服务的共享，更多地体现在双方对共同目标的追求和实现。评估与反馈的双向机制为这种合作提供了一个明确和实际的路径。通过定期的评估，双方可以明确各自的优势和劣势，为合作提供更有针对性的建议和方案。同时，这种机制也确保了双方在合作中的互相尊重和理解。每一方都可以根据自己的需求和期望进行反馈，确保合作关系的公平和双赢。

持续发展则是这种合作的自然结果。当阅读推广与教育机构建立起了稳定和持久的合作关系后，双方都可以享受到合作带来的红利。评估与反馈的双向机制为这种发展提供了动力和方向。双方可以根据评估的结果，不断地调整和优化合作策略，确保合作关系的持续发展。这种机制也为双方提供了一个持续学习和创新的平台。双方可以根据反馈的信息，不断地探索新的合作模式和策略，为阅读推广与教育创造更多的价值。

第三节　阅读推广与教育融合的策略

基于"阅读推广与教育融合的策略"视角，图书馆阅读推广与教育融合是为了更好地满足公众的知识需求，提升其信息素养和终身学习能力。

一、策略性资源构建与整合

（一）需求导向的资源采集

需求导向的资源采集强调了对教育目标和公众需求的深入理解和反应。在阅读推广与教育融合策略中，资源不仅要满足当前的需求，还要预测未来的趋势，为学习者提供更加前沿和有价值的知识体验。策略性资源构建与整合正是为了满足这种需求。通过深入分析教育目标和公众需求，可以确定哪些资源是真正有价值的，哪些资源需要进一步地整合或调整。这种策略性的方法确保了资源的针对性和实用性，使得阅读推广与教育能够在真正的实际操作中得到融合和应用。

需求导向的资源采集也强调了资源的持续更新和创新。在策略性资源构建与整合的过程中，不仅要考虑当前的需求，还要考虑未来的发展和变化。这要求资源采集不仅要有针对性，还要具有前瞻性。通过对未来趋势的预测和分析，可以提前采集和整合那些具有潜在价值的资源，确保阅读推广与教育在未来也能够持续地为学习者提供有价值的知识体验。

图书馆阅读推广融合发展研究

（二）多媒体与跨格式资源融合

多媒体与跨格式资源的融合考虑到了学习者的多元化需求。知识不再是单一的文本形式，而是通过图像、音频、视频等多种形式展现出来。这种多样化的知识表达方式满足了不同学习者的学习风格和偏好，确保每个学习者都可以找到最适合自己的学习资源。这种融合也为教育提供了更多的可能性。教育者可以根据学习者的需求和背景，选择最合适的资源形式，为学习者创造一个更加个性化和有针对性的学习体验。

多媒体与跨格式资源的融合也为知识的传播和分享提供了更多的途径。在策略性资源构建与整合的过程中，教育者和阅读推广者可以更加灵活地选择和组合资源，确保知识可以在更广泛的范围内传播。这种融合不仅增强了资源的针对性和实用性，还为知识的创新和扩散提供了更多的可能性。学习者不仅可以接触到最新的知识和信息，还可以通过不同的资源形式，得到更加全面和深入的知识体验。

（三）开放访问与共享

开放访问的核心是知识的自由流通。这意味着教育资源不应受到不必要的限制，而应为所有人提供。这不仅可以满足更广泛的学习需求，还可以促进知识的再创造和创新。当资源可以被自由访问和利用时，学习者可以根据自己的需求、兴趣和背景选择最适合自己的学习材料，从而实现个性化学习。此外，开放访问还为学习者提供了与其他人交流和合作的机会，使他们可以共同探索知识、解决问题，实现知识的共创共享。

资源共享是教育公平的重要保障。当教育资源可以被广泛传播和共享时，所有的学习者，无论其经济、社会或文化背景如何，都可以获得高质量的学习材料和机会。这不仅有助于缩小教育差距，提高教育质量，还可以激发学习者的学习激情，使他们更加珍惜和善用这些资源。此外，资源共享还为教育者提供了更多的教育方法和策略，使他们可以根据学习者的需求和反馈进行教学调整，从而更好地满足学习者的学习需求。

二、互动与参与驱动的教育活动

（一）主题导向的活动策划

如何激发公众的阅读兴趣，使他们愿意主动参与到阅读中，成为了阅读推广和教育的核心挑战。主题导向的活动策划恰好为此提供了一个有效的策略。通过为活动设定一个具体、相关且有趣的主题，可以为读者打造一个情境化的学习环境，使其更容易产生共鸣和参与感。例如，设定一个"科幻文学月"的活动，可以吸引科幻爱好者参与，同时为不熟悉此领域的读者提供一个新的阅读视角。

主题导向的活动策划不仅要有吸引力，还要具有深度和广度，以确保不同层次的读者都能从中受益。首先，选择与教育和阅读相关的热点主题是关键。这可以是经典文学、当代作品、科普知识或其他与当下社会热点相关的内容。然后，活动策划者需要进行深入的研究，确定最合适的活动形式。例如，对于经典文学，可以通过讲座的形式，邀请专家深入解读其历史背景和艺术价值；对于当代作品，可以组织读者沙龙，鼓励读者分享自己的读书体验；而对于科普知识，则可以通过工作坊或互动展览的方式，使知识变得更加生动有趣。

有效的主题导向活动不仅要吸引读者参与，还要对其产生长远的影响。因此，评估活动的效果并根据反馈进行调整是至关重要的。首先，活动策划者可以通过问卷、访谈等方式收集读者的反馈，了解其对活动的满意度、学习成果以及改进意见。然后，活动策划者还应该关注活动对读者阅读习惯的影响，如是否增加了他们的阅读量、是否拓宽了他们的阅读领域等。

（二）公众参与与协作

公众的参与与协作在阅读推广与教育活动中占有至关重要的地位。在传统的教育和推广模式中，读者往往被视为被动的接受者。但随着文化和技术的发展，人们越来越意识到，当公众成为活动的一部分，与其他参与者共同分享、交流和创作时，他们更有可能深入参与并从中受益。这种参与不仅增强了活动的实效性，还能更好地满足读者的需求和兴趣，使他们感受到自己的价值和重要性。

为了实现这一目标，有许多有效的实施方法可供选择。首先，可以组织各种形式的活动,如书籍讨论会、读者分享会和写作工作坊,鼓励读者分享自己的读书体验和感受,甚至创作自己的作品。这种互动不仅可以增强读者的参与感,还可以帮助他们建立起与其他读者的联系,形成一个共同学习和成长的社区。其次,利用现代技术,如社交媒体和在线平台,也可以为读者提供一个开放、方便的交流平台,让他们可以随时随地参与到活动中,与其他读者进行互动与协作。

公众的参与与协作不仅对当前的阅读推广与教育活动有益,更对未来产生了深远的影响。随着时间的推移,这种积极的参与和协作将形成一个健康、活跃的阅读社区,其中的成员不仅互相鼓励、支持,还可以共同创造和分享新的知识和经验。这样的社区不仅可以提高当前活动的效果,还为未来的阅读推广与教育活动提供了宝贵的资源和经验,为其长期的发展和繁荣打下了坚实的基础。

(三)技术增强的互动体验

技术增强的互动体验在阅读推广与教育领域呈现出无可忽视的影响。随着数字技术的飞速发展,一系列创新性的工具,如虚拟现实、增强现实和移动应用等,正不断地为阅读和学习提供新的机会和维度。这些技术不仅将读者从传统的纸质书页中解放出来,还为他们带来了前所未有的互动体验,使学习过程更加生动、有趣和深入。

沉浸式的体验使读者可以更直观地理解和感受到作品中的情节、人物和背景,从而使阅读变得更加生动和真实。增强现实技术为读者提供了一个与书籍内容互动的机会。例如,当读者用智能手机扫描书页上的某个图片或二维码时,他们可以看到相关的视频、音频或其他互动内容,从而获得更深入的理解和体验。

技术在阅读推广与教育中的应用并不仅仅局限于提供沉浸式的体验。它还可以帮助教育者和活动策划者更好地了解读者的需求、兴趣和行为。例如,通过数据分析和人工智能技术,教育者可以获取到读者的阅读习惯、喜好和反馈,从而为他们提供更加个性化和有针对性的推荐和教学内容。技术还可以帮助教育者和活动策划者打破时间和空间的限制,通过在线课程、远程教学和移动学习等方式,为更广大读者提供更加便捷和灵活的学习机会。

三、数据驱动的服务优化与个性化

（一）用户行为分析

在当今的数字时代，阅读推广与教育的融合无疑是个大势所趋，而要实现这一目标，必须对用户行为进行细致的捕获与解读。采集用户在平台或应用上的互动数据，如阅读时长、频率、偏好类型、点击路径等，都可以为策略制定提供重要的数据支撑。而这些数据的实时采集与分析，能够让策略制定者对用户的真实需求和偏好有更深入的了解，从而提供更精准、更有针对性的服务。基于用户行为的数据，可以构建更加智能的内容推荐引擎。例如，当一个用户频繁浏览科学类的文章或教育资源，推荐引擎可以更多地为其推送与科学相关的内容，甚至是深入学习的课程或活动。利用深度学习和其他先进的算法技术，能够使推荐更加智能，预测并推动用户向更广泛的知识领域拓展，进一步激发其学习兴趣。

用户行为数据不仅可以用来推荐内容，还可以用来设计个性化的学习路径。例如，根据用户的阅读速度、深度，以及对某一领域的浓厚兴趣，可以为其量身定制一个学习计划。这不仅能帮助用户更有目的地学习，还能使其感受到更为关心和专属的体验。设计一个有效的反馈机制，根据用户的实时行为和学习进度，定期为其提供反馈和建议，进一步优化其学习体验。持续收集和分析用户行为数据，定期进行修正和完善，以满足用户不断变化的需求和偏好。例如，随着时间的推移，用户可能对某一领域失去兴趣，而对另一领域产生浓厚的兴趣。在这种情况下，应及时调整内容推荐策略，确保服务始终保持高度的相关性和吸引力。此外，通过 A/B 测试等方法，可以实验性地验证策略的有效性，并根据实验结果进行进一步的策略调整。

（二）智能推荐与个性化服务

无论是推广阅读还是教育资源，用户的参与度和满意度始终是优化的核心目标。为了达到这一目标，必须确保所提供的内容与用户的兴趣和需求高度匹配。这正是智能推荐系统的主要作用。通过收集和分析大量的用户数据，如搜索历史、浏览记录和点击率等，智能推荐系统可以精准地预测用户可能感兴趣的内容，并在合适的时机推送给他们。

但是，仅仅依靠数据分析并不能满足所有用户的需求。为了真正提供个性化的服务，必须深入了解每个用户的独特属性和需求。例如，有些用户可能希望探索新的阅读材料，而其他用户则可能希望深入研究某个特定主题。为了满足这些多样化的需求，平台需要提供灵活的学习路径和内容选择。通过为每个用户创建一个个性化的学习档案，平台可以为他们推荐最合适的资源，从而实现真正的个性化学习体验。

随着技术的进步，智能推荐系统的功能也在不断扩展。除了基本的内容推荐外，现代的智能推荐系统还可以进行情境推荐、情感分析和社交网络分析等。这意味着，当用户处于某种特定情境或情感状态时，系统可以推荐最适合他们的内容。例如，如果一个用户正在为考试做准备，系统可以推荐相关的学习资料和测验，帮助他们更好地备考。同样，通过分析用户在社交网络上的互动，系统也可以推荐与他们的朋友和同事相关的内容，进一步提高内容的相关性和吸引力。

为了确保智能推荐与个性化服务的长期有效性，必须进行持续的优化和更新。这意味着，需要定期收集用户反馈，分析推荐结果的效果，并根据分析结果进行策略调整。随着时间的推移，用户的兴趣和需求可能会发生变化。为了适应这些变化，平台需要定期更新其推荐算法和个性化策略，确保始终为用户提供最相关和最有价值的内容。

（三）服务质量评估与持续改进

数据提供了评估服务质量的有力工具。通过对用户行为、满意度调查、交互数据等进行分析，可以明确了解到哪些服务受到欢迎，哪些服务需要改进。例如，如果大量用户在浏览某一特定资源或课程后迅速离开，可能表明该资源不符合他们的期望或存在某种问题。相反，如果用户频繁分享或再次访问某些内容，则表明这些内容具有高度的吸引力和价值。服务质量的评估并不是一次性的任务，而是一个持续的过程。随着时间的推移，用户的需求和兴趣可能会发生变化。为了适应这些变化，需要定期对服务进行评估和更新。这不仅包括内容的更新，还包括界面、交互方式、推荐算法等各个方面。每一次的评估都应该以用户为中心，确保所提供的服务始终满足他们的实际需求。

持续改进是服务评估的自然延伸。一旦确定了需要改进的领域，就应该迅速采取行动，进行相应的调整和优化。这可能包括增加新的内容、改进现有内容的质量、优化搜索和推荐算法、提高页面加载速度等。在进行这些改进时，应始终牢记数据驱动的原则，确保每一次改进都基于实际的用户数据和反馈，而不是基于主观的判断或猜测。除了对内部服务进行评估和改进，还应该积极收集和分析外部的反馈。这可以通过在线调查、用户访谈、社交媒体反馈等方式实现。这些外部反馈可以提供宝贵的第三方视角，帮助识别潜在的问题和改进点。例如，如果多数用户都反映某一功能难以使用或存在程序错误（bug），那么应当优先考虑对其进行优化。为了确保服务质量的持续提高，应建立一个完善的监控和评估机制。这不仅包括定期的服务评估，还包括对改进措施的效果进行跟踪和验证。只有这样，才能确保每一次的改进都真正带来实际的效果，真正满足用户的需求。

四、社区与伙伴关系的建设与维护

（一）与教育机构的深度合作

建立与教育机构的合作，意味着可以共享资源和知识。学校和培训机构拥有大量的学术资源、专业知识和教育经验，这些都是推广阅读和教育活动的宝贵资产。通过合作，可以更好地整合这些资源，为用户提供更加丰富和专业的服务。与教育机构建立深度合作还能够扩大用户基础。学校和培训机构的学生和学员都是潜在的用户，他们对于阅读和学习都有着浓厚的兴趣和需求。通过合作，可以更好地满足这些用户的需求，提供更加个性化和专业的服务。

与教育机构的合作并不是一蹴而就的。为了建立稳固和持久的合作关系，需要付出大量的努力和时间。这包括与教育机构进行深入的沟通，了解他们的需求和期望，找到合作的切入点和方式。还需要确定合作的具体方案和计划，明确双方的职责和权益，确保合作的顺利进行。维护与教育机构的合作关系同样重要。随着时间的推移，双方的需求和期望可能会发生变化。为了适应这些变化，需要定期对合作关系进行评估和调整。这不仅包括合作内容的更新，还包括合作方式和模式的调整。只有这样，才能确保合作关系的稳定和长久。

除了与教育机构的合作，社区与伙伴关系的建设与维护还涉及与其他伙伴的合作，如出版社、图书馆、文化机构等。这些伙伴都是推广阅读和教育活动的重要支持者，他们拥有丰富的资源和经验，可以为合作带来更多的机会和价值。

（二）社区伙伴关系的建设

与社区的组织和机构建立伙伴关系，意味着可以共享资源和知识。非政府组织、企业等都有自己的专业知识、资源和经验，这些都是推广阅读和教育的宝贵资产。通过伙伴关系，图书馆可以更好地整合这些资源，为公众提供更加丰富和专业的服务。建立伙伴关系还能为图书馆带来更多的机会和平台。例如，与非政府组织合作，可以开展公益活动或社区服务，与企业合作，可以获得资金支持或技术支持。这些都可以为图书馆带来更多的资源和机会，帮助其更好地推广阅读和教育。

为了建立稳固和持久的伙伴关系，需要进行深入的沟通和合作。这包括了解伙伴的需求和期望，找到合作的切入点和方式。同时，还需要制定合作的具体方案和计划，明确双方的职责和权益，确保合作的顺利进行。伴随着时间的推移，双方的需求和期望可能会发生变化。为了适应这些变化，需要定期对伙伴关系进行评估和调整。这不仅包括合作内容的更新，还包括合作方式和模式的调整。只有这样，才能确保伙伴关系的稳定和长久。

除了与社区的其他组织和机构建立伙伴关系，图书馆还应该积极参与社区活动，与公众建立直接的联系。这可以通过开展阅读推广活动、教育活动、文化交流活动等方式实现。这些活动不仅可以为图书馆带来更多的用户，还可以加强图书馆与公众的联系，提高图书馆的社会影响力。

（三）线上社区与网络平台

图书馆的核心使命是为公众提供知识资源，支持学习和研究，以及促进文化交流。在数字化时代，线上社区与网络平台成为满足这些使命的关键途径。为了适应这一趋势，图书馆需要将线上社区与网络平台纳入其阅读推广与教育融合的策略。

构建线上的阅读和学习社区不仅是为了提供一个供公众交流、分享和学习的平台，更是为了满足公众在数字化时代的学习和交流需求。与传统的实体图书馆相比，线上社区与网络平台有其独特的优势。例如，它们能够为公众提供 24 小时 ×7 的不间断服务，打破时间和空间的限制，使公众可以随时随地获取知识资源和交流信息。此外，线上社区与网络平台还可以通过数据分析，为公众提供更加个性化的服务，满足其不同的学习和交流需求。

但构建线上社区与网络平台也面临着挑战。为了提供高质量的服务，图书馆需要不断地更新和完善其线上资源，确保其内容的准确性和时效性。同时，图书馆还需要投入大量的资源和技术，确保线上社区与网络平台的稳定性和安全性。此外，图书馆还需要加强与公众的互动和沟通，了解其需求和期望，确保线上社区与网络平台能够满足其学习和交流的需求。

第四节 阅读推广与教育融合的效果评估

一、评估目标的明确性与合理性

（一）确定评估的核心目标

在评估图书馆阅读推广与教育融合的效果时，明确评估的核心目标显得尤为关键。核心目标应关注如何通过图书馆的资源、活动和服务，促进学生的学习成果。这意味着，评估的焦点不仅仅是学生的阅读习惯或参与度，更是这些习惯和参与如何转化为学习的深度和广度。例如，评估可能会关注学生通过图书馆活动获得的新知识、技能和观点，或是他们如何将所阅读的内容应用于学术研究和实际生活中。

评估的核心目标的明确性和合理性直接关乎评估的质量和效益。图书馆阅读推广与教育融合涉及多个方面，包括但不限于图书馆资源的配置、教育活动的设计和实施、学生参与的程度以及学习成果的实现。在这样的背景下，确保评估目标的明确性和合理性意味着需要对这些方面进行综合考虑，确保评估能够全面、客观地反映图书馆与教育融合的实际效果。

图书馆与教育的紧密融合为学生提供了更为宽广的学习机会和资源。因此，确立清晰、具体的评估核心目标是对这一融合效果进行深入分析和理解的关键。

（二）确保目标的可测量性

评估目标的可测量性意味着需要为每一个评估目标设置明确、具体的指标和方法。对于图书馆阅读推广与教育融合来说，这可能涉及学生的参与率、满意度、学习成果等具体指标。例如，如果评估的目标是提高学生的阅读习惯，那么可能需要关注学生每周的阅读时长、阅读的种类和数量等。通过这些具体的指标，研究者可以更加明确地了解学生的阅读习惯是否因为图书馆的推广活动而有所提高。

除了确立具体的指标外，确保评估目标的可测量性还需要采用合适的评估方法和工具。这可能包括问卷调查、观察、访谈等。这些方法和工具需要经过严格的设计和验证，以确保它们的可靠性和有效性。例如，如果使用问卷调查来评估学生的阅读满意度，那么问卷的设计需要确保它能够真实、准确地反映学生的感受和想法。

在确保目标的可测量性的过程中，还需考虑评估的复杂性和多样性。图书馆阅读推广与教育融合不仅涉及学生的阅读和学习，还与教师的教学、图书馆的资源和活动等多方面因素相互作用。评估的指标和方法需要综合考虑这些因素，确保评估的结果能够全面、深入地反映图书馆与教育的融合效果。

（三）考虑长期与短期效果

图书馆阅读推广与教育融合是一个富有深度的议题，它不仅影响当前的教育实践，还对未来的学习和知识体验产生长远的影响。效果评估在此背景下更需关注短期与长期的成果，两者的均衡和深度分析能确保我们对这一融合有全面的认识。

短期效果通常涉及直接、即时的变化，如学生的阅读参与度、对特定活动的满意度，或在某一教学模块后的知识掌握情况。例如，图书馆可能举办一次与某门课程相关的阅读推广活动，评估可以关注学生是否因此增加了阅读次数，或是否能够更加深入地理解课程内容。这些短期效果能为图书馆提供即时反馈，助其调整和完善未来的推广策略和教育融合方法。而长期效果往往更为抽象和复杂，可能需要数月甚至数年才能显现。这些效果可能包括学生的持续学习习惯、深层次的思考能力，或是将所学知识应用于实际生活和职业中的能力。当图书馆的阅读推广与教育成功融合，学生可能会在未来的学习和职业生涯中展现出对知识的热情和对学习的批判性思考。评估这种长期效果需要更加细致和深入的研究方法，如追踪研究或深度访谈。

在考虑长期与短期效果时，还需意识到它们之间的互动关系。短期的成功可能为长期效果奠定基础，而长期效果的反馈又可以为短期策略的调整提供指导。例如，学生可能因为一次成功的图书馆活动而培养起对阅读的热情，这种热情可能会随着时间的推移而深化，转化为持续的学习习惯和对知识的渴求。反之，长期效果的评估结果可能揭示某些短期策略的不足，促使图书馆对其进行调整和改进。

二、评估方法的选择与应用

（一）定量与定性相结合

结合定量和定性的方法能够为研究者提供一个更为全面、深入的视角，使他们能够更好地理解和解释图书馆与教育融合的实质和意义。定量方法提供了客观、统计性的数据，这有助于研究者对图书馆阅读推广与教育融合的效果进行大规模的、系统性的分析。例如，可以通过数字来衡量学生参与图书馆活动的数量、频率和持续时间，或者使用标准化的测试来评估学生在参与阅读推广后的学术表现。这些定量数据能够为研究者提供明确的证据，显示图书馆与教育融合是否达到预期的效果。

定量数据往往不能完全捕捉到图书馆阅读推广与教育融合的复杂性和多样性。这就是定性方法发挥作用的地方。通过深度访谈、焦点小组或田野调查，研究者可以深入了解学生、教师和图书馆员的感受、经验和看法。例如，学生可能在访谈中分享他们如何通过图书馆活动发现了新的学习方法或资源，或者描述他们与图书馆员合作进行项目研究的经验。这些定性信息为研究者提供了宝贵的内在视角，帮助他们理解图书馆与教育融合的动力和挑战。

结合定量和定性方法不仅可以为研究者提供更为全面的评估结果，还可以增强评估的可靠性和有效性。当定量数据与定性信息相互印证时，它们可以提供更为有力的证据，证明图书馆阅读推广与教育融合的效果。同时，当定量数据出现意外的结果时，定性信息可以为研究者提供解释和背景，帮助他们深入理解和解释这些结果。

（二）参与者的反馈

参与者的反馈主要反映了他们与图书馆推广和教育活动的实际互动。例如，学生可能会提供关于他们如何利用图书馆资源进行学术研究的信息，或者描述他们在参与特定阅读推广活动后的感受。教师可能会分享他们如何与图书馆员合作来创建教学材料或整合阅读资源到课程中。这些反馈直接揭示了图书馆阅读推广与教育融合的实际效果，以及其中的优势和挑战。

但是，收集和分析参与者的反馈也面临一些挑战。为了确保反馈的真实性和完整性，评估者需要采用开放、无偏见的方式收集，并鼓励参与者提供坦诚的意见。此外，为了确保反馈的代表性，评估者还需要考虑各种参与者群体的差异性，比如不同的年龄、学科背景或技能水平。这要求评估者在设计和实施评估活动时具有灵活性和敏感性。将参与者的反馈纳入效果评估为图书馆和教育机构提供了一个宝贵的机会，了解如何更好地满足他们的需要和期望。它揭示了图书馆与教育之间真实的、复杂的互动，并为进一步的创新和合作提供了实证基础。通过倾听和反思参与者的声音，图书馆和教育机构可以确保他们的努力始终聚焦于为学习者提供有意义和有价值的体验。

（三）周期性评估

周期性评估的重要性首先体现在其提供了一个机会，系统性地检查和分析图书馆阅读推广与教育融合的各个方面。这种评估不仅可以检测短期效果，例如，特定活动或项目的成功率，还可以观察长期趋势。又如，学生阅读习惯的变化或教育目标的演变。这种深入的洞察力使图书馆和教育机构能够及时调整和优化他们的策略和方法，以更好地满足参与者的需要。

周期性评估也提供了一个框架，使所有相关方可以定期聚焦于图书馆与教育之间的融合。这种聚焦可能包括重新评估融合的目标和目的，探讨新的合作机会，或者分享最佳实践和经验教训。这种定期的沟通和反思确保了融合过程始终保持其活力和方向性，同时也增强了各方之间的合作和信任。

实施周期性评估也面临挑战。评估需要时间、资源和专业知识，而图书馆和教育机构可能会面临资源的限制。为了克服这些挑战，机构需要将周期性评估纳入其长期规划和预算中，并确保评估的方法和工具既实用又高效。此外，机构还需要培训和支持员工，使他们能够有效地参与和实施评估。

三、评估结果的解读与应用

（一）数据的客观解读

图书馆阅读推广与教育融合的评估涉及大量的数据收集和分析。从参与者的数量、满意度调查，到具体的学习成果和资源利用率，每一个数字都在为评估者揭示该融合过程的某个方面。然而，数据本身并不是终点，关键在于如何解读这些数据。确保对评估数据进行客观、公正的解读，是评估的一个核心部分，因为只有这样，评估结果才能真实反映图书馆与教育之间融合的实际效果。

在图书馆和教育领域，各种因素可能导致对数据的误解或偏见。例如，图书馆可能更偏向于强调资源的使用量，而忽略了学生的实际学习效果。或者，教育机构可能会过分强调某一次活动的成功，忽视了长期的趋势。为了避免这些陷阱，评估者需要采用多种方法和角度来看待数据，确保他们的解读既全面又深入。客观解读数据也意味着识别和考虑可能的干扰因素。在图书馆阅读推广与教育融合的评估中，可能存在许多外部变量，如教育政策的变化、技术的发展或学生背景的差异，这些都可能影响评估数据。评估者需要明确这些变量，并考虑它们对结果的可能影响。这不仅可以提高评估的准确性，还可以为图书馆和教育机构提供更有针对性的建议和策略。

客观解读数据还要求评估者具备批判性思维和开放的心态。图书馆和教育界都是复杂的领域，涉及多种利益关系和价值观。评估者需要避免过于简化或刻板化的解读，而是要努力寻找数据背后的深层含义和联系。这种深度的、多维度的解读不仅可以揭示图书馆与教育之间融合的真实效果，还可以为未来的研究和实践提供宝贵的洞察和灵感。

（二）结合实际情况调整策略

效果评估在图书馆阅读推广与教育融合中扮演的不仅仅是评估和监测的角色，它还是为未来行动提供方向的工具。评估结果为图书馆和教育工作者提供了宝贵的信息资源，这些信息可以指导他们如何更好地整合资源、策略和方法，以提高融合活动的有效性。

图书馆与教育之间的融合活动是一个动态的过程，随着时间、环境和技术的变化，其需求和挑战也在不断变化。因此，根据评估结果调整策略是至关重要的。如果评估显示某些活动或方法在实践中效果不佳，那么工作者们需要对其进行重新思考，寻找可能的改进方法或替代方案。反之，如果某些策略在实践中表现出色，那么可以考虑进一步扩大其规模或将其推广到其他场合。结合实际情况调整策略意味着在决策时要考虑图书馆和教育机构的实际资源和能力。例如，一个在大型城市图书馆中采用的非常成功的阅读推广策略可能并不适用于小型乡村图书馆。评估结果可能提供了有关策略效果的数据，但是如何将这些建议付诸实践，需要考虑机构的实际情况，如预算、人员和技术能力等。

调整策略不仅是为了提高效果，还是为了满足变化中的需求和期望。图书馆和教育都在不断发展，新的趋势和机会每时每刻都在出现。因此，基于评估结果的策略调整，应当具有前瞻性，考虑到未来可能出现的新挑战和新机会。图书馆和教育机构不仅能够提高当前的效果，还可以为未来的成功做好准备。

（三）分享评估成果

评估的价值并非仅仅局限于评估者和被评估的机构。评估成果的分享具有更广泛的社会意义，能为阅读推广与教育融合的进程注入新的活力和方向。分享评估成果并不只是简单地公开数据和报告，它更是一个知识传递、经验交流和合作促进的过程。

透明的评估成果分享可以促进图书馆和教育机构之间的信任和合作。当各个机构都愿意公开自己的评估数据和结论，它显示出这些机构对自己的工作有信心，也对外界持开放态度。这种透明度可以帮助各机构更好地了解彼此的优势和挑战，为更深入、广泛的合作创造条件。

分享评估成果还能为图书馆和教育界带来新的启示和灵感。每一个评估都是对某一策略或方法的实证研究，它揭示了哪些措施是有效的，哪些需要改进。当其他机构可以访问这些评估结果时，它们可以从中获取宝贵的经验教训，避免重复已知的错误，更快地采纳和实施成功的策略。这种基于实证的学习和改进对于推进阅读推广与教育融合的进程是至关重要的。评估成果的分享也为图书馆和教育机构之间建立更广泛的合作网络提供了契机。当机构之间可以共同探讨、分析评估数据时，它为双方或多方之间的合作创造了共同语言和认知基础。这些合作可能涉及资源共享、研究合作或联合推广活动，都将进一步促进阅读推广与教育的融合。

四、评估的持续性与创新

（一）持续监测与反馈机制

评估活动并不应当被视作一次性或偶发的任务。为了确保推广和教育活动达到预期效果，并为未来的策略制定提供有价值的信息，持续的监测与反馈机制显得尤为关键。评估的连续性意味着图书馆不仅在特定活动结束后收集数据，而是在整个活动过程中持续监测各种指标。这种持续的数据收集可以帮助图书馆及时发现并解决可能出现的问题，从而确保活动的顺利进行。例如，对于一个为期一年的阅读推广项目，图书馆可以每月或每季度收集数据，以了解项目的进展情况，是否有需要调整的地方。

持续的监测也为图书馆提供了深入了解读者和学习者需求和偏好的机会。人们的阅读习惯、技术偏好和学习需求都可能发生变化。通过持续的数据收集和分析，图书馆可以及时了解这些变化，从而更好地满足读者和学习者的需要。

反馈机制则是评估活动的另一重要组成部分。图书馆应建立一套机制，鼓励读者、学习者、教育工作者和其他利益相关者提供对推广和教育活动的反馈。这些反馈可以是正式的，如问卷调查或访谈；也可以是非正式的，如日常交流或社交媒体上的评论。通过收集这些反馈，图书馆可以了解活动的优点和不足，以及人们对未来活动的期望。

（二）应用新技术与方法

随着科技的日新月异，图书馆阅读推广与教育融合的评估领域也面临着技术更新和方法创新的机遇。在现代图书馆的背景下，传统的评估方法已经无法满足对大规模数据处理和深度分析的需求。此时，大数据分析等前沿技术逐渐崭露头角，为图书馆提供了更高效、更准确的评估工具。

大数据分析为图书馆评估提供了一个全新的视角。在数字化进程中，图书馆累积了大量的数据，包括但不限于读者行为、资源使用、线上交互等。通过大数据技术，图书馆可以深入挖掘这些数据背后的模式和趋势，从而获得对读者需求、偏好和行为的更深入理解。例如，通过分析读者的搜索和浏览记录，图书馆可以发现最受欢迎的资源类型、最热门的搜索关键词等，从而为阅读推广和教育活动提供有力的数据支持。

学习分析则更加专注于教育融合部分。这种方法可以帮助图书馆理解和优化学习经验，通过对学习数据的分析，如课程参与度、资源使用情况和学习成果等，为教育活动提供反馈。例如，通过学习分析，图书馆可以发现哪些资源或教学方法对学习效果最有帮助，哪些可能存在问题需要改进。

（三）培训与专业发展

要确保评估的质量，一个关键的策略便是不断地提高图书馆工作人员和教育者的评估技能和知识。培训与专业发展不仅可以增强评估的专业性，还可以确保评估活动的持续性和创新。评估，尤其是在阅读推广与教育融合的背景下，是一个高度复杂的任务。它涉及多种技能和知识，从数据收集和分析到解读结果和制定策略。随着技术的发展，评估的方法和工具也在不断变化。因此，图书馆工作人员和教育者需要接受持续的培训，以跟上这些变化，并确保他们的评估方法是最新和最有效的。这样的培训不仅可以提高评估的准确性，还可以增强图书馆工作人员和教育者的信心和动力，鼓励他们积极参与评估活动。

除了技能和知识的更新，培训和专业发展还可以帮助图书馆工作人员和教育者建立和维护一个评估的专业网络。这个网络可以提供资源、经验和最佳实践的分享，帮助他们解决实际的评估问题。此外，通过与其他图书馆和教育机构的合作，他们可以获得更多的视角和方法，从而丰富自己的评估实践。

第五节　阅读推广与教育融合发展的趋势与挑战

一、阅读推广与教育融合的核心趋势

（一）实践与理论的交织

传统教育模式，在许多情境下，被批评为过于重视书本和理论知识的传授，往往忽略了知识应用的重要性。在这种模式下，学习者可能积累了大量的知识，但可能面临将这些知识应用于实际场景的挑战。而阅读推广，作为一个旨在促进阅读兴趣和实践体验的活动，强调的是知识的应用和实践体验。阅读不仅是为了知识的累积，更是为了知识的实际应用和生活实践。因此，将阅读推广与教育结合起来，意味着将实践与理论交织在一起，从而为学习者提供一个更加完整、均衡的学习体验。

在图书馆的环境中，这种融合具有独特的意义。图书馆既是知识的宝库，也是实践和探索的场所。当学习者在图书馆中阅读时，他们不仅仅是在吸收知识，更是在与知识互动，试图将其应用于自己的生活和学习中。这种互动体验可以帮助学习者更加深入地理解知识，并在实际生活中找到知识的应用点。这样的学习经验不仅可以提高学习者的知识应用能力，还可以增强他们的学习兴趣和动机。

（二）互动式学习

阅读，长久以来，被视为是个体的、沉思的过程，一个人与书本之间的独特交流。然而，随着教育和技术的发展，阅读已经超越了这种传统的界定，变得更加开放和多元。在现代图书馆的环境中，阅读不仅仅是书本和读者之间的交流，更是读者与读者、读者与教育者甚至读者与技术之间的多方互动。通过与教育的融合，图书馆有机会组织各种形式的互动式学习活动，使阅读和学习的过程变得更加生动、有趣并富有深度。

互动式学习活动，如读书会、研讨会和工作坊，为读者提供了一个共同探讨、交流和分享的平台。在这种环境下，读者不仅可以从书本中获得知识，还可以从其他读者和教育者那里得到不同的视角和见解。这种多方的交流和分享可以帮助读者更加深入地理解和吸收知识，使学习变得更加丰富和多元。此外，互动式学习还可以增强读者的学习动机和兴趣，使他们更加愿意参与到学习的过程中，从而提高学习的效果和满足度。

（三）跨学科学习

跨学科学习，即超越传统学科界限的学习，正是对这种需求的回应。它强调将不同学科的知识、理论和方法结合起来，以更为全面和深入的方式理解和应对现实世界的问题。

图书馆作为知识的宝库，拥有丰富的资源和资料，涵盖了各个学科领域。

在阅读推广与教育融合的过程中，图书馆有机会成为跨学科学习的理想场所。通过组织各种跨学科的阅读和学习活动，图书馆可以鼓励读者超越传统的学科界限，探索新的知识领域，培养他们的跨学科思维和能力。例如，图书馆可以组织关于气候变化的阅读活动，邀请来自地理、生物、经济、社会学等不同学科的专家举办讲座和讨论，帮助读者从多个角度理解这一复杂的问题。

跨学科学习不仅可以帮助读者获得更为全面和深入的知识，还可以培养他们的创新思维和解决问题的能力。在面对复杂的现实世界问题时，单一学科的知识和方法往往是不足够的。只有将不同学科的知识和方法结合起来，我们才能够对问题进行深入的分析，提出创新的解决方案。图书馆，作为跨学科学习的推广者和实践者，可以为读者提供一个开放、多元和创新的学习环境，帮助他们更好地应对未来的挑战。

二、阅读推广与教育融合面临的挑战

（一）评价与考核的难题

阅读推广与教育融合意味着两种原本相对独立的领域的碰撞融合，这无疑带来了一系列的新机遇，但同时也引发了评价与考核的难题。评估的核心目的是了解学习者在参与阅读和教育活动后的知识吸收和能力提升情况，为后续活动提供改进的依据。但在这样的融合背景下，评估的标准、方法和工具都需要进行相应的调整和创新。

传统的阅读推广主要关心读者的阅读量、阅读兴趣和阅读习惯等，而传统的教育评价更侧重于学习者的知识掌握和技能运用。然而，在阅读与教育融合的新模式下，这些传统的评价指标可能无法全面反映学习者的真实表现。例如，一个学习者可能在阅读推广活动中展现出强烈的探索和参与热情，但在传统的知识考核中却表现平平；反之，一个学习者在知识考核中表现优异，但在阅读推广活动中却缺乏积极参与。

融合后的活动本身就具有更为复杂的特性。例如，一次融合阅读与实践的工作坊可能涉及知识的传授、实践操作、团队合作、批判性思维等多个维度。这就要求评价系统能够综合考虑这些因素，而不是仅仅局限于某一单一维度。

为了确保评价和考核的公正与准确，需要深入研究和设计新的评价模型和方法。这些方法应该能够全面反映学习者在阅读和学习过程中的各个方面的表现，而不是仅仅依赖于传统的考核方式。例如，采用综合评价法、案例分析法、实践观察法等，这些方法可以更好地捕捉学习者在融合活动中的实际表现。

（二）资源配置与整合

图书馆传统上主要关心书籍、期刊和其他文献资料的收藏和管理。但随着教育模式的变革和科技的进步，图书馆所能提供的资源已经远不止这些。数字资源、多媒体材料、实验设备、虚拟现实技术等都逐渐成为图书馆的重要组成部分。同时，阅读推广活动，如读书会、作者讲座、互动式学习工作坊等，也需要相应的资源支持。面对这样的资源多样性，如何进行有效的配置和整合，确保各种资源在阅读推广与教育融合活动中得到最佳的应用，显然是一个需要深入探讨的问题。

资源的配置与整合不仅仅是物质资源的问题。人力资源，尤其是图书馆员和教育者的角色和能力，也是资源配置与整合的关键部分。在传统模式下，图书馆员主要负责书籍的管理和读者的咨询服务，而教育者则主要负责教学和研究。但在融合模式下，两者的角色开始发生重叠和交织。图书馆员可能需要具备一定的教育和培训能力，而教育者也可能需要更深入地了解图书馆的资源和服务。这就要求在人力资源的配置与培训上进行相应的调整，确保各方能够在新的工作环境中发挥出最大的效能。

资源配置与整合在图书馆阅读推广与教育融合中扮演着至关重要的角色。它不仅影响到图书馆的服务质量和效益，还直接关系到学习者的学习体验和效果。因此，面对这一挑战，图书馆和教育机构需要深入研究和实践，探索出一套既能满足资源整合需求，又能保障教育和阅读推广活动质量的策略和方法。

（三）教育机构的合作与协调

图书馆与教育机构，作为两个独立的知识体系和文化载体，自然带有各自的管理习惯、工作模式和价值观念。当涉及到跨界合作时，这些固有的差异有时可能导致合作难以进展，甚至产生摩擦。因此，在推动阅读推广与教育融合的过程中，如何处理和协调这些差异，使之成为合作的助力而非阻力，显得尤为重要。

图书馆主要致力于知识的保存和传播，形成了稳健、系统、注重细节的工作风格。它的主要任务是为公众提供资料和信息，保证资料的真实性、完整性和可用性。而教育机构，则更加注重知识的创新与传授，它追求的是教学效果，以培养学生的能力和才华为主要目标。这种以目标导向的工作模式，使得教育机构常常具有更强的创新性和灵活性。当图书馆和教育机构试图合作时，可能会遇到理念不合、工作节奏不同、沟通不畅等问题。然而，这种差异并不意味着图书馆和教育机构之间的合作是不可能的，或者说，是注定不会成功的。事实上，这种差异在某种程度上也为合作提供了可能性和机会。例如，图书馆在知识管理和信息检索方面的专长，可以为教育机构提供强大的后盾；而教育机构在教学方法和内容创新方面的经验，也可以为图书馆的阅读推广活动带来新的思路和方法。关键在于，双方都需要认识到合作的价值和重要性，愿意投入时间和精力，去寻找共同点，协调差异，共同创造价值。

图书馆与教育机构之间的合作需要建立在真正的互信与互助基础上，而不仅仅是简单的资源共享或活动合作。这需要双方都有长远的眼光，看到合作背后的深远意义，为此付出相应的努力和代价。只有这样，图书馆与教育机构之间的合作，才能真正达到 1+1>2 的效果，推动阅读推广与教育融合向更高、更远的目标迈进。

三、针对融合发展的策略建议

（一）培训与专业发展

图书馆的阅读推广活动，无论是传统的读书会、讲座，还是现代的在线讨论、工作坊，都需要工作人员具备一定的教育和推广技能。这些技能并不是天生就有的，而是需要通过系统的培训和学习来获得。同时，随着教育理论和方法的不断发展，图书馆工作人员也需要定期更新自己的知识和技能，以适应不断变化的需求。这不仅能提高他们的专业素养，还能帮助他们更好地与教育机构合作，实现阅读推广与教育的真正融合。

专业发展不仅仅是个人的事情，更是整个图书馆发展的关键。图书馆需要建立一套完整的培训和专业发展体系，确保工作人员在各个层面都能得到充分的支持和指导。这包括但不限于：提供定期的培训课程和工作坊，邀请外部专家举办讲座和研讨会，鼓励工作人员参加专业会议和科研项目，为他们提供学习和发展的机会和资源等。只有这样，图书馆才能真正成为一个学习型组织，不断创新和发展，推动阅读推广与教育的融合。

（二）建立反馈机制

建立一个健全的反馈机制不仅能帮助图书馆及时了解和满足学习者和教育者的需求，还能为其提供有价值的信息和建议，确保融合活动的高效性和持续性。有效的反馈机制能为图书馆提供关于阅读推广与教育融合活动的直接和真实的信息。通过问卷调查、访谈等方式，图书馆可以了解学习者和教育者的满意度、需求、期望和建议，从而对活动进行调整和优化。例如，如果多数学习者表示某个推广活动的内容与其需求不符，图书馆可以及时调整活动内容，确保其更符合学习者的实际需求。同样，如果教育者表示某个培训课程的难度过高或过低，图书馆也可以根据其反馈进行调整，确保培训内容的适中性和有效性。

反馈机制还能帮助图书馆更好地与教育机构合作，实现阅读推广与教育的真正融合。通过收集教育者的反馈，图书馆可以了解教育机构的需求、期望和建议，从而与其更好地协调和合作。例如，如果教育者表示希望图书馆提供更多与教育相关的资源和服务，图书馆可以与其深入合作，共同开展相关活动，确保其满足教育者的需求。

为了确保反馈机制的有效性和持续性，图书馆需要建立一个专门的团队或部门，负责反馈的收集、分析和应用。这个团队或部门不仅需要具备专业的调查和分析技能，还需要与其他部门、图书馆和教育机构保持密切的沟通和合作，确保反馈的真实性和有用性。

（三）强化跨学科合作

图书馆拥有丰富的书籍资源和专业的馆员团队，而教育机构则有专业的教育者和广大的学生群体。这两者进行合作，可以充分发挥各自的优势，为学生和广大读者提供更为丰富和多样的学习和阅读体验。例如，图书馆可以与教育机构共同开展研究项目，将图书馆的资源与教育机构的研究能力相结合，共同探索新的学术领域或研究方向。此外，教育机构的教育者可以充分利用图书馆的资源，为学生开设专题讲座或工作坊，使学生在理论学习与实践应用中找到平衡，更加深入地理解和应用知识。

跨学科合作还可以促进图书馆与教育机构之间的资源共享和交流。通过合作，图书馆可以为教育机构提供专业的阅读推广和教育资源，如电子书、学术数据库和专业期刊；教育机构则可以为图书馆提供教育资源和方法，如课程大纲、教学方法和教育研究成果。这种资源共享和交流，不仅可以为双方提供更为丰富和高质量的资源，还可以促进双方在阅读推广和教育领域的创新和发展。

跨学科合作也面临一些挑战，如双方的管理模式、文化和目标的差异。但只要双方都抱着开放和合作的态度，愿意为合作付出努力和时间，这些挑战都是可以克服的。通过合作，图书馆与教育机构不仅可以更好地为学生和读者提供服务，还可以为双方带来更多的机会和可能性，推动阅读推广与教育的真正融合。

第六章 阅读推广与文化产业融合

第一节 文化产业与阅读推广

一、资源整合与文化创意

（一）资源整合的战略意义

资源整合已经成为其不可或缺的核心驱动力。这种整合不仅是资本、技术和市场的联接，更是文化与知识的结合。图书馆具有丰富的知识与文化资源。这些资源覆盖了各个领域、各个时代的知识结晶，从古籍到现代文献，从艺术到科学。每一本书、每一份文献，都是文化遗产的组成部分，代表着人类对知识的探索和对美的追求。正是这种知识与文化的深厚积累，使图书馆在文化产业中的作用变得日益突出。

考虑到文化产业中的多元化需求，图书馆的资源整合功能也表现得尤为重要。图书馆可以通过与文化创意企业、学术机构的合作，开展各种融合古籍与现代科技的项目。例如，可以共同策划一个结合古籍和虚拟现实技术的展览，使观众在体验古代文化的同时，也能够感受到现代科技的魅力。此外，通过工作坊、研讨会等形式，图书馆可以与文化创意产业的从业者交流合作，探索文化资源的新用途和新价值。

图书馆在资源整合中的另一个重要作用，是为文化创意产业提供知识与技术支持。文化创意产业的研发和生产，需要大量的知识输入，而图书馆正是这种知识输入的主要来源。通过图书馆的专业数据库、文献检索系统等，文化创意企业可以快速准确地获取所需的信息，加速产品的研发进程。同时，图书馆还可以提供各种培训和咨询服务，帮助文化创意企业提高自身的知识管理和技术创新能力。

（二）文化创意与阅读推广的内在联系

文化创意与阅读推广之间的内在联系体现在多个维度。文化创意源于文化素养和创意思维，而阅读是获取文化素养和创意思维的重要途径。通过阅读，个体能够接触到不同文化背景下的知识和创意，从而激发个体的创意思维和文化认识。同时，文化创意产业的发展需要依赖于广泛的阅读推广，使更多的人接触到文化和创意产品，产生共鸣和认同。

在现代社会，文化创意产业是推动经济社会发展的重要力量。而阅读推广则是文化创意产业发展的重要支撑。通过阅读推广，能够增强公众的文化认识和创意思维，为文化创意产业的发展提供广泛的社会基础和人才支持。同时，阅读推广也为文化创意产业提供了市场和受众，使文化创意产品能够得到更广泛地传播和认可。

文化创意产品的产生和推广，需要依赖于公众的反馈和需求。而阅读推广能够为文化创意产业提供宝贵的市场反馈和用户需求信息，有助于文化创意产品的创新和优化。同时，阅读推广也能够通过文化创意产品，提升公众的阅读兴趣和文化欣赏能力，形成良好的互动循环，推动文化创意与阅读推广的共同发展。文化创意能够通过阅读推广，传递新的价值观和思想，丰富社会文化生活，提升公众的文化素质和创意能力。同时，通过阅读推广，也能够为文化创意产业提供持续的动力和社会认同，为社会经济的可持续发展做出贡献。在这种互动和影响中，文化创意与阅读推广形成了紧密的内在联系，共同推动社会文化和经济的发展。

（三）数字化与创意技术

数字化与创意技术为图书馆的阅读推广打开了新的可能。通过引入先进的技术如增强现实（AR）和虚拟现实（VR），图书馆能够为公众提供沉浸式的阅读体验，从而更好地传播知识和文化。增强现实和虚拟现实技术能够将传统的文字和图像与三维空间和实时交互相结合，使得阅读不再是单纯的文字解读，而是成为一种全新的多感官体验。通过这种沉浸式的阅读体验，公众能够更直观、更生动地理解和感受到文本中的信息和思想，从而提升阅读的吸引力和效果。

　　数字化和创意技术也为图书馆的阅读推广提供了强有力的工具。通过数字化的手段，图书馆能够将庞大的书籍和资料资源进行数字化处理，形成可供检索和共享的数字资源库。这不仅极大地丰富了图书馆的资源储备，而且也为公众提供了更为便捷和丰富的阅读资源。同时，创意技术如数据分析和机器学习也能够为图书馆的阅读推广提供支持。通过分析公众的阅读需求和偏好，图书馆能够更为精准地推荐和推广适合的阅读资源，从而提升阅读推广的效果和效率。通过虚拟现实技术，图书馆能够为公众提供虚拟的阅读空间和体验，使得公众能够在虚拟的环境中感受到与实体图书馆相似甚至超越的阅读体验。同时，通过增强现实技术，图书馆也能够为现实的阅读环境增加数字化的元素和互动，为公众提供更为丰富和多元的阅读体验。这些新的形式和方法不仅能够吸引更多的公众参与阅读，而且也为图书馆的阅读推广提供了新的思路和可能，使得阅读推广能够更好地适应数字化时代的需求和发展。通过不断地探索和实践，数字化与创意技术将为图书馆的阅读推广提供持续的动力和创新的可能，从而为传播知识和文化作出更为重要的贡献。

二、市场化运营

（一）与企业的合作

　　图书馆与企业的合作在阅读推广与文化产业市场化运营方面展现了显著的潜力。文化企业和科技公司拥有丰富的市场运营经验和技术资源，可以为图书馆的阅读推广提供强有力的支持。在与企业的合作中，图书馆可以借助企业的市场运营能力和技术支持，将阅读推广与文化活动与市场需求相结合，实现市场化运营。市场化运营不仅可以提高阅读推广的效率和效果，还可以为图书馆和文化企业创造经济效益，推动文化产业的发展。市场化运营是现代企业发展的重要方向，也是文化产业发展的重要途径。图书馆与企业的合作，可以帮助图书馆更好地了解市场需求，更为精准地定位阅读推广和文化活动。通过市场化运营，图书馆可以吸引更多的读者和参与者，提升阅读推广的影响力和认知度。同时，企业也可以通过与图书馆的合作，拓展自身的市场空间和用户基础，实现企业和图书馆的共赢发展。企业的市场运营能力和技术资源，也可以为图书馆的阅读推广提供新的思路和方法，使得阅读推广更为符合市场需求，更为具有吸引力和影响力。

图书馆与企业的合作还可以为文化产业的发展提供新的机遇。文化产业是现代经济发展的重要组成部分，对于提升国家文化软实力和经济社会发展具有重要意义。图书馆与企业的合作，可以通过市场化运营，推动文化产业的商业模式创新和市场拓展。通过合作，图书馆和企业可以共同探索文化产业的发展路径和市场化运营模式，为文化产业的持续发展提供有益的参考和支持。

（二）商业模式的探索

图书馆在推进阅读推广和文化产业融合的过程中，探索新的商业模式成为实现自身可持续发展的重要途径。付费会员和数字内容销售等商业模式的引入，为图书馆打造了新的收入渠道，同时也丰富了文化产业的商业运作模式，为文化产品的创造和传播提供了新的可能。

付费会员是一种借鉴于网络平台的商业模式，通过提供一些特定服务或优惠来吸引用户付费成为会员。在图书馆的场景中，付费会员制度可以为图书馆提供稳定的收入来源，同时也能够通过提供更为优质和个性化的服务，增强读者的黏性和满意度。例如，图书馆可以为付费会员提供预约服务、专属阅读空间、线上线下活动优惠等，以此吸引和留住付费会员。同时，付费会员制度也为图书馆与文化产业的合作提供了契机，例如，图书馆可以与文化企业合作，为付费会员提供特定的文化产品和服务，从而实现商业模式的创新和收入的增加。数字内容销售则是另一种新的商业模式，它涉及数字化技术和网络平台的运用，为图书馆的阅读推广和文化产业的发展提供了新的空间。通过数字内容销售，图书馆可以将自身的资源优势和技术手段与文化产业的创新和商业运作相结合，为读者提供丰富多样的数字内容产品。例如，图书馆可以通过数字平台，销售电子书、音视频资料、在线课程等，为读者提供便捷的获取知识和文化体验的途径。同时，数字内容销售也为图书馆与文化企业的合作提供了平台，双方可以共同开发和推广数字内容产品，实现商业收益和文化传播的双重目标。

三、文化活动与社区参与

（一）举办文化活动

通过举办与文化产业相关的活动，图书馆能够将阅读推广与文化传播相结合，为公众提供更为丰富和多元的文化选择。作家见面会、电影放映、艺术工作坊等活动，不仅能够丰富图书馆的文化功能，还能够为文化产业的推广和传播提供重要的平台。

　　举办文化活动能够拓宽图书馆的文化服务范围，使其从传统的书籍借阅和阅读推广，延伸到更为广泛的文化传播和交流。作家见面会为读者和作者提供了直接交流的机会，能够增进读者对文学作品的理解和欣赏，同时也为作者提供了展示和推广自身作品的机会。电影放映和艺术工作坊则能够为公众提供多元的艺术体验，拓展公众的文化视野和艺术认知。通过举办这些文化活动，图书馆能够为公众提供更为丰富和多元的文化服务，同时也能够提升图书馆的文化影响力和社会认知度。图书馆可以与文化企业、艺术机构、影视公司等进行合作，共同策划和举办文化活动。通过合作，图书馆能够借助文化产业的资源和经验，提升文化活动的专业性和吸引力。而文化产业则能够借助图书馆的平台和资源，拓展市场和受众，实现文化产品的传播和推广。此外，举办文化活动还能够为图书馆创造一定的经济效益，例如，通过票务销售、赞助合作等方式，为图书馆的可持续发展提供支持。

（二）社区的参与与协作

　　图书馆作为社区的文化中心，通过鼓励社区成员参与文化活动和创作，可以实现阅读推广与文化产业的有机融合，为文化内容的创作和传播提供广泛的社会基础和人力资源。

　　社区成员的参与为图书馆的文化活动和阅读推广注入了生机和活力，使得文化内容更为贴近社区成员的实际需求和生活经验。通过与社区成员的协作，图书馆可以获取更为丰富和多元的文化资源，为阅读推广提供更为宽广的视野和更为丰富的内容。例如，图书馆可以与社区成员共同组织文化讲座、书籍推荐、艺术展览等活动，以多种形式传播文化知识和艺术审美，丰富社区成员的文化生活。社区的参与与协作也为文化产业的发展提供了新的机遇。通过与社区成员的合作，图书馆和文化企业可以共同开发和推广文化产品，拓展文化市场，实现文化产业的持续发展。社区成员的参与不仅为文化产业提供了丰富的创意资源，也为文化产品的传播和推广提供了广泛的社会基础。例如，图书馆可以与社区成员和文化企业合作，共同创作和推广社区文化产品，如社区历史图书、艺术作品等，为文化产业的发展提供支持。

（三）与其他文化机构的合作

通过与其他文化机构的合作，图书馆能够拓展自身的文化服务范围，实现资源共享和服务互补。例如，图书馆可以与博物馆合作，开展历史文化讲座和展览，为公众提供丰富的历史文化学习资源；与艺术馆合作，举办艺术展览和创意工作坊，提升公众的艺术审美和创意能力；与剧院合作，推广戏剧文化和表演艺术，丰富公众的文化生活。这种合作不仅能够提高图书馆的文化服务水平，也能够为公众提供更为丰富和多元的文化选择，促进文化的传播和交流。通过合作，图书馆可以获取更为丰富和多元的文化资源，为阅读推广提供更为宽广的视野和更为丰富的内容。例如，图书馆可以与博物馆合作，推广历史文化书籍和资料，为公众提供历史文化的阅读体验；与艺术馆合作，推广艺术书籍和创意作品，为公众提供艺术审美的阅读体验；与剧院合作，推广戏剧文学和表演艺术书籍，为公众提供戏剧艺术的阅读体验。这种合作不仅能够丰富图书馆的阅读资源，也能够为文化产业的发展提供新的思路和可能。

与其他文化机构合作还能够为文化产业的发展提供新的机遇。通过合作，图书馆和其他文化机构可以共同探索文化产业的发展路径和市场化运营模式，为文化产业的创新和发展提供有益的参考和支持。例如，图书馆可以与文化机构合作，共同开发和推广文化产品，拓展文化市场，实现文化产业的持续发展。这种合作不仅为文化产业提供了丰富的文化资源和市场空间，也为图书馆的阅读推广提供了新的内容和形式，实现了阅读推广与文化产业的有机融合。

四、全球化视角与跨文化交流

（一）提供多语言资源

面对全球化的趋势，图书馆需提供多语言资源以满足不同文化背景公众的需求，通过提供多语言的书籍、期刊、音视频和数字资源，图书馆为不同文化背景的公众提供了学习和交流的平台。例如，外国文学的引入为本土读者提供了了解外国文化和社会的窗口，同时也为外国读者提供了了解本土文化的资源。这种多元文化的交流促进了文化的相互理解和认知，也为文化产业的国际交流和合作提供了可能。

文化产业涵盖了广泛的领域，如出版、影视、音乐和艺术等，多语言资源的提供为文化产业的产品创作和市场拓展提供了丰富的素材和广阔的市场。例如，图书馆可以与出版社合作，推广多语言的图书和期刊，为出版产业的国际合作和交流提供支持。同时，多语言资源的提供也为影视、音乐和艺术等文化产业的国际化发展提供了有益的参考和支持。

（二）跨文化交流活动

跨文化交流活动为阅读推广注入了新的内容和形式。通过组织国际文化节和外国文化讲座，图书馆可以为公众提供多元文化的阅读体验和学习机会。例如，通过举办外国文化讲座，图书馆可以为公众介绍外国的历史、文化和社会，拓宽公众的国际视野，同时也为阅读推广提供了新的内容和方向。国际文化节则为公众提供了直接接触和了解外国文化的机会，通过文化展示、艺术表演和文化论坛等活动，丰富了公众的文化体验，促进了文化的相互理解和交流。

通过与文化产业的合作，图书馆可以为文化产品的创作和推广提供新的平台和市场。例如，图书馆可以与文化企业合作，共同举办国际文化节和外国文化讲座，为文化产品的展示和销售提供场所。这种合作不仅为文化产业提供了新的市场和受众，也为图书馆的阅读推广和文化服务提供了新的内容和形式。通过合作，图书馆和文化产业可以共同探索文化的传播和推广的新途径，为文化产业的发展和国际化提供有益的支持。

（三）与国外图书馆的合作

通过与国外图书馆的合作，图书馆能够获取更为丰富和多元的文化资源，为阅读推广提供新的内容和方向。例如，图书馆可以与国外图书馆交换文化资源、共享数字资源和共同开发阅读推广活动，以此丰富图书馆的文化服务内容，为公众提供多元文化的阅读体验和学习机会。这种合作不仅能够丰富图书馆的文化资源，也能够拓展图书馆的国际视野，增进不同文化背景公众的文化交流和理解。

与国外图书馆的合作也为文化产业的发展提供了新的机遇。通过国际合作，图书馆能够为文化产业的国际化发展提供有益的支持和服务。例如，图书馆可以与国外图书馆合作，共同推广国内外文化产品，拓展文化产业的国际市场和合作空间。同时，国际合作也为图书馆与文化产业的合作提供了新的平台和机会，使得文化产业能够借助图书馆的国际合作网络，推广文化产品，拓展国际市场，实现文化产业的国际化发展。图书馆与国外图书馆的合作为阅读推广与文化产业的融合提供了有益的尝试和实践，为文化产业的国际化发展和文化交流提供了重要的支持。

第二节　阅读推广与文化产业的互动

图书馆阅读推广和文化产业之间的融合展现出了一种互补和互动的关系。图书馆作为知识和文化的中心，与日益繁荣的文化产业相结合，可以共同推进文化的传播和创新。

一、内容创意与资源共享

（一）原创内容的推广

推广原创内容是图书馆实现内容创意与资源共享的重要方式。图书馆可以共同推广原创文学作品、艺术展览和音乐作品等，为公众提供多元文化的阅读和欣赏体验。例如，图书馆可以与文化企业共同举办文学作品推广活动和艺术展览，为文化创意人才提供展示和推广自身作品的平台。这种合作不仅丰富了图书馆的文化服务内容，也为文化产业的发展提供了新的机遇和可能，实现了内容创意与资源共享的双赢。通过推广原创文学作品、艺术展览和音乐作品等，图书馆可以为公众提供多元化的阅读选择和文化体验，拓展了阅读推广的内容和形式。推广原创内容也为文化产业的发展提供了新的机遇。例如，图书馆可以与文化企业合作共同推广原创文学作品和艺术作品，为文化产业的产品创作和市场拓展提供支持。

在未来的发展中，图书馆与文化产业的合作将进一步加深，通过推广原创内容，实现内容创意与资源共享，为构建多元文化社会和推动文化产业的发展作出重要贡献。通过深化图书馆与文化产业的合作，推广原创内容，图书馆与文化产业可以共同探索文化的传播和推广的新途径，为社会文化和经济发展作出重要贡献。

（二）互通有无的资源共享

资源共享为图书馆提供了丰富多彩的文化内容和创意资源。通过与文化产业机构的合作，图书馆可以获取丰富的电影、音乐、艺术品等数字资源，为公众提供多元化的文化体验和学习机会。例如，图书馆可以与电影公司合作，共同推广电影文化，为公众提供电影观赏和学习的机会；与音乐机构合作，共同推广音乐文化，为公众提供音乐欣赏和学习的机会。这种资源共享不仅丰富了图书馆的文化服务内容，也为文化产业的发展提供了新的机遇和可能。通过与图书馆的合作，文化产业机构可以利用图书馆的公共服务平台，推广自身的文化产品和服务，拓展文化市场，实现文化产业的持续发展。

（三）版权协议与合作

版权协议是确保内容创意与资源共享的重要基础。版权保护成为文化产业发展的重要支撑，也是文化资源合法共享的前提。图书馆通过与版权机构和创作者的合作，可以获得文化资源的合法使用权，为公众提供丰富多彩的文化体验和学习机会。例如，通过签订版权协议，图书馆可以获得电子书、音乐、电影等数字资源的合法使用权，为阅读推广提供丰富的内容和资源。这种版权协议不仅保障了文化资源的合法共享，也为图书馆的阅读推广和文化服务提供了法律保障。与文化产业的合作是推动内容创意与资源共享的重要途径。通过与文化产业的版权机构和创作者合作，图书馆可以共同推动文化资源的创新和传播。例如，图书馆可以与文化产业的版权机构合作，共同推广原创文学作品和艺术作品，为文化创意人才提供展示和推广自身作品的平台。

二、市场策略与品牌建设

（一）共同市场推广

联合宣传是共同市场推广的重要手段，它有助于提升图书馆与文化产业机构的市场知名度和影响力。例如，图书馆可以与文化产业共同推广文化活动和产品，通过线上线下的宣传渠道，向公众传递文化信息，提升文化活动和产品的市场关注度。联合宣传不仅可以扩大文化活动和产品的市场覆盖范围，也有助于提升图书馆与文化产业机构的品牌影响力，实现市场策略与品牌建设的双向推进。活动合作是共同市场推广的有效途径，它为图书馆与文化产业机构提供了共同推广文化活动和产品的平台。例如，共同举办文化活动，如书展、音乐会、艺术展等，为公众提供丰富多彩的文化体验。活动合作不仅可以丰富图书馆的文化服务内容，也有助于拓展文化产业的市场空间，实现市场策略与品牌建设的有机结合。

（二）品牌联动与共建

品牌联动是市场策略与品牌建设的重要体现。通过与文化产业机构的联名活动，图书馆可以借助文化产业机构的品牌效应，拓展自身的市场影响力，提高公众对图书馆的认知度和信任度。例如，图书馆可以与知名文化企业合作，共同举办联名活动，如文化论坛、艺术展览等，通过活动的联合宣传和推广，增强图书馆与文化产业机构的品牌联动效应，实现市场策略与品牌建设的双赢。

共同推出的产品是品牌联动与共建的具体实践。通过与文化产业机构合作，图书馆可以共同开发和推广文化产品，如图书、音乐、艺术品等。这种合作不仅可以丰富图书馆的文化资源，也可以拓展文化产业的市场空间，为文化产业的发展提供新的机遇。例如，共同开发和推广原创图书和艺术品，为公众提供多元化的文化选择，同时也为文化产业的品牌建设和市场拓展提供支持。

（三）商业模式的探索与创新

内容销售是图书馆与文化产业合作探索新商业模式的重要方面。通过与文化产业企业的合作，图书馆可以推广销售文化产品，如图书、音乐、电影等，为公众提供丰富多彩的文化体验。例如，共同推广销售图书，通过线上线下的销售渠道，拓展图书馆的市场影响力和收入来源。同时，内容销售也为文化产业企业提供了新的市场和受众，有助于推动文化产业的发展。这种商业模式的探索与创新不仅有助于实现图书馆与文化产业的资源共享和市场拓展，也为推动阅读推广与文化产业的市场策略与品牌建设提供了新的思路和方向。会员服务是图书馆与文化产业合作探索新商业模式的有效途径。通过提供会员服务，图书馆可以为公众提供个性化和增值的文化服务，如会员专享的文化活动、优先借阅服务等。例如，图书馆可以与文化产业企业合作，共同推出会员服务，为会员提供优质的文化体验和服务。会员服务不仅可以增加图书馆的收入来源，也有助于提升图书馆与文化产业企业的品牌知名度和市场影响力。通过会员服务，图书馆与文化产业企业可以共同探索市场策略与品牌建设的新模式，为推动阅读推广与文化产业的市场策略与品牌建设作出重要贡献。

三、技术交流与创新应用

（一）数字技术的应用

增强现实（AR）和虚拟现实（VR）技术为图书馆与文化产业的阅读推广提供了全新的视觉和感知体验。例如，利用 AR 和 VR 技术，为公众提供沉浸式的阅读和文化体验。通过创建虚拟的展览和交互式的阅读环境，让公众能够沉浸在丰富多彩的文化和知识世界中，感受阅读的魅力和文化的内涵。同时，AR 和 VR 技术的应用也为文化产业的创新和发展提供了新的空间和可能，推动了文化产品和服务的多元化和个性化。AI 技术的应用为图书馆与文化产业的阅读推广提供了智能化的支持和优化。例如，图书馆可以利用 AI 技术，为公众提供智能推荐和个性化的阅读服务，帮助公众发现和享受适合自己的文化内容。同时，文化产业企业也可以利用 AI 技术，推动文化创意和产品的创新，为公众提供多元化和高质量的文化产品和服务。通过 AI 技术的应用，图书馆与文化产业能够实现阅读推广的智能化和个性化，满足公众日益多样化和个性化的文化需求。

（二）技术研发与合作

与文化产业的技术公司合作，共同研发新技术，能够为文化内容的创新传播提供强有力的技术支持，同时也能推动图书馆与文化产业在技术交流与创新应用方面取得新的突破。

在图书馆与文化产业的合作中，共同研发新技术是技术交流的重要体现。例如，图书馆可以与文化产业的技术公司合作，共同研发基于人工智能、虚拟现实和增强现实等技术的新应用，为阅读推广提供新的技术手段和渠道。通过合作研发，图书馆与文化产业的技术公司能够互相借鉴和学习，推动技术的创新和应用，为阅读推广和文化传播提供更为先进和便利的技术支持。

技术合作能够为文化内容的创新传播提供新的可能和空间。通过与文化产业的技术公司合作，图书馆可以利用新技术，推动文化内容的创新传播，为公众提供丰富多元的阅读体验和文化享受。例如，图书馆可以与技术公司合作，共同开发基于人工智能的智能推荐系统，为公众提供个性化的阅读推荐服务，帮助公众发现和享受适合自己的文化内容。同时，技术合作也为文化产业的发展提供新的机遇，通过技术的应用和创新，推动文化产品和服务的多元化和个性化，满足公众日益多样化和个性化的文化需求。

（三）数字化与文化体验

数字化为阅读推广与文化产业的融合开启了新的篇章，特别是在提供沉浸式文化体验方面展现出无可比拟的优势。通过数字技术的运用，如虚拟展览和数字艺术展示，图书馆与文化产业可以为公众带来前所未有的文化享受，同时也为技术交流与创新应用提供了广阔的空间。

虚拟展览是数字化应用在文化体验中的一个重要方面。通过与文化产业的合作，图书馆可以利用 VR 和 AR 技术，创建虚拟展览，让公众在虚拟的环境中体验到与现实展览相似甚至超越的文化享受。例如，图书馆可以与艺术馆或博物馆合作，共同策划和展示虚拟展览，为公众提供丰富的视觉和感知体验。虚拟展览不仅可以突破物理空间的限制，也可以通过技术的创新应用，提高文化活动的参与度和体验度，为推动阅读推广与文化产业的融合提供了新的可能。数字艺术展示是另一个重要的应用领域。图书馆与文化产业可以共同探索新的艺术表现和展示形式，为公众提供多元化和个性化的艺术体验。例如，可以将传统的艺术作品以数字形式展示，甚至可以创建全新的数字艺术作品，为公众提供不同寻常的艺术享受。同时，数字艺术展示也为艺术家和创作者提供了新的创作和展示平台，推动了文化产业的创新和发展。

四、跨界活动与公众参与

（一）跨界活动的组织

跨界活动的组织可以为公众提供丰富多彩的文化体验。例如，图书馆可以与文化产业的机构合作，共同组织文化节、音乐会或艺术展览，为公众提供多样化的文化选择。图书馆能够将传统的阅读服务与现代文化活动相结合，为公众创造更为丰富和多元化的文化体验。同时，跨界活动的组织也能为图书馆提供与文化产业机构交流和合作的平台，推动图书馆与文化产业的互动和融合。

跨界活动的组织也能促进文化产业的市场拓展和品牌建设。文化产业的机构能够拓展其市场覆盖面，吸引更多的公众参与和体验。例如，音乐会或艺术展览的举办能够为文化产业的机构提供展示和宣传的平台，增加其品牌知名度和市场影响力。同时，跨界活动的组织也为文化产业的创新提供了新的思路和方向，文化产业机构能够探索新的市场策略和品牌建设方式，推动文化产业的持续发展和创新。

（二）公众的参与与互动

图书馆与文化产业合作开展活动为公众提供了展示自我、发挥创意的平台。例如，创意大赛可以激发公众的创意思维，提供一个展示个人才华的舞台，同时也能为文化产业带来新的创意和灵感。通过公众的参与与互动，图书馆与文化产业的合作活动能够实现多方共赢，促进图书馆、文化产业和公众之间的良好互动。互动展览是另一个重要的合作活动，它能够为公众提供丰富多彩的文化体验。通过现代技术，如虚拟现实（VR）和增强现实（AR），图书馆与文化产业可以共同创建互动展览，让公众在参与中享受到文化的魅力和乐趣。这种新型的展览形式不仅能够丰富图书馆的文化服务内容，也能为文化产业的市场拓展和品牌建设提供新的机遇。

在公众的参与与互动中，图书馆与文化产业的合作活动能够得到充分的推广和宣传。通过社交媒体、网络平台等渠道，公众的参与与互动能够为图书馆与文化产业的合作活动带来广泛的社会关注和良好的口碑，从而推动阅读推广与文化产业的融合进程。通过公众的反馈，图书馆与文化产业能够了解合作活动的优缺点，为未来的合作提供参考和指导。同时，公众的参与与互动也能为图书馆与文化产业的合作活动提供新的思路和方向，推动合作活动的持续创新和优化。

（三）社区与伙伴关系的建设

图书馆通过与文化产业的其他机构建立伙伴关系，可以丰富自身的文化资源和服务内容，同时也为文化产业的其他机构提供了展示和传播的平台。例如，图书馆可以与本地的艺术机构合作，共同举办艺术展览和文化活动。通过这种伙伴关系的建设，图书馆与文化产业的其他机构能够实现资源的共享和互补，推动各自的发展和创新。

社区的参与是推动图书馆与文化产业融合的重要力量。通过与社区的合作，图书馆能够更好地了解公众的文化需求和喜好，为社区提供定制化的文化服务和活动。同时，社区的参与也为图书馆与文化产业合作开展活动提供了广泛的社会基础和支持，为推动文化的传播和创新提供了有力的保障。公众是图书馆与文化产业融合的最终受益者。通过与公众建立伙伴关系，图书馆能够为公众提供多元化和个性化的文化服务，同时也能吸引更多的公众参与到文化活动中来。例如，图书馆可以通过社交媒体和网络平台，邀请公众参与到文化活动的设计和组织中来，为公众提供展示自我和发挥创意的机会。

在社区与伙伴关系的建设中，跨界活动与公众参与成为连接图书馆与文化产业的重要桥梁。通过举办跨界活动，图书馆能够为公众提供丰富多彩的文化体验，同时也为文化产业的其他机构提供了展示和传播的平台。公众的参与则为图书馆与文化产业的合作活动提供了宝贵的反馈和支持，推动了文化的传播和创新。

第三节　文化产业融合的策略与路径

一、策略化资源整合与共创

（一）资源的共享与交换

图书馆拥有丰富的文献资源和知识服务能力，而文化产业机构则拥有多样化的文化产品和市场运营经验。通过资源共享与交换，图书馆能够丰富其文化服务内容，提高服务质量，文化产业机构也能得到图书馆的支持，拓展其市场覆盖面和影响力。例如，图书馆可以提供文献资源和知识服务，文化产业机构则可以提供文化产品和市场推广支持，实现资源的互补和共赢。通过资源的共享与交换，图书馆与文化产业机构能够共同探索新的服务模式和商业模式，推动文化创意产品的研发和推广。例如，图书馆与文化产业机构可以共同开发数字化的文化产品，如电子图书、音乐、影视等，为公众提供多样化的文化体验，同时也为推动文化产业的创新和发展提供了新的思路和方向。

资源共享与交换机制的建立需要图书馆与文化产业机构建立长期、稳定的合作关系。通过合作协议或合作平台，图书馆与文化产业机构能够明确资源共享与交换的范围、方式和条件，确保资源共享与交换的顺利进行。同时，资源共享与交换机制的建立也需要得到相关政策和法律的支持，确保资源共享与交换的合法性和有效性。通过资源共享与交换，图书馆与文化产业机构能够为公众提供丰富多彩的文化体验，吸引更多的公众参与到文化活动中来。例如，图书馆可以通过资源共享与交换，丰富其文化活动的内容和形式，为公众提供多样化的选择，同时也为文化产业的市场拓展和品牌建设提供了有力的支持。

（二）联合内容创作

图书馆与文化产业机构的联合内容创作，具有互补性和创新性。图书馆拥有丰富的文献资源和知识服务能力，而文化产业机构则拥有多样化的创意资源和市场运营经验。通过联合内容创作，双方能够实现资源互补和优势互补，为公众提供多元化和创新性的文化产品和服务。例如，图书馆可以与文化产业机构共同出版图书、制作音频或视频内容，为公众提供丰富多彩的文化体验。

联合内容创作的实施，需要图书馆与文化产业机构建立长期、稳定的合作关系。通过合作协议或合作平台，双方能够明确联合内容创作的范围、方式和条件，确保联合内容创作的顺利进行。同时，联合内容创作的实施也需要得到相关政策和法律的支持，确保联合内容创作的合法性和有效性。通过联合内容创作，图书馆与文化产业机构能够共同探索新的创作模式和商业模式，推动文化创意产品的研发和推广。例如，图书馆与文化产业机构可以共同开发数字化的文化产品，如电子图书、音乐、影视等，为公众提供多样化的文化体验，同时也为推动文化产业的创新和发展提供了新的思路和方向。图书馆与文化产业机构能够为公众提供丰富多彩的文化体验，吸引更多的公众参与到文化活动中来。例如，图书馆可以通过联合内容创作，丰富其文化活动的内容和形式，为公众提供多样化的选择，同时也为文化产业的市场拓展和品牌建设提供了有力的支持。

（三）版权协同与管理

版权协同机制的建立需要图书馆与文化产业机构之间的紧密合作。通过合作协议或合作平台，双方能够明确版权协同的范围、方式和条件，确保版权协同机制的顺利实施。例如，图书馆与文化产业机构可以通过版权协议，明确各自的版权义务和责任，确保内容的合法传播。同时，版权协同机制的建立也需要得到相关政策和法律的支持，确保版权协同的合法性和有效性。例如，国家可以通过法律法规，为版权协同机制的建立提供法律支持和政策保障。

通过版权协同机制，图书馆与文化产业机构能够共同探索新的内容传播模式和商业模式，推动文化创意产品的研发和推广。例如，图书馆与文化产业机构可以通过版权协同机制，共同开发和推广数字化的文化产品，如电子图书、音乐、影视等，为公众提供多样化的文化体验，同时也为推动文化产业的创新和发展提供了新的思路和方向。图书馆与文化产业机构能够为公众提供丰富多彩的文化体验，吸引更多的公众参与到文化活动中来。例如，图书馆可以通过版权协同机制，丰富其文化活动的内容和形式，为公众提供多样化的选择，同时也为文化产业的市场拓展和品牌建设提供了有力的支持。

（四）技术与创意的融合

技术与创意的融合需依赖于图书馆与文化产业机构的紧密合作。通过建立合作机制，如合作协议或合作平台，双方可以共享技术资源和创意资源，共同研发新的文化创意产品。例如，图书馆可以与文化产业机构共同开发基于增强现实（AR）、虚拟现实（VR）技术的虚拟展览或数字艺术展示，为公众提供沉浸式的文化体验。同时，技术与创意的融合也需要得到相关政策和法律的支持，确保技术与创意的融合的合法性和有效性。例如，国家可以通过法律法规，为技术与创意的融合提供法律支持和政策保障。

通过技术与创意的融合，图书馆与文化产业机构可以共同探索新的创作模式和商业模式，推动文化创意产品的研发与推广。例如，图书馆与文化产业机构可以通过技术与创意的融合，共同开发基于 AI 技术的个性化推荐系统，为公众提供个性化的阅读推荐服务，同时也为推动文化产业的创新与发展提供了新的思路和方向。图书馆与文化产业机构合作能够为公众提供丰富多彩的文化体验，吸引更多的公众参与到文化活动中来。例如，图书馆可以通过技术与创意的融合，丰富其文化活动的内容和形式，为公众提供多样化的选择，同时也为文化产业的市场拓展和品牌建设提供了有力的支持。

二、路径化的合作模式与创新机制

（一）长期战略合作关系

在长期战略合作关系的建立过程中，合作双方需要明确合作的目标、范围和条件，以确保合作的顺利进行。通过签订合作协议或建立合作机制，双方可以明确各自的权利和义务，确保合作关系的稳定和持久。例如，图书馆可以与文化产业机构共同制定合作战略，明确合作的方向和目标，为推动阅读推广与文化产业的融合提供了战略指导。同时，长期战略合作关系的建立也需要得到相关政策和法律的支持，确保合作关系的合法性和有效性。例如，国家可以通过法律法规，为长期战略合作关系的建立提供法律支持和政策保障。

通过长期战略合作关系，图书馆与文化产业机构能够共同探索新的创作模式和商业模式，推动文化创意产品的研发与推广。例如，图书馆与文化产业机构可以通过长期战略合作关系，共同开发基于最新技术的文化创意产品，如电子图书、音乐、影视等，为公众提供多样化的文化体验，同时也为推动文化产业的创新与发展提供了新的思路和方向。图书馆与文化产业机构能够为公众提供丰富多彩的文化体验，吸引更多的公众参与到文化活动中来。例如，图书馆可以通过长期战略合作关系，丰富其文化活动的内容和形式，为公众提供多样化的选择，同时也为文化产业的市场拓展和品牌建设提供了有力的支持。

（二）项目与活动的合作

项目与活动的合作需基于明确的合作协议与机制进行。在合作之初，合作双方需要明确合作的目标、任务与责任，确保项目与活动的顺利进行。例如，图书馆与文化产业机构可以签订合作协议，明确双方在项目与活动合作中的权利和义务。同时，项目与活动的合作也需要得到相关政策和法律的支持，以确保合作的合法性与有效性。例如，国家可以通过法律法规，为项目与活动的合作提供法律支持和政策保障，为合作双方提供稳定的合作环境。

项目与活动的合作有助于推动阅读推广与文化产业的创新与发展。通过合作开展具体的项目与活动，图书馆与文化产业机构能够共同探索新的创作模式和商业模式，推动文化创意产品的研发与推广。例如，图书馆可以与文化产业机构共同举办文化节或展览，为公众提供丰富多彩的文化体验。同时，项目与活动的合作也有助于推动图书馆与文化产业机构之间的技术交流与创新合作，为推动阅读推广与文化产业的共同发展提供有力的支持。

项目与活动的合作同时有助于提高公众的文化参与度。通过合作开展具体的项目与活动，图书馆与文化产业机构能够为公众提供丰富多彩的文化体验，吸引更多的公众参与到文化活动中来。例如，图书馆可以与文化产业机构共同举办文化创意大赛或研讨会，为公众提供展示和交流的平台，同时也为文化产业的市场拓展和品牌建设提供了有力的支持。

（三）商业模式与收入分配的创新

商业模式与收入分配的创新需要基于合作双方的共同利益和长期发展的考虑。在探索商业模式与收入分配的创新过程中，合作双方需要充分考虑各自的利益和需求，确保商业模式与收入分配的公平与合理。例如，图书馆与文化产业机构可以签订商业合作协议，明确双方在合作中的权利和义务，为商业模式与收入分配的创新提供了法律和制度的保障。商业模式与收入分配的创新也需要得到相关政策和法律的支持，以确保商业模式与收入分配的合法性与有效性。例如，国家可以通过法律法规，为商业模式与收入分配的创新提供法律支持和政策保障，为合作双方提供稳定的商业环境。

通过商业模式与收入分配的创新，图书馆与文化产业机构能够共同探索新的商业模式和收入分配机制，推动文化创意产品的研发与推广。例如，图书馆可以与文化产业机构共同推广文化创意产品，通过联合推广、共享收入等方式，实现经济效益的最大化。同时，商业模式与收入分配的创新也有助于推动图书馆与文化产业机构之间的技术交流与创新合作，为推动阅读推广与文化产业的共同发展提供了有力的支持。通过商业模式与收入分配的创新，图书馆与文化产业机构能够为公众提供丰富多彩的文化体验，吸引更多的公众参与到文化活动中来。例如，图书馆可以通过商业模式与收入分配的创新，提供更多的文化产品和服务，为公众提供多样化的选择，同时也为文化产业的市场拓展和品牌建设提供了有力的支持。

（四）公众参与与反馈机制

公众参与是提升图书馆与文化产业合作效果的关键。通过鼓励公众参与合作活动，可以让公众直接体验到图书馆与文化产业的合作成果，同时也可以为图书馆与文化产业机构提供宝贵的用户体验和市场反馈。例如，图书馆与文化产业机构可以通过举办各种文化活动和展览，吸引公众参与，通过公众的参与，可以让公众更好地理解和认识到图书馆与文化产业的合作成果和价值，同时也为图书馆与文化产业机构提供了直接的市场反馈和用户体验。

反馈机制是确保图书馆与文化产业合作活动持续改进和优化的重要工具。通过建立反馈机制，可以让图书馆与文化产业机构及时了解到公众的需求和反馈，从而调整和改进服务和内容，以更好地满足公众的需求。例如，图书馆与文化产业机构可以通过问卷调查、用户访谈、在线评价等方式，收集公众的反馈和建议，通过分析公众的反馈和建议，可以为图书馆与文化产业机构提供有针对性的改进和优化建议。

公众参与与反馈机制的建立，不仅有助于提高图书馆与文化产业合作的效果和价值，而且有助于推动图书馆与文化产业合作的持续改进和优化。通过公众参与与反馈机制的建立，可以使得图书馆与文化产业机构更好地理解和满足公众的需求，从而提升图书馆与文化产业合作的市场影响力和社会价值。同时，公众参与与反馈机制的建立，也为图书馆与文化产业机构提供了持续改进和优化其服务和内容的重要途径和手段，为推动图书馆与文化产业的长期合作与发展提供了有力的支持。

第四节　阅读推广在文化产业中的作用

在当代社会，阅读推广在文化产业中扮演着越来越重要的角色。图书馆作为阅读推广的核心机构，其与文化产业的融合能够为社会带来巨大的文化和经济效益。

一、内容创新与文化传承

（一）新内容的创作与推广

图书馆拥有丰富的文献资源和专业知识，为文化内容的创作提供了坚实的基础。作者和创意人员可以借助图书馆的资源，获取到前沿的知识、历史的底蕴和多元的文化视野，从而丰富自己的创作思想和技能。同时，图书馆的开放性和中立性也为创意人员提供了一个相对自由、包容的创作和交流环境。在图书馆中，创意人员可以不受商业和政治压力的影响，更加专注于文化内容的创作和探索，有助于提高文化产业的创新能力和竞争力。在新内容推广方面，图书馆的平台和活动为文化产品提供了展示和交流的机会。通过举办各类讲座、展览和文化活动，图书馆为文化内容的推广提供了多元的渠道。这些活动不仅可以吸引公众的注意，也为创意人员和公众提供了直接交流的机会，有助于理解和接受新的文化内容。同时，图书馆的网络平台和数字资源也为文化内容的线上推广提供了可能。通过图书馆的线上服务和社交媒体平台，文化内容可以更广泛地传播，触及更多的受众。

（二）经典文化的传承

图书馆通过举办各种阅读推广活动，如读书会、讲座、展览等，可以将经典文化作品介绍给新的读者和观众。这些活动不仅可以让公众了解和接触到经典文化，也可以激发公众对经典文化的兴趣和热情。同时，通过阅读推广活动，图书馆也可以为文化产业的发展提供有力的支持。例如，通过阅读推广活动，可以增加经典文化作品的知名度和影响力，为文化产业的发展提供支持。同时，图书馆还可以通过与文化产业的机构和创作者合作，共同推广和传播经典文化作品，为文化产业的发展提供支持。

经典文化的传承也是文化产业发展的重要基础。通过阅读推广，图书馆不仅可以为公众提供接触和理解经典文化的渠道，也可以为文化产业的发展提供有力的支持。例如，图书馆可以通过与文化产业领域的机构和创作者合作，共同开发和推广基于经典文化的新产品和服务，为文化产业的发展提供支持。同时，图书馆还可以通过数字技术，如数字化、虚拟展览等，为公众提供更多元和丰富的经典文化体验，为文化产业的发展提供支持。

（三）多元文化的交流与融合

图书馆通过举办多元文化主题的阅读推广活动，如国际文化节、多语言读书会、跨文化讲座等，可以为不同文化背景的读者和创作者提供交流的平台。这些活动可以让不同文化背景的读者和创作者有机会相互了解和交流，从而促进文化的融合与创新。同时，这些活动也可以为文化产业的发展提供有力的支持。例如，通过跨文化讲座和交流活动，图书馆可以为文化产业的机构和创作者提供合作和交流的机会，为文化产业的发展提供支持。

多元文化的交流与融合也可以为文化产业的创新提供有力的支持。通过多元文化的交流与融合，图书馆可以为文化产业领域的机构和创作者提供新的创意和灵感，为文化产业的发展提供支持。例如，图书馆可以通过与不同文化背景的创作者合作，共同开发和推广基于多元文化主题的新产品和服务，为文化产业的发展提供支持。同时，图书馆还可以通过数字技术，如数字化、虚拟展览等，为公众提供多元文化的体验，为文化产业的发展提供支持。

二、市场拓展与经济效益

（一）增加文化产品的销售

图书馆的阅读推广活动可以采取多种形式，包括但不限于书展、作者见面会、音乐会、电影放映等。通过这些活动，图书馆可以为公众提供了解和购买文化产品的机会。例如，通过书展和作者见面会，图书馆可以为公众提供了解和购买新书的机会，从而提高图书的销售量。同时，通过音乐会和电影放映，图书馆可以为公众提供了解和购买音乐和电影产品的机会，从而提高音乐和电影产品的销售量。这些活动不仅可以为公众提供丰富多元的文化体验，也可以为文化产业的市场拓展和经济效益提供支持。

文化产业的市场拓展和经济效益对于文化产业的可持续发展至关重要。通过图书馆的阅读推广活动，可以为文化产业的市场拓展和经济效益提供有力的支持。同时，图书馆的阅读推广活动也可以为文化产业的机构和创作者提供与公众交流和互动的平台，从而收集公众的反馈和建议，为文化产品的改进和创新提供参考。通过图书馆的阅读推广活动，不仅可以为文化产业的市场拓展和经济效益提供支持，也可以为文化产业的创新和发展提供有力的支持，从而为文化产业的可持续发展贡献力量。

（二）吸引更多的投资与赞助

阅读推广活动能够将文化产品展示给广大公众，提高文化产业的社会认知度。通过举办各类活动，如图书签售会、音乐会、电影展映等，图书馆为文化产业提供了展示其创意和价值的平台。这些活动不仅能够为公众提供丰富的文化体验，还能为文化产业的企业和创作者提供宣传和推广的机会。成功的阅读推广活动能吸引更多的观众和消费者，增加文化产品的销售，从而吸引更多的企业和个人对文化产业进行投资和赞助。投资和赞助是文化产业发展的重要资金来源。通过吸引投资和赞助，文化产业能获得更多的资金支持，用于创意开发、市场推广、技术创新等方面，从而推动文化产业的持续发展。图书馆的阅读推广活动能够展示文化产业的市场潜力和投资价值，吸引更多的投资者和赞助者对文化产业的投资和赞助。例如，成功的阅读推广活动能够吸引企业赞助图书馆的活动，为文化产业提供资金支持，促进文化产品的创新和市场推广。

（三）开发新的商业模式

在现代社会，文化消费的多元化和个性化需求日益增强，这为图书馆和文化产业机构合作提供了广阔的空间。通过图书馆的资源和平台，文化产业机构能够更好地理解和满足消费者的需求，从而探索新的商业模式和收入来源。例如，图书馆可以与文化产业机构合作，开发付费会员制、数字内容销售、线上线下融合的活动等商业模式。这些商业模式能够为文化产业机构提供新的收入来源，同时也能为图书馆带来经济效益，实现双方的共赢。

进一步来看，图书馆与文化产业机构的合作不仅能够拓展市场，还能推动文化产业的创新发展。新的商业模式往往伴随着技术和创意的创新，为文化产品和服务提供新的传播和销售渠道。例如，图书馆可以与文化产业机构合作，利用现代数字技术，如 AR、VR、AI 等，开发新的文化产品和服务，提供沉浸式的文化体验，满足消费者的多元化需求。这种技术和创意的融合，能够为文化产业带来新的发展机遇，推动文化产业的持续创新和发展。

三、公众教育与社会效益

（一）提高公众的文化素养

图书馆为公众提供了一个广泛而深入探索文化知识的场所。通过阅读推广，图书馆将多种多样的文化产品推介给公众，使他们能够接触到不同领域和不同文化背景的知识与艺术作品。这种多元化的阅读体验有助于拓宽公众的文化视野，提高他们的文化理解和鉴赏能力。同时，图书馆还通过举办讲座、展览和研讨会等活动，为公众提供了深入了解和交流文化知识的机会，从而进一步提升了公众的文化素养和审美能力。

　　除了直接的阅读推广活动，图书馆还通过多种形式和手段，为公众提供了自我提升和终身学习的机会。例如，图书馆的线上资源和数字服务为公众提供了方便快捷的学习和研究渠道，使他们能够随时随地获取和交流文化知识。同时，图书馆还通过与其他文化教育机构的合作，推动了文化教育资源的共享和交流，为提高公众的文化素养创造了更多的可能。

（二）促进终身学习

　　图书馆拥有丰富多样的资源和开放包容的学习环境，为公众提供了自主学习和终身学习的重要场所。阅读推广活动，如读书会、讲座和展览，使得公众能够接触到最新的知识和不同的文化，激发了他们的学习兴趣和好奇心。通过这些活动，公众不仅能够获取知识，还能够培养自主学习和持续学习的习惯，这对于他们的个人发展和职业生涯具有重要意义。同时，图书馆也通过各种培训课程和学习指导服务，帮助公众提高学习效率和能力，为他们的终身学习提供了有效支持。

　　图书馆的网络服务和数字资源为公众的终身学习提供了更多的可能和便利。公众可以通过图书馆的在线服务随时随地获取所需的学习资源，参与在线课程和研讨会，这大大拓展了他们的学习渠道和时间。同时，图书馆的数字化服务也为公众提供了与他人交流和分享学习经验的平台，促进了知识的传播和交流，为文化产业的发展提供了人才和创意。

（三）加强社区与社会的联系

　　图书馆通过组织各种阅读推广活动，如读书会、讲座、展览等，为社区成员提供了一个相互交流和学习的平台。这些活动使得社区成员能够聚集在一起，共同探讨和学习，从而增强了社区的凝聚力和活力。同时，这些活动也吸引了社会各界人士的参与，为社区成员提供了了解社会和交流经验的机会。通过这种交流和互动，图书馆能够为社区和社会的联系搭建桥梁，促进了不同群体和社会各界的理解和合作。图书馆的文化活动和阅读推广也为社会的文化发展提供了有益的支持。通过这些活动，图书馆能够将文化知识和价值传递给社区和社会，有助于提高公众的文化素养和社会责任感。同时，图书馆还通过与其他文化和教育机构的合作，促进了文化资源的共享和利用，为文化产业的发展提供了有益的支援。这种支援不仅有助于文化产业的发展，也为社区和社会的文化交流提供了更多的可能和便利。

四、技术进步与数字化转型

（一）利用新技术推广阅读

图书馆通过利用新技术，如数字技术、网络技术和移动通信技术，为公众提供了丰富多样的阅读资源和服务。例如，数字图书馆和电子资源的发展使得公众能够在线访问大量的图书和文献，满足了他们多样化和个性化的阅读需求。同时，图书馆还利用社交媒体和移动应用等新技术手段，推广阅读活动和文化产品，扩大了阅读推广的覆盖面和影响力。这种技术的应用不仅为公众提供了更加便捷和丰富的阅读体验，也为文化内容的传播和交流打开了新的渠道。

新技术还为图书馆的阅读推广提供了更多的创新可能。通过利用大数据、人工智能和虚拟现实等先进技术，图书馆能够分析公众的阅读需求和喜好，为他们提供更加精准和个性化的推广服务。例如，通过数据分析，图书馆可以了解公众对于不同类型文化产品的需求，从而制定更加有效的推广策略。同时，虚拟现实（VR）和增强现实（AR）技术的应用，使得图书馆能够为公众提供更加丰富和生动的阅读体验，如通过虚拟展览和数字互动活动，使得公众能够以全新的方式接触和体验文化内容。

（二）数字化文化资源

图书馆的数字化转型主要体现在将其丰富的文化资源进行数字化处理，使之能够在线访问和分享。这种转型使得图书馆的服务不再受限于时空，公众可以随时随地通过网络获取图书馆的文化资源，满足了现代社会快节奏、高效便捷的需求。与此同时，数字化文化资源的共享性和可传播性也得到了极大的提升，使得文化的传播不再受限于地域和时间，有助于文化的广泛传播和交流。

数字化转型不仅提升了图书馆服务的便捷性和效率，也为文化资源的保护和利用打开了新的可能。通过数字技术，图书馆能够对其珍贵的文化资源进行有效地保护和管理，避免了文化资源因为时间和环境因素而遭受损失。

同时，数字化技术还为图书馆提供了更为精准和高效的资源管理和服务推广手段，如通过数据分析和智能推荐技术，图书馆能够更好地了解公众的需求，为他们提供更为精准和个性化的服务。

图书馆数字化转型对于文化产业的推动作用也不容忽视。通过数字技术，图书馆能够为文化产业提供丰富的数字化资源和有效的推广渠道，支持文化产业的创新和发展。例如，数字化的文化资源为文化创意产品的开发提供了丰富的素材和灵感，而图书馆的线上服务和推广活动也为文化产品的传播提供了有力的支持。

（三）技术与文化的融合

图书馆通过采纳新的技术手段，为公众提供了丰富多样的阅读和学习体验。例如，通过虚拟现实（VR）和增强现实（AR）技术，图书馆能够为公众提供生动的三维展览和互动体验，使他们能够以全新的方式接触和了解文化内容。这种技术的应用不仅丰富了图书馆的服务形式，也为文化内容的传播和体验提供了新的可能。同时，通过利用大数据和人工智能技术，图书馆能够为公众提供更为精准和个性化的推荐服务，使他们能够更好地发现和享受文化资源。

技术与文化的融合还为图书馆的文化创新提供了有力支持。通过数字技术，图书馆能够将传统的文化资源与现代技术相结合，创造出新的文化形式和内容。例如，通过数字化技术，图书馆能够为传统的文化资源提供新的展示和解读方式，为公众提供更为丰富和多元的文化体验。同时，通过与其他文化和教育机构的合作，图书馆能够推动技术与文化的交流和融合，为文化产业的创新和发展提供了有益的支持。

技术与文化的融合为图书馆阅读推广和文化服务提供了新的发展方向，使图书馆能够以更为现代和创新的方式满足公众的文化需求，推动文化产业的发展。通过采纳新技术，图书馆不仅能够为公众提供更为丰富和便捷的服务，也为文化的传播和创新提供了有力的支持。在未来，随着技术的不断进步和应用，图书馆的技术与文化融合将进一步加深，可以为文化产业的发展和社会文化的进步贡献更多的力量。

第五节　文化产业融合的未来发展

随着科技的快速进步和社会经济的变革，文化产业的融合已经成为未来发展的关键词。在这一大背景下，图书馆作为文化的守护者和传播者，与文化产业的融合趋势也日益明显。

一、技术驱动的融合与创新

（一）数字化与云技术

数字化和云技术的应用能够为图书馆阅读推广和文化产业的融合提供强有力的技术支持，推动双方在资源共享、内容创作、市场推广等方面实现更高效、更便捷的合作。图书馆依赖数字化和云技术为读者提供便捷、高效的在线服务，通过线上平台提供丰富多样的阅读资源和文化内容。与此同时，文化产业机构也可通过云技术与图书馆实现资源的共享和交换，扩大其内容的影响力和传播范围。例如，图书馆可以利用云平台，与文化产业机构共同创建和维护一个共享的数字资源库，为公众提供丰富多样的文化产品和服务。

数字化和云技术的应用，不仅能够推动图书馆与文化产业的资源共享，还能够促进双方在内容创作和推广方面的合作。通过数字技术，图书馆与文化产业机构能够共同开发新的文化产品，如电子图书、音视频内容、虚拟展览等，为公众提供更丰富、更多元化的文化体验。此外，云技术的应用还能为双方提供数据分析和用户行为分析的工具，帮助了解用户的需求和偏好，为文化产品的创作和推广提供数据支持。

在市场推广和品牌建设方面，数字化和云技术也能为图书馆与文化产业的融合带来新的机遇。通过数字技术，图书馆与文化产业机构能够共同开展线上营销活动，提高其品牌知名度和市场影响力。例如，双方可以利用社交媒体、线上广告和数据分析工具，共同推广文化活动和产品，吸引更多的用户和观众。

（二）人工智能与个性化推荐

人工智能不仅能够提升图书馆的服务质量，还能为文化产业的发展提供强有力的技术支持。通过应用 AI 技术，图书馆能为读者提供更加个性化的阅读推荐，同时为文化产业提供更精准的市场分析，从而推动阅读推广与文化产业的深度融合和创新发展。

图书馆利用 AI 技术为读者提供个性化的阅读推荐，实现了对读者需求的精准理解和满足。通过分析读者的阅读历史、搜索记录和行为数据，AI 系统能够准确推断出读者的兴趣和偏好，为其提供定制化的阅读资源和文化内容推荐。这种个性化的推荐不仅能够提升读者的阅读体验，还能帮助图书馆更好地管理和推广其文化资源。文化产业也能通过图书馆的 AI 系统获得有价值的市场分析和用户洞察。通过分析大量的用户数据，文化产业机构能够了解市场的需求动态和消费者偏好，为其文化产品的创作和推广提供有力的数据支持。例如，电影制片公司、音乐制作人和出版社可以通过分析图书馆的用户数据，了解当前的文化消费趋势，为其产品的定位和推广提供参考。

个性化推荐和市场分析的实现，也为图书馆与文化产业的合作创造了新的机会。通过 AI 技术的应用，双方能够共同探索新的合作模式和商业模式，实现资源和数据的共享，推动文化内容的创新和传播。例如，图书馆与文化产业机构可以共同开发新的文化产品和服务，通过个性化推荐将其推送给目标用户，实现市场的精准拓展和品牌的共建。AI 技术的应用还能推动图书馆和文化产业在技术创新和研发方面的合作。通过共同探索 AI 技术在文化内容创作、推广和管理方面的应用，双方能够发掘新的技术应用场景，推动文化产业的技术创新和业务发展。例如，通过 AI 技术，图书馆与文化产业机构能够开发新的内容创作工具和推广平台，提高文化内容的创新性和传播效率。

（三）虚拟现实（VR）与增强现实（AR）

利用 VR 与 AR 技术，图书馆能够为读者提供全新的阅读与文化体验。例如，图书馆可以通过 VR 技术，为读者提供虚拟的图书阅览室、展览馆和文化活动场所，让读者能够在虚拟的环境中自由浏览和探索文化资源。同时，通过 AR 技术，图书馆能够为实体书籍和展览提供增强的信息和互动体验，例如，通过 AR 技术，读者能够在阅读实体书籍时，通过手机或 AR 眼镜，看到图书中的图像和视频，或者参与与书籍内容相关的互动游戏和学习活动。文化产业也能通过与图书馆的合作，利用 VR 与 AR 技术，创作和推广新的文化内容。例如，电影制片公司、音乐制作人和艺术家可以与图书馆合作，利用 VR 与 AR 技术，为公众提供虚拟的电影观看、音乐聆听和艺术欣赏体验。这种沉浸式的文化体验，不仅能够吸引更多的公众参与，还能为文化内容的创作和传播提供新的可能性。

VR 与 AR 技术的应用，还为图书馆与文化产业的技术研发与创新提供了新的机会。通过共同探索 VR 与 AR 技术在文化内容创作、展示和推广方面的应用，双方能够发掘新的技术应用场景，推动文化产业的技术创新和业务发展。例如，通过 VR 与 AR 技术，图书馆与文化产业机构能够开发新的内容创作工具和推广平台，提高文化内容的创新性和传播效率。VR 与 AR 技术的应用，也为图书馆与文化产业的市场拓展和品牌建设提供了新的机会。通过共同开发和推广基于 VR 与 AR 技术的文化产品和服务，双方能够实现市场的精准拓展和品牌的共建。例如，图书馆与文化产业机构可以共同开发基于 VR 与 AR 技术的文化体验馆和在线文化平台，为公众提供全新的文化体验，同时也为双方的品牌推广和市场拓展提供了新的平台和机会。

二、跨界合作与生态系统构建

（一）图书馆与媒体公司的合作

图书馆与媒体公司的合作在未来文化产业的融合中扮演着重要的角色，这种跨界合作能为双方带来共赢的局面，同时也有助于构建更为丰富多元的文化生态系统。在数字化和信息技术快速发展的背景下，图书馆与媒体公司的合作可以通过多种形式展现，如共同开发和推广文化内容、共享资源和技术，以及共同探索新的商业模式和市场策略等。

图书馆与媒体公司合作的一大优势在于能共同开发和推广文化内容。例如，图书馆可以与电视台、电影公司合作，开发基于图书资源的影视剧集或者纪录片。通过这种合作，图书馆可以将其丰富的文化资源转化为更为生动、直观和吸引人的影视作品，同时也能为媒体公司提供独特和高质量的内容资源。这种合作模式不仅能为公众提供更丰富多样的文化体验，也有助于提高图书馆和媒体公司的品牌知名度和市场影响力。

资源和技术的共享是图书馆与媒体公司合作的另一个重要方面。通过技术的交流与共享，双方能够共同提升文化内容的创作、传播和推广能力。例如，图书馆可以利用媒体公司的技术和平台，推广其数字资源和在线服务，而媒体公司也可以利用图书馆的资源和技术，提高其内容的质量和创新性。同时，双方也可以共同探索新的技术应用和商业模式，例如，通过采用基于人工智能和大数据的内容推荐和市场分析，从而实现更高效和精准的市场推广和用户服务。未来的文化产业生态系统需要多方的合作与支持，图书馆与媒体公司的合作就是其中的重要一环。通过跨界合作，双方不仅能够实现资源、技术和市场的共赢，还能为公众提供更为丰富和多元的文化体验。同时，跨界合作也为构建更为开放、协同和创新的文化产业生态系统提供了有力的支持。通过共同探索新的合作模式和业务模式，图书馆与媒体公司能够为文化产业的长远发展和社会文化的繁荣提供有力的支持。

（二）与教育机构的深度融合

图书馆与教育机构的深度融合为文化产业与教育领域创造了丰富的交叉点，共同推进文化教育和研究的进步。图书馆作为知识与文化的宝库，拥有大量的文献资源和学术资料，而学校和研究机构则有着扎实的教育和研究基础。通过深度合作，可以实现资源、技术和知识的共享，进而为社会的文化和教育事业作出更大的贡献。

图书馆可以与学校等教育机构建立长期稳定的合作关系，为教育和科研提供持续的支持。例如，图书馆可以提供数字化的文献资源和在线服务，帮助教育机构提高教学和研究的效率。同时，教育机构也可以为图书馆提供最新的研究成果和教育资源，丰富图书馆的文献资料库。此外，双方还可以共同开展各类文化教育和学术研究活动，如举办讲座、研讨会和展览等，为公众提供丰富多元的学术和文化体验。图书馆与教育机构的深度合作还有助于推动新技术在文化教育领域的应用。例如，利用人工智能和大数据技术，可以实现个性化的学习资源推荐和教育评估，提高教育的效果和质量。同时，新技术的应用还可以为图书馆提供更多的创新可能，如虚拟现实和增强现实技术可以为读者提供沉浸式的文化体验和学习环境。

（三）社区与公众的参与

社区和公众的参与可以通过多种形式实现。例如，参加图书馆和文化产业机构举办的各类文化活动、展览和讲座，或者参与文化内容的创作和传播。同时，社区和公众还可以通过社交媒体和网络平台，对图书馆和文化产业的合作项目进行评价和分享，形成良好的互动和反馈机制。这种互动和参与不仅能为图书馆和文化产业提供宝贵的用户反馈和市场数据，还能促进文化内容的创新和多样化。

社区和公众的参与还能为图书馆和文化产业的合作项目提供更广泛的传播渠道和社会支持。通过社区和公众的口碑传播和社交网络分享，可以大大提高文化内容的知名度和影响力，从而吸引更多的观众和用户。此外，社区和公众的参与还能为图书馆和文化产业提供更多的合作伙伴和资源，如企业赞助、政府支持和社会投资等。社区和公众的参与还能为图书馆和文化产业的合作项目提供多元化的视角和创意，促进文化内容的创新和丰富。例如，通过社区和公众的创意征集和竞赛活动，可以发掘和培养更多的文化创意人才，为文化产业的发展提供新的动力和资源。同时，社区和公众的多元视角和创意还能为图书馆和文化产业提供更多的合作机会和创新可能，如跨界合作、新媒体传播和线上线下融合等。

三、全球化视角与跨文化交流

国际合作与资源交流在图书馆阅读推广与文化产业融合的全球化发展中扮演着至关重要的角色。图书馆通过与国外的图书馆、文化机构建立合作关系，可以实现资源的共享和交流，从而丰富本地文化资源，拓展国际视野。这种国际合作可以通过多种形式展现，如图书、音乐、电影等资源的交换，共同举办国际文化活动和展览，以及开展文化研究和学术交流等。通过这种国际合作，图书馆能够为本地读者提供丰富多元的文化体验，同时也能为国外读者展示本地的文化精华。此外，国际合作还能为图书馆和文化产业提供新的发展机遇和合作可能，如联合出版国际文化作品、共同制作跨国文化项目等。国际合作与资源交流不仅能够促进文化的全球化传播，还能为图书馆和文化产业的未来发展提供国际化的视野和平台。

跨文化项目与活动是推动图书馆阅读推广与文化产业融合全球化发展的

重要途径。通过组织跨文化的展览、活动、研讨会等，图书馆能够为不同文化背景的读者和创作者提供交流与合作的机会。这种跨文化的交流与合作能够丰富读者的文化体验，拓宽创作者的创意视野，同时也能为图书馆和文化产业提供新的合作可能和市场机遇。跨文化的交流与合作还能促进文化的相互理解和尊重，为文化的创新和多样化提供源源不断的动力。跨文化项目与活动还能为图书馆和文化产业提供国际化的展示和推广平台，通过国际文化交流和合作，可以吸引更多的国际观众和合作伙伴，从而实现图书馆和文化产业的全球化发展和品牌推广。

多语言资源与服务是满足全球化需求的基础。随着全球化的推进，图书馆也面临着要为不同语言和文化背景的读者提供服务的挑战。通过提供多语言的资源和服务，图书馆能够满足更广泛读者的需求，同时也能为文化产业提供更多的跨文化交流和合作的可能。多语言资源包括多语言的图书、音乐、电影等文化资源，以及多语言的资讯服务、文化活动和学术交流等。多语言服务则包括多语言的查询服务、阅读推荐、文化活动解说等。这种多语言资源与服务不仅能为图书馆和文化产业提供更广泛的市场和用户，还能为跨文化交流和合作提供必要的语言和文化支持。通过多语言资源与服务，图书馆和文化产业能够实现更广泛和深入的跨文化交流与合作，为全球化的文化传播和交流提供重要的支持和服务。

四、可持续发展与社会责任

环境友好的文化产品是图书馆与文化产业融合未来发展中可持续发展的重要方面。随着数字技术的快速发展，图书馆与文化产业有机会共同开发和推广环境友好的文化产品，如数字图书、在线音乐和电子展览等。这些数字文化产品不仅能为读者提供丰富多元的文化体验，还能大大减少传统文化产品的生产和传播对环境的影响。例如，数字图书和在线音乐的传播不需要物理介质和物流运输，从而可以减少纸张、塑料和其他材料的使用，降低碳排放和资源消耗。此外，数字文化产品还能提供更为便捷和个性化的服务，如在线检索、阅读推荐和社交分享等，使得读者能够更为高效和便捷地获取和享受文化资源。同时，图书馆与文化产业还可以通过数字技术和平台，开展环境教育和绿色文化的推广活动，如绿色阅读、低碳生活和环保知识普及等，从而提高公众的环保意识和参与度。环境友好的文化产品不仅符合全球可持续发展的趋势，也为图书馆和文化产业提供了新的发展机遇和市场竞争力。

社会责任与公益活动是图书馆与文化产业履行社会责任的重要体现。通过合作开展公益活动和社会服务，图书馆与文化产业能够为社会的发展和公众的福祉做出贡献。公益活动可以包括免费阅读、文化普及、公益讲座和志愿服务等，这些活动不仅能为公众提供免费或低成本的文化和教育资源，还能促进文化的普及和传播，提高公众的文化素质和社会责任意识。例如，图书馆与文化产业可以合作，为贫困地区和弱势群体提供免费的文化和教育资源，如免费图书、音乐和电影等，还有文化和教育活动，如阅读推广、艺术教育和知识普及等。此外，图书馆与文化产业还可以通过公益活动，提高其社会影响力和品牌价值，吸引更多的公众和合作伙伴的参与和支持，从而实现其社会和经济双重效益。

文化的多样性与包容性是图书馆与文化产业融合未来发展中的重要价值和目标。通过推广文化的多样性和包容性，图书馆与文化产业能够为所有人提供平等和开放的文化参与和体验机会。这种文化的多样性和包容性不仅体现在文化资源和服务的多样化，如多语言、多文化和多领域的文化资源和活动，还体现在文化交流和创新的开放性和包容性，如跨文化、跨领域和跨界的文化交流和合作。例如，图书馆与文化产业可以合作，为不同文化背景的读者和创作者提供交流和展示的平台，如国际文化节、跨文化展览和多语言出版等。同时，图书馆与文化产业还可以通过开放和包容的文化交流和合作，促进文化的创新和发展，如跨文化创意项目、国际合作出版和多元文化推广等。文化的多样性与包容性不仅能丰富公众的文化体验和视野，还能为图书馆和文化产业的未来发展提供新的思想和创意，从而实现可持续发展与社会责任的有机融合和共同提升。

第七章　阅读推广融合发展的未来展望

第一节　阅读推广融合发展的趋势

一、数字化与网络化趋势

（一）阅读资源的数字化转型与普及

在全球化和信息化的背景下，图书馆阅读推广与文化产业的融合发展呈现出前所未有的机遇与挑战。其中，阅读资源的数字化转型与普及是一个不容忽视的重要方面。随着技术的进步，尤其是云计算、大数据和人工智能等先进技术的应用，数字化已经成为文化产业，特别是阅读产业的发展趋势。数字化不仅仅是将纸质材料转化为电子格式，更是对传统阅读资源进行深度的技术整合与再造。数字化转型为图书馆提供了更加便捷、丰富和高效的服务模式，使得读者可以随时随地访问和使用阅读资源。这种转型不仅改变了传统的阅读习惯，也极大地扩展了阅读的边界，使其超越了时间和空间的限制。与此同时，数字化转型也为文化产业创造了新的价值链和商业模式。例如，通过数字化技术，图书馆可以与出版社、数字平台和其他文化机构进行深度合作，共同推进阅读资源的生产、分发和推广。

数字化转型也带来了一系列的挑战，如版权问题、信息安全、技术更新等。为了应对这些挑战，图书馆需要不断地进行技术创新和服务模式的更新，确保数字化转型能够为读者提供更好的阅读体验和服务。

（二）网络化阅读推广平台的兴起与普及

网络化已经深刻地影响了现代人的生活方式，尤其是在阅读和学习方面。

随着移动互联网的普及，各种网络化阅读推广平台如雨后春笋般涌现。这些平台为读者提供了一个全新的、多元化的阅读环境，使得他们可以更加方便地获取和分享阅读资源。

网络化阅读推广平台的兴起与普及，是图书馆与文化产业融合发展的一个重要方向。这些平台不仅为读者提供了丰富的阅读资源，也为文化产业创造了新的商业价值。例如，通过网络化平台，图书馆可以与其他文化机构、企业和科研机构进行合作，共同推进阅读资源的生产和推广。网络化平台也为图书馆提供了一个与读者进行深度互动和交流的机会。通过这些平台，图书馆可以更加了解读者的需求和兴趣，为他们提供更加个性化和精准的服务。同时，读者也可以通过网络化平台，参与到阅读推广的活动中，与其他读者分享和交流阅读体验。

（三）读者需求与数字化资源的匹配与互动

随着数字化和网络化的深入发展，读者的阅读习惯和需求也发生了深刻的变化。他们不再满足于传统的、被动的阅读模式，而是希望能够与数字化资源进行深度的互动和交流。这种变化为图书馆与文化产业的融合发展提供了新的机遇和挑战。为了满足读者的新需求，图书馆需要不断地进行技术创新和服务模式的更新。例如，利用大数据和人工智能技术，图书馆可以为读者提供更加个性化和精准的推荐服务。同时，通过虚拟现实和增强现实技术，图书馆也可以为读者提供沉浸式和情境式的阅读体验。图书馆也需要加强与其他文化机构、企业和科研机构的合作，共同推进数字化资源的生产和推广。这种合作不仅可以为读者提供更加丰富和多样化的阅读资源，也可以为文化产业创造新的商业价值。

二、个性化与定制化服务趋势

（一）读者阅读习惯与兴趣的数据挖掘与应用

在信息化和数字化的时代背景下，数据已经成为各个领域的核心资源。特别是在图书馆阅读推广与文化产业的融合发展中，数据挖掘与应用显得尤为重要。对于图书馆来说，读者的阅读习惯和兴趣是最有价值的数据资源。通过对这些数据的深度挖掘和应用，图书馆不仅可以更加了解读者的需求和兴趣，还可以为他们提供更加个性化和精准的服务。例如，通过对读者的借阅数据、访问数据和搜索数据进行分析，图书馆可以为读者推荐与其兴趣和需求相匹配的阅读资源。同时，这些数据也为图书馆与其他文化机构、企业和科研机构的合作提供了有力的支撑。通过数据共享和交流，各方可以共同推进阅读资源的生产和推广，为读者提供更加丰富和多样化的阅读体验。

（二）针对特定读者群体的定制化推广策略

在当今社会，读者的需求和兴趣日趋多样化。为了满足这些需求，图书馆需要不断地进行服务模式的更新和创新。其中，针对特定读者群体的定制化推广策略是一个重要的方向。不同的读者群体有着不同的阅读习惯、兴趣和需求。例如，儿童和青少年更加喜欢富有创意和趣味性的阅读资源，而中老年人则更加重视实用性和知识性。为了满足这些不同的需求，图书馆需要针对不同的读者群体，制定相应的推广策略。这种策略不仅可以为读者提供更加个性化和精准的服务，还可以为文化产业创造新的商业价值。同时，这种策略也为图书馆与其他文化机构、企业和科研机构的合作提供了有力的支撑。通过深度合作，各方可以共同推进阅读资源的生产和推广，为特定的读者群体提供更加丰富和多样化的阅读体验。

（三）以用户为中心的服务模式的逐渐确立

现代社会中，用户已经成为各个领域的核心。特别是在图书馆阅读推广与文化产业的融合发展中，用户的地位显得尤为重要。为了满足用户的需求和兴趣，图书馆需要确立以用户为中心的服务模式。这种模式不仅可以为用户提供更加个性化和精准的服务，还可以为文化产业创造新的商业价值。例如，通过对用户的数据进行深度挖掘和应用，图书馆可以为用户推荐与其兴趣和需求相匹配的阅读资源。同时，这些数据也为图书馆与其他文化机构、企业和科研机构的合作提供了有力的支撑。通过深度合作，各方可以共同推进阅读资源的生产和推广，为用户提供更加丰富和多样化的阅读体验。

三、跨界融合与合作趋势

（一）图书馆与其他文化、教育机构的合作

在经济化和全球化的背景下，跨界融合与合作已经成为图书馆阅读推广

与文化产业发展的重要趋势。图书馆与其他文化、教育机构的合作是这一趋势的重要体现。图书馆不仅可以为读者提供更加丰富和多样化的阅读资源，还可以为文化产业创造新的商业价值。例如，通过与博物馆、艺术馆和其他文化机构的合作，图书馆可以为读者提供与文化遗产、艺术品和其他文化资源相关的阅读材料。同时，这种合作也为图书馆提供了一个与读者进行深度互动和交流的机会。通过举办联合展览、讲座和其他活动，图书馆可以为读者提供一个全新的、多元化的阅读环境。此外，图书馆与教育机构的合作也为读者提供了一个与学习和研究相结合的阅读体验。通过与学校、研究所和其他教育机构的合作，图书馆可以为读者提供与教育课程、科研项目和其他学术资源相关的阅读材料。

（二）图书馆与企业、科研机构的合作推广

随着科技的进步和经济的发展，企业和科研机构在文化产业中的地位越来越重要。为了抓住这一机遇，图书馆需要与企业和科研机构进行深度合作，共同推进阅读资源的生产和推广。这种合作不仅可以为读者提供更加丰富和多样化的阅读资源，还可以为文化产业创造新的商业价值。例如，通过与企业的合作，图书馆可以为读者提供与产品、品牌和其他商业资源相关的阅读材料。同时，这种合作也为图书馆提供了一个与读者进行深度互动和交流的机会。通过举办联合展览、推广活动和其他活动，图书馆可以为读者提供一个全新的、多元化的阅读环境。此外，图书馆与科研机构的合作也为读者提供了一个与科研和创新相结合的阅读体验。通过与研究所、大学和其他科研机构的合作，图书馆可以为读者提供与科研项目、技术成果和其他学术资源相关的阅读材料。

（三）图书馆在社区、公共空间的融合发展

社区和公共空间是现代城市生活的重要组成部分。为了更好地服务于社区居民和公众，图书馆需要在社区和公共空间中进行融合发展。这种融合不仅可以为读者提供更加便捷和高效的服务，还可以为文化产业创造新的商业价值。例如，通过在社区和公共空间中设立分馆、阅读角和其他服务点，图书馆可以为读者提供与社区生活、公共事务和其他社会资源相关的阅读材料。同时，这种融合也为图书馆提供了一个与读者进行深度互动和交流的机会。通过举办联合活动、讲座和其他活动，图书馆可以为读者提供一个全新的、多元化的阅读环境。此外，图书馆在社区和公共空间的融合发展也为文化产

业创造了新的商业机会。通过与社区和公共空间的合作，图书馆可以与其他文化机构、企业和科研机构共同推进阅读资源的生产和推广，为读者提供更加丰富和多样化的阅读体验。

四、可持续发展与绿色阅读趋势

（一）强调资源的可持续利用与管理

在全球气候变化和资源短缺的背景下，可持续利用与管理的重要性日益凸显。图书馆，作为文化与知识的宝库，需要积极响应这一全球性挑战，确保其资源的可持续利用与管理。数字化技术为图书馆提供了一个独特的机会，使其可以在保护纸质资源的同时，通过数字化技术将这些资源转化为电子格式，从而为读者提供更加便捷和高效的服务。数字化技术还使图书馆能够更加有效地进行资源的管理和维护，确保其长期的可持续利用。例如，通过云计算和大数据技术，图书馆可以对其资源进行实时监控和管理，确保其安全、完整和稳定。同时，这些技术还为图书馆提供了一个与其他文化机构、企业和科研机构进行深度合作的机会，共同推进资源的生产和推广，为文化产业创造新的商业价值。

（二）提倡绿色阅读与环保意识

绿色阅读与环保意识是当今社会的一大发展趋势。图书馆作为文化与知识的传播者，有责任和义务提倡这一趋势，为社会创造一个健康、绿色和可持续的阅读环境。数字化技术为图书馆提供了一个独特的机会，使其可以在提倡绿色阅读的同时，还能够强调环保意识。例如，通过数字化技术，图书馆可以为读者提供电子书、音频书和其他数字化资源，从而减少纸质资源的消耗和污染。同时，这些技术还使图书馆能够更加有效地进行资源的管理和维护，确保其长期的可持续利用。此外，图书馆还可以通过举办各种活动和讲座，向社会传播绿色阅读与环保意识，为社会创造一个健康、绿色和可持续的阅读环境。

（三）图书馆在环保教育与推广中的角色定位

环保教育与推广是当今社会的一大发展趋势。图书馆作为文化与知识的传播者，有责任和义务参与到这一趋势中，为社会创造一个健康、绿色和可持续的环境。数字化技术为图书馆提供了一个独特的机会，使其可以在参与环保教育的同时，还能够进行环保推广。例如，图书馆可以为读者提供与环保相关的电子书、音频书和其他数字化资源，从而提高其环保意识和知识。这些技术还使图书馆能够更加有效地进行资源的管理和维护，确保其长期的可持续利用。图书馆还可以通过与其他文化机构、企业和科研机构的合作，共同推进环保教育与推广，为社会创造一个健康、绿色和可持续的环境。

第二节　融合发展的挑战与机遇

一、挑战：技术更新与人员培训

在数字化和全球化的背景下，新技术的快速发展为图书馆阅读推广融合发展带来了前所未有的机遇与挑战。新技术，如人工智能、大数据、云计算等，为图书馆提供了一个独特的机会，使其可以更加有效地进行资源的管理、服务的提供和知识的传播。然而，新技术的快速发展也带来了一系列的挑战。例如，如何确保新技术的安全、稳定和可靠？如何确保新技术与现有的系统和服务的兼容和整合？如何确保新技术的长期的可持续发展和应用？为了应对这些挑战，图书馆需要进行持续的技术创新和研发，确保其技术的前沿性、领先性和实用性。

人员是图书馆的核心资源。为了适应新技术的快速发展，图书馆需要对其人员进行持续的培训和教育，确保其技能和知识的提升与更新。然而，人员培训和教育是一个复杂和长期的过程。它需要图书馆投入大量的时间、精力和资金，以确保其人员的技能和知识与新技术的发展相匹配。此外，人员培训和教育也需要图书馆与其他文化机构、企业和科研机构的合作，从而确保其人员的技能和知识的广泛性、多样性和实用性。只有这样，图书馆才能够更好地适应新技术的快速发展，为读者提供更加高效和高质量的服务。

技术与服务的融合与创新是图书馆适应新技术快速发展的重要手段。通过技术与服务的融合与创新，图书馆不仅可以为读者提供更加便捷和高效的服务，还可以为文化产业创造新的商业价值。例如，通过技术与服务的融合与创新，图书馆可以为读者提供与其兴趣和需求相匹配的推荐服务。同时，这种融合与创新也为图书馆提供了一个与其他文化机构、企业和科研机构进行深度合作的机会。通过深度合作，各方可以共同推进技术与服务的融合与创新，为读者提供更加丰富和多样化的阅读体验。

二、挑战：版权与信息安全

图书馆阅读推广融合所面临的版权与信息安全问题显得尤为关键。这一问题涉及知识产权的保护、个人隐私的维护以及信息资源的开放与封闭之间的平衡。

保障数字化资源的版权是图书馆在数字化进程中所面临的重大挑战。随着技术的进步，数字化资源的复制和传播变得越来越容易。这不仅对图书馆的经济利益构成了威胁，更对原创作者的权益造成了侵犯。为了解决这一问题，图书馆需要与版权持有者、政府部门、技术供应商等各方进行深度合作，共同制定和实施有效的版权保护策略。这包括采用数字版权管理技术、制定严格的版权政策、进行版权教育和宣传等。

提高信息安全与隐私保护也是图书馆所面临的重要任务。随着信息技术的广泛应用，图书馆所收集和处理的数据量呈现爆炸性增长。这些数据不仅包括图书、期刊、音像等传统资源，还包括读者的个人信息、借阅记录、搜索历史等。这些数据在为图书馆提供便捷服务的同时，也可能被不法分子利用，对读者的隐私造成侵犯。为了解决这一问题，图书馆需要建立完善的信息安全体系，采用先进的加密和防护技术，确保数据的安全与隐私。

在开放与保护之间寻找平衡是图书馆在数字化与网络化进程中所面临的另一大挑战。一方面，图书馆需要开放其资源，为读者提供便捷的服务；另一方面，图书馆也需要保护其资源，确保其经济利益和版权不受侵犯。为了解决这一矛盾，图书馆需要与各方进行深度合作，共同探讨和制定开放与保护的策略和措施。这包括制定合理的收费政策、采用灵活的授权模式、建立多方共赢的合作机制等。

三、机遇：大数据与人工智能

大数据技术的应用使得图书馆能够进行精准推广。通过对大量的数据进行分析和挖掘，图书馆可以深入了解读者的需求和兴趣，为其提供与其兴趣和需求相匹配的推荐服务。这不仅可以提高图书馆的服务效率，还可以为读者提供更加丰富和多样化的阅读体验。例如，通过对读者的借阅数据、访问数据和搜索数据进行分析，图书馆可以为读者推荐与其兴趣和需求相匹配的阅读资源。同时，大数据技术还为图书馆提供了一个与其他文化机构、企业和科研机构进行深度合作的机会。

人工智能技术的应用使得图书馆能够提供更加智能化和个性化的服务。通过机器学习、深度学习等先进技术，例如，通过对读者的数据进行深度分析和挖掘，图书馆可以为读者提供与其兴趣和需求相匹配的阅读资源。同时，人工智能技术还为图书馆提供了一个与其他文化机构、企业和科研机构进行深度合作的机会。通过深度合作，各方可以共同推进阅读资源的生产和推广，为文化产业创造新的商业价值。

四、机遇：社会责任与公众参与

在社会信息化、网络化的大背景下，图书馆不仅作为知识的仓库，更是作为文化与知识传播的中心，与此同时，其在社会责任与公众参与方面的机遇也日益凸显。图书馆不仅可以为公众提供丰富的阅读资源，还可以为社会创造价值，满足公众的需求与期望。

增强图书馆的社会影响力与公众认知度是图书馆在社会责任与公众参与中的重要任务。随着技术的进步和社会的发展，公众对于图书馆的期望和需求也在不断变化。为了满足这些期望和需求，图书馆需要不断地进行自我创新和改革，确保其服务的时效性、质量和多样性。此外，图书馆还需要与其他文化机构、企业和科研机构进行深度合作，共同推进阅读资源的生产和推广。只有这样，图书馆才能够更好地满足公众的需求，增强其在社会中的影响力与认知度。鼓励公众参与图书馆的活动与服务是另一大机遇。通过公众参与，图书馆不仅可以为公众提供更加丰富和多样化的服务，还可以为社会创造更大的价值。例如，图书馆可以通过举办各种活动、讲座和展览，鼓励公众参与到阅读推广中。这不仅可以提高公众的阅读兴趣和能力，还可以为文化产业创造新的商业价值。此外，图书馆还可以与其他文化机构、企业和科研机构进行深度合作，共同推进公众参与的活动和服务，为社会创造更大的价值。

通过融合发展满足社会需求与期望是图书馆在社会责任与公众参与中的又一大机遇。随着技术的进步和社会的发展，公众对于图书馆的需求和期望也在不断变化。为了满足这些需求和期望，图书馆需要进行融合发展，确保其服务的广泛性、多样性和实用性。例如，图书馆可以与其他文化机构、企业和科研机构进行深度合作，共同推进阅读资源的生产和推广。只有这样，图书馆才能够更好地满足公众的需求，为社会创造更大的价值。

第三节　未来阅读推广的发展方向

一、互动与参与式阅读推广

互动与参与式阅读推广在图书馆的融合发展中呈现出巨大的潜力和机会。在现代信息时代，阅读推广不再仅限于传统的宣讲和传单发放，而是逐渐转向更为互动和参与性的方式。这种转变不仅能更有效地吸引读者的注意和兴趣，还能为读者提供更加丰富和深入的阅读体验。

从单向传递转向双向交互的推广模式意味着图书馆与读者之间的关系正在发生根本性的变化。过去，图书馆主要扮演的是知识的守护者和提供者的角色，而读者则是知识的被动接受者。但在今天，这种模式已经不再适应现代社会的需求。读者不再满足于仅仅是接受知识，他们希望能够与图书馆建立更加紧密和互动的关系，参与到知识的创造和传播过程中来。这就要求图书馆在推广活动中更加注重与读者的互动和交流，鼓励读者提出自己的观点和建议，甚至参与到活动的设计和组织中来。

利用社交媒体、虚拟现实等技术手段增强读者的参与感是另一个重要的发展方向。社交媒体如微博、微信等已经成为现代人们日常生活中不可或缺的一部分。图书馆可以利用这些平台与读者建立更加紧密的联系，发布最新的活动信息、推荐读物，甚至组织线上阅读俱乐部和讨论小组。此外，虚拟现实技术也为图书馆提供了新的推广机会。通过虚拟现实技术，读者可以身临其境地体验书中的世界，与书中的角色进行互动，从而获得更加深入和真实的阅读体验。

鼓励读者主动分享、评论、参与阅读活动的设计与组织是构建互动与参与式阅读推广的关键。读者是图书馆的最重要的合作伙伴，只有得到他们的积极参与，阅读推广活动才能取得真正的成功。图书馆可以设立特定的平台或者频道，鼓励读者分享自己的阅读体验和感受，对图书馆的服务和活动提出建议和反馈。这样，不仅可以增强读者的参与感和归属感，还可以为图书馆提供宝贵的意见和建议，帮助其不断完善和进步。

二、生活化与情境式推广

生活化与情境式推广在图书馆阅读推广的融合发展中展现出显著的特色和前景。随着社会的发展和技术的进步，人们对于阅读的需求和期望也在发生变化，越来越多的读者希望能够在日常生活中无缝地融入阅读，同时享受到更加真实和沉浸的阅读体验。

将阅读融入日常生活意味着阅读不再是一个孤立的、需要特定时间和场合进行的活动，而是与人们的日常生活紧密相连的一部分。图书馆可以通过组织各种生活场景式的推广活动，如在公园、咖啡馆，甚至地铁站等日常生活场所设置阅读角或者举办阅读活动，让人们在日常生活中随时随地都可以享受到阅读的乐趣。这样，不仅可以扩大阅读的受众群体，还可以使阅读成为人们日常生活的一部分，提高其在人们生活中的地位和重要性。

利用情境营造技术为读者提供沉浸式阅读体验是另一个重要的方向。加强现实（AR）和虚拟现实（VR）技术为图书馆提供了全新的推广手段。通过这些技术，读者可以身临其境地体验书中的世界，与书中的角色进行互动，从而获得更加深入和真实的阅读体验。例如，读者可以通过 VR 技术进入到书中的世界，与书中的角色进行对话，或者亲自参与到书中的事件中来。而 AR 技术则可以将虚拟的信息和真实的环境相结合，为读者提供更加丰富和多元的阅读体验。这些技术不仅可以吸引更多的年轻读者，还可以为传统的读者提供全新的阅读体验，从而提高阅读的吸引力和趣味性。

配合生活化内容为读者提供与日常生活紧密相关的阅读材料是构建生活化与情境式推广的基础。图书馆可以根据读者的日常生活需求和兴趣，为其提供与日常生活紧密相关的阅读材料，如健康饮食、家居装饰、旅游攻略等。这样，读者不仅可以从中获得有用的信息和知识，还可以更加深入地融入到阅读中，从而提高阅读的实用性和趣味性。

三、全年龄段与全人群推广

全年龄段与全人群推广代表了图书馆阅读推广的广泛性和包容性，确保每一个社会成员都能够享受到阅读的乐趣和好处。随着社会的发展和多元化，人们对于阅读的需求和期望也变得更加多样化，这就要求图书馆在推广活动中考虑到各种不同的群体和需求，提供更加个性化和有针对性的服务。

注意儿童、青少年、中老年等不同年龄段的阅读需求与习惯是确保阅读推广活动的有效性和针对性的关键。不同的年龄段有着不同的阅读需求和习惯，图书馆需要深入了解这些需求和习惯，为各个年龄段提供合适的阅读材料和推广活动。例如，儿童和青少年更加喜欢图画书和动漫，而中老年人则更加偏好于传统的文学作品和历史书籍。此外，不同的年龄段也有着不同的阅读方式和习惯，如儿童和青少年更加偏好于电子书和音频书，而中老年人则更加偏好于传统的纸质书。图书馆需要充分考虑这些因素，为各个年龄段提供合适的阅读材料和推广方式，从而提高阅读推广的效果和满意度。

对特殊人群，如视障人士、听障人士提供特定的阅读推广服务是图书馆社会责任的重要体现。这些特殊群体由于身体或者生理的限制，往往不能够享受到传统的阅读体验，这就要求图书馆为其提供特定的阅读推广服务，确保他们也能够享受到阅读的乐趣和好处。例如，图书馆可以为视障人士提供有声书或者触觉书，为听障人士提供带有手语翻译的视频书。此外，图书馆还可以为这些特殊群体提供专门的阅读推广活动和培训，如阅读技巧培训、情感支持小组等，从而提高他们的阅读能力和自信心。

以家庭为单位，推进家庭式、代际式的阅读推广活动是构建和谐社会和文明家庭的重要手段。家庭是社会的基本单位，也是人们日常生活的重要场所，图书馆可以通过家庭式、代际式的阅读推广活动，鼓励家庭成员共同参与到阅读中来，共同分享阅读的乐趣和好处。例如，图书馆可以为家庭提供特定的阅读材料和推广活动，如家庭阅读日、代际阅读活动等，鼓励家庭成员共同阅读和讨论，从而增强家庭成员之间的情感联系和沟通。

四、全球化与多元文化阅读推广

全球化与多元文化阅读推广标志着图书馆阅读推广的开放性、包容性与前瞻性。在全球化的大背景下，人类社会活动愈发紧密，文化交流与碰撞日趋频繁。在这样的背景之下，图书馆作为知识与文化的桥梁，有责任和使命去拓展其服务的边界，确保其服务不仅仅局限于本地或单一文化，而是真正地为全球读者服务，促进不同文化之间的理解与交流。

鼓励跨文化、跨语言的阅读推广活动是响应全球化挑战的重要手段。在现代社会，人们不再满足于了解自己的文化和历史，而是希望能够深入了解其他国家和文化，从而树立更加广泛和深入的世界观。为此，图书馆可以组织各种跨文化、跨语言的阅读推广活动，如外国文学推广、多语言阅读俱乐部、国际阅读节等，鼓励读者跨越文化和语言的界限，深入了解其他文化和国家，从而增强自己的跨文化理解与沟通能力。

为多元文化背景的读者提供相应的阅读资源与服务是响应多元文化挑战的关键。随着全球化的发展，越来越多的人移居到其他国家和地区，形成了一个多元文化的社会。这就要求图书馆为这些多元文化背景的读者提供相应的阅读资源与服务，满足他们的特定需求和期望。例如，图书馆可以为这些读者提供多语言的图书和资料，组织多元文化的阅读推广活动，如多元文化阅读节、多元文化阅读俱乐部等，从而确保每一个读者都能够享受到阅读的乐趣和好处。

在全球化背景下，强调多元、包容、交流的阅读文化价值是构建和谐社会和文明世界的基石。在一个多元文化的社会和世界中，不同的文化和国家都有着自己的价值和贡献，只有充分认识和尊重这些差异，才能够真正地实现和谐与共生。为此，图书馆需要在其阅读推广活动中强调多元、包容、交流的阅读文化价值，鼓励读者开放自己的心扉，接纳和理解其他文化和国家，从而促进不同文化之间的理解与交流，构建一个和谐和文明的社会和世界。

第四节　科技在阅读推广融合发展中的作用

一、智能化推荐与个性化服务

智能化推荐与个性化服务在图书馆阅读推广的融合发展中扮演着至关重要的角色。随着科技的迅速进步，特别是人工智能和大数据技术的发展，图书馆有了更多的机会和手段去提供更加精准和个性化的服务，从而提高读者的满意度和忠诚度。

利用机器学习、深度学习技术进行精准推荐是现代图书馆服务的一个重要特点。传统的图书馆服务往往基于图书馆员的经验和判断，而现代的图书馆则可以利用先进的技术手段，如机器学习和深度学习，对大量的数据进行分析和挖掘，从而为读者提供更加精准的推荐。这种推荐不仅仅基于读者的历史阅读记录，还考虑到其他因素，如读者的社交网络、地理位置、时段等，从而提供更加贴近读者需求和期望的推荐。这样，读者不仅可以更加快速和方便地找到自己感兴趣的阅读材料，还可以发现一些新的、意想不到的阅读材料，从而提高阅读的乐趣和满意度。

根据读者的历史阅读记录、兴趣偏好，为其提供个性化的阅读材料是现代图书馆服务的另一个重要特点。在传统的图书馆服务中，图书馆往往提供统一的阅读材料和推广活动，而现代的图书馆则可以根据每一个读者的历史阅读记录和兴趣偏好，为其提供个性化的阅读材料和推广活动。这样，每一个读者都可以得到自己真正感兴趣和需要的阅读材料和服务，从而提高阅读的效果和满意度。此外，这种个性化的服务还可以为图书馆提供宝贵的数据和信息，帮助其更加深入地了解读者的需求和期望，从而不断完善和改进其服务。

利用人工智能助手为读者答疑、提供信息咨询是现代图书馆服务的新的发展方向。随着人工智能技术的发展，图书馆可以利用人工智能助手为读者提供 24 小时不间断的答疑和咨询服务，满足读者的即时需求和期望。这些人工智能助手不仅仅可以回答读者的基本问题，还可以为读者提供深入的分析和建议，如推荐相关的阅读材料、提供研究建议等，从而提供更加高效和有价值的服务。

二、虚拟现实（VR）与增强现实（AR）在阅读体验中的应用

虚拟现实（VR）与增强现实（AR）在图书馆阅读推广中的应用代表了技术与文化的完美结合，为读者提供了一种全新的、超越传统界限的阅读体验。这两种技术不仅可以提高阅读的吸引力和趣味性，还可以为读者提供更加深入和真实的阅读体验，从而提高其对阅读的兴趣和满意度。

为读者提供沉浸式、情境式的阅读体验是 VR 与 AR 技术在图书馆阅读推广中的一个重要应用。传统的阅读往往是一个被动的、孤立的过程，而 VR 与 AR 技术则可以为读者提供一个沉浸式、情境式的阅读体验，使其仿佛身临其境地进入到书中的世界，与书中的角色和事件互动。这种体验不仅可以吸引更多的年轻读者，还可以为传统的读者提供全新的阅读体验，从而提高阅读的吸引力和趣味性。此外，这种沉浸式、情境式的阅读体验还可以帮助读者更加深入地理解和体验书中的内容，从而提高其对阅读的认同感和满意度。

利用 AR 与 VR 技术进行 3D 书展、虚拟导览等创新服务是另一个重要的应用方向。随着科技的发展，图书馆不再仅仅是一个传统的知识存储和传播的场所，而是变成了一个创新和体验的空间。为此，图书馆可以利用 AR 与 VR 技术为读者提供各种创新服务，如 3D 书展、虚拟导览等，使其在享受阅读的乐趣的同时，还可以体验到科技的魅力和好处。这些创新服务不仅可以为图书馆吸引更多的读者，还可以为其提供更加高效和有价值的服务，从而提高其在社会中的地位和重要性。

结合传统阅读与虚拟技术，为读者提供全新的阅读感受是构建现代图书馆服务的关键。虽然 VR 与 AR 技术为图书馆提供了全新的推广手段，但这并不意味着传统的阅读方式和手段就失去了其价值和意义。相反，只有将传统的阅读方式和手段与现代的技术相结合，才能够为读者提供全新的阅读感受，

满足其对阅读的多元化和个性化的需求。为此，图书馆需要不断创新和完善其服务，结合传统的阅读方式和手段与现代的技术，为读者提供更加高效和有价值的服务。

三、物联网与智慧图书馆建设

物联网与智慧图书馆建设标志着图书馆服务的现代化、智能化和自动化。物联网技术能够将各种物理对象与网络相连接，实现信息的收集、传输和处理。这为图书馆提供了全新的服务手段和管理方式，使其能够更加高效和智能地为读者提供服务，满足其对阅读的多元化和个性化的需求。

利用物联网技术，进行图书智能管理、环境智能调控等是智慧图书馆建设的基础。传统的图书馆管理往往依赖于人工操作和管理，效率低下，容易出错。而物联网技术则可以为图书馆提供智能管理的手段，如图书智能管理、环境智能调控等。例如，通过 RFID 技术，图书馆可以实时监控图书的位置和状态，实现图书的智能管理。通过智能传感器，图书馆可以实时监控环境的温度、湿度等，实现环境的智能调控。这不仅可以提高图书馆的管理效率和准确性，还可以为读者提供更加舒适和安全的阅读环境。

实现远程借阅、自动化还书、智能导览等服务是智慧图书馆建设的重要内容。在现代社会，人们的生活节奏加快，对于图书馆服务的需求和期望也变得更加多样化和个性化。物联网技术为图书馆提供了全新的服务手段，使其能够满足这些需求和期望。例如，通过物联网技术，图书馆可以实现远程借阅、自动化还书、智能导览等服务，使读者可以随时随地享受到图书馆的服务，无需亲自到图书馆。这不仅可以为读者提供更加便捷和高效的服务，还可以为图书馆节省大量的人力和物力资源，提高其服务的效率和满意度。

构建智慧图书馆，为读者提供便捷、高效、智能的阅读环境是物联网与智慧图书馆建设的最终目标。智慧图书馆不仅仅是一个存储和传播知识的场所，而是一个提供全方位、多元化和个性化服务的智能空间。物联网技术为图书馆提供了构建这样一个智能空间的手段和方式，使其能够为读者提供便捷、高效、智能的阅读环境。这不仅可以提高读者的阅读体验和满意度，还可以为图书馆提供更加高效和有价值的服务，提高其在社会中的地位和重要性。

四、大数据分析与决策支持

大数据分析与决策支持在图书馆阅读推广的融合发展中发挥着至关重要的角色。随着技术的发展，图书馆拥有了前所未有的大量数据资源，包括读者数据、借阅数据、访问数据等。通过对这些数据的深度挖掘与分析，图书馆可以更加深入地了解读者的需求和期望，优化服务，提高推广效果，从而为社会提供更加高效和有价值的服务。

对读者数据、借阅数据、访问数据等进行深度挖掘与分析是大数据分析的基础。传统的图书馆服务往往基于图书馆员的经验和判断，而现代的图书馆则可以利用先进的技术手段，如大数据分析，对大量的数据进行深度挖掘与分析。这种分析不仅仅基于数据的数量，还可以考虑到数据的质量、相关性、时效性等因素，从而为图书馆提供更加精准和有价值的信息。例如，通过对读者数据的分析，图书馆可以了解读者的基本情况、阅读习惯、兴趣偏好等，从而为其提供更加个性化的服务。通过对借阅数据的分析，图书馆可以了解图书的流通情况、热门程度、满意度等，从而为其提供更加合理的图书购置和推广策略。

为图书馆的决策提供数据支持，如图书购置、活动策划等是大数据分析的重要应用。在传统的图书馆服务中，图书馆的决策往往基于图书馆员的经验和判断，而现代的图书馆则可以利用大数据分析为其决策提供数据支持。这不仅可以提高图书馆的决策效率和准确性，还可以为其提供更加科学和合理的决策依据。例如，通过对读者数据的分析，图书馆可以为其图书购置提供数据支持，确保所购置的图书能够满足读者的需求和期望。通过对访问数据的分析，图书馆可以为其活动策划提供数据支持，确保所策划的活动能够吸引更多的读者，提高活动的效果和满意度。

通过数据分析，了解读者需求，优化服务，提高推广效果是大数据分析的终极目标。在一个数据驱动的时代，图书馆需要不断地对其数据进行深度挖掘与分析，从而了解读者的需求和期望，优化服务，提高推广效果。这不仅可以为图书馆提供更加高效和有价值的服务，还可以为其提供更加科学和合理的决策依据，从而提高其在社会中的地位和重要性。

第五节　阅读推广融合发展的策略与建议

一、构建开放与共享的阅读生态

构建开放与共享的阅读生态在图书馆阅读推广的融合发展中具有重要意义。随着信息技术的发展和社会的进步，人们对知识和信息的需求和期望越来越高，开放与共享成为了新的趋势和标准。在这样的背景下，图书馆需要不断地创新和完善其服务，构建一个开放、共享、合作的阅读生态，为社会提供更加高效和有价值的服务。

鼓励图书馆、出版社、学校及其他机构间的资源共享与合作是构建开放与共享的阅读生态的基础。在传统的图书馆服务中，各个机构往往是孤立的，资源和信息的流通和共享受到了很多限制。而现代的图书馆则需要打破这些限制，鼓励各个机构之间的资源共享与合作。这不仅可以为读者提供更加丰富和多样化的资源，还可以为各个机构节省大量的人力和物力资源，提高其服务的效率和满意度。例如，图书馆可以与出版社合作，共同开发和推广电子书；可以与学校合作，共同开展阅读推广活动；可以与其他机构合作，共同开展各种研究和项目。

建立开放访问的数字图书馆，使更多的读者能够方便地获取到资源是构建开放与共享的阅读生态的重要内容。数字图书馆成为了新的趋势和标准。与传统的图书馆相比，数字图书馆具有更加开放和共享的特点，可以为读者提供更加便捷和高效的服务。为此，图书馆需要不断地创新和完善其服务，建立一个开放访问的数字图书馆，使更多的读者能够方便地获取到资源。

采取开放的版权策略，如采纳开放许可协议，促进知识的自由流通是构建开放与共享的阅读生态的关键。在传统的图书馆服务中，版权问题往往是一个很大的障碍，限制了资源和信息的流通和共享。而现代的图书馆则需要打破这些障碍，采取开放的版权策略，如采纳开放许可协议，促进知识的自由流通。

二、加强读者教育与培训

加强读者教育与培训在图书馆阅读推广与融合发展中占据着核心的位置。随着信息技术的飞速进步和社会的快速变革，读者面临着日益增长的信息获取和处理的挑战。图书馆不仅要为读者提供丰富的资源，还需要为其提供必要的教育与培训，帮助其更好地利用这些资源，满足其对知识和信息的需求。

定期举办读者培训课程，如信息素养、数字技能培训等是加强读者教育与培训的基础。信息素养和数字技能成为了人们生活、学习和工作的基本要求。图书馆作为知识和信息的中心，有责任和义务为读者提供这方面的培训。通过定期举办读者培训课程，图书馆可以为读者提供系统的、实用的信息素养和数字技能培训，帮助其更好地获取、评估和使用信息，提高其信息素养和数字技能。

针对儿童与青少年开设阅读教育课程，培养其阅读兴趣与习惯是加强读者教育与培训的重要内容。儿童与青少年是社会的未来，对其进行阅读教育与培训具有重要的社会意义。图书馆作为知识和信息的中心，有责任和义务为儿童与青少年提供阅读教育与培训。通过针对儿童与青少年开设阅读教育课程，图书馆可以培养其阅读兴趣与习惯，帮助其形成良好的阅读习惯，提高其阅读兴趣与习惯。

对于老年人与特殊群体，提供特定的技能培训，帮助他们更好地利用图书馆资源是加强读者教育与培训的关键。老年人与特殊群体往往面临着更多的信息获取和处理的障碍，需要更多的教育与培训。图书馆作为知识和信息的中心，有责任和义务为老年人与特殊群体提供这方面的教育与培训。通过为老年人与特殊群体提供特定的技能培训，图书馆可以帮助其更好地利用图书馆资源，满足其对知识和信息的需求。

三、创新阅读推广方式与手段

创新阅读推广方式与手段在图书馆阅读推广的融合发展中占据了核心地位。面对当代快速发展的信息技术和多元化的读者需求，传统的阅读推广方法已经无法满足现实的需求。因此，图书馆需要结合现代科技手段，设计新型的推广活动，确保其服务能够满足读者的需求，提高其在社会中的影响力和价值。

结合现代科技手段，如社交媒体、移动应用、虚拟现实等，设计新型的推广活动是创新阅读推广方式与手段的关键。在数字化、网络化的时代，社交媒体、移动应用、虚拟现实等现代科技手段为图书馆提供了前所未有的机会。通过结合这些现代科技手段，图书馆可以设计新型的推广活动，为读者提供更加丰富、多样化、互动化的服务。例如，图书馆可以通过社交媒体进行线上的阅读推广，与读者建立更加紧密的联系，提高其服务的效果和满意度；可以通过移动应用为读者提供更加便捷、个性化的服务，满足其移动阅读的需求；可以通过虚拟现实技术为读者提供沉浸式的阅读体验，提高其阅读兴趣和习惯。

举办线上线下结合的阅读节、书展、作者见面会等活动是创新阅读推广方式与手段的重要内容。在数字化、网络化的时代，线上和线下的界限越来越模糊，图书馆需要结合线上线下的优势，举办线上线下结合的阅读节、书展、作者见面会等活动。这些活动不仅可以为读者提供更加丰富、多样化、互动化的服务，还可以为图书馆提供更加高效和有价值的服务，提高其在社会中的影响力和价值。例如，图书馆可以通过线上的社交媒体、移动应用等工具进行线上的阅读推广，可以通过线下的实体空间、设备等资源进行线下的阅读推广，为读者提供更加真实、直观的服务，满足其实地阅读的需求。这些线上线下结合的活动不仅可以为读者提供更加高效和有价值的服务。利用数据分析，对推广活动进行实时优化，确保其效果与目标相匹配是创新阅读推广方式与手段的关键。在一个数据驱动的时代，图书馆需要不断地对其数据进行深度挖掘与分析，确保其推广活动的效果与目标相匹配。通过利用数据分析，图书馆可以对推广活动进行实时优化，为读者提供更加精准、个性化的服务，提高其服务的效果和满意度。

四、强化策略研究与政策支持

强化策略研究与政策支持在图书馆阅读推广的融合发展中起到了至关重要的作用。随着社会变革和科技发展，阅读的形式、内容和方式都在发生深刻的变化。图书馆必须在策略、政策和实践上进行持续的创新和完善，确保其服务能够满足现代读者的需求，提高其社会价值和影响力。

针对阅读推广的研究，加强政策与资金支持，鼓励创新与试验是确保图书馆阅读推广融合发展的基石。阅读推广不仅需要深入的研究和策略，还需要充足的资源和资金支持。图书馆作为公共文化和教育机构，其服务和活动往往受到了很多限制和挑战。为了克服这些限制和挑战，政府和相关部门需要为图书馆提供充足的政策和资金支持，鼓励其进行创新和试验。这可以为图书馆提供更多的自由度和灵活性，帮助其更好地适应社会变革和科技发展，提供更加高效和有价值的服务。例如，政府可以为图书馆提供研究和开发的资金，鼓励其进行新技术和新方法的探索和应用；可以为图书馆提供政策支持，鼓励其与其他机构和组织合作，共同开展阅读推广活动。

根据社会、经济、文化等宏观背景，定期修订阅读推广策略与方针是确保图书馆阅读推广融合发展的关键。社会、经济、文化等宏观背景在不断地变化和发展，图书馆的阅读推广策略和方针也需要随之进行调整和完善。图书馆需要根据这些宏观背景，定期修订其阅读推广策略和方针，确保其服务能够满足现代读者的需求，提高其社会价值和影响力。例如，图书馆可以根据社会的发展和变化，调整其阅读推广的内容和形式，满足不同群体和领域的需求；可以根据经济的发展和变化，调整其阅读推广的方式和手段，提高其服务的效率和满意度；可以根据文化的发展和变化，调整其阅读推广的理念和目标，提高其服务的深度和广度。

与其他国家和地区的图书馆合作，分享经验，共同研究，推动阅读推广融合发展的全球化进程是确保图书馆阅读推广融合发展的前景。图书馆的阅读推广不仅需要考虑本地的需求和特点，还需要考虑国际的趋势和标准。为了应对这些挑战，图书馆需要与其他国家和地区的图书馆进行合作，分享经验，共同研究，推动阅读推广融合发展的全球化进程。这可以为图书馆提供更多的资源和机会，帮助其更好地适应全球化的背景，提供更加高效和有价值的服务。例如，图书馆可以与其他国家和地区的图书馆进行学术和技术的交流和合作，共同探索新的阅读推广方法和手段；可以与其他国家和地区的图书馆进行资源和信息的共享和交流，共同开展阅读推广活动。

参考文献

[1] 顾玉青，赵俊玲．社会资源与图书馆阅读推广 [M].北京：朝华出版社，2020.

[2] 屈义华．阅读政策与图书馆阅读推广 [M].北京：朝华出版社，2020.

[3] 腾和泰．图书馆阅读推广与信息服务研究 [M].汕头：汕头大学出版社，2022.

[4] 郭欣萍，王余光，霍瑞娟．读书方法与图书馆阅读推广 [M].北京：朝华出版社，2020.

[5] 李明．高校图书馆阅读推广研究 [M].北京：朝华出版社，2019.

[6] 黎云．图书馆阅读推广理论与实践探究 [M].南昌：百花洲文艺出版社，2020.

[7] 陶洁．图书馆阅读推广与信息服务研究 [M].哈尔滨：哈尔滨出版社，2020.

[8] 陈幼华．高校图书馆阅读推广理论与方法 [M].北京：朝华出版社，2020.

[9] 郭静．高校图书馆阅读推广理论与服务创新实践[M].汕头:汕头大学出版社，2022.

[10] 王余光，霍瑞娟．大学图书馆阅读推广 [M].北京：朝华出版社，2017.

[11] 李琳．高校图书馆阅读推广与宣传促进研究 [M].长春：吉林人民出版社，2019.

[12] 李建明．高校图书馆阅读推广与服务机制构建 [M].北京：航空工业出版社，2019.

[13] 毕洪秋，王政．真人图书馆与阅读推广 [M].北京：朝华出版社，2019.

[14] 吴佳丽 . 高校图书馆阅读推广理论与实践研究 [M]. 延吉：延边大学出版社，
2019.

[15] 陈燕琳 . 新环境下公共图书馆的阅读推广 [M]. 长春：吉林人民出版社，
2022.

[16] 王继华 . 新时期公共图书馆阅读推广理论研究 [M]. 银川：宁夏人民出版社，
2020.

[17] 王东亮 . 智慧图书馆与阅读推广工作研究 [M]. 北京：中国国际广播出版社，
2021.

[18] 杨敏 . 基于信息生态视角的高校图书馆阅读推广体系构建 [J]. 文化创新比较
研究，2023，7（18）：179-182.

[19] 黄燕 . 图书馆阅读推广融合发展动力机制研究——以粤港澳大湾区为例 [J].
图书馆，2023（3）：47-53.

[20] 陈丽霞 . 高校图书馆阅读推广与校园文化建设融合路径探索 [J]. 文化创新比
较研究，2022，6（29）：128-132.

[21] 赵庆玲 . 面向读者发展的图书馆阅读推广与知识服务融合发展探索 [J]. 图书
情报导刊，2022，7（7）：29-33.

[22] 曾媛 . 基于融合发展理念的图书馆阅读推广创新模式研究——以 IFLA 国际
营销奖我国图书馆获奖项目为例 [J]. 图书馆理论与实践，2022（4）：61-67.

[23] 罗海河 . 文旅融合背景下的图书馆阅读推广 [J]. 发展，2022（3）：76-80.

[24] 赵一筱 . 面向游客的景区图书馆阅读推广服务创新研究 [J]. 文化创新比较研
究，2022，6（2）：124-128.

[25] 夏亮 . 文旅融合背景下的公共图书馆阅读推广 [J]. 四川图书馆学报，2021
（6）：60-63.

[26] 张瑞玲 . 基于跨界融合视角的高校图书馆经典阅读推广模式探索 [J]. 科技传
播，2021，13（20）：42-44.

[27] 宋晶欣 . 融合发展视野下公共图书馆文创产品开发分析 [J]. 中国民族博览，
2021（19）：195-197.

[28] 康思本，徐红昌，夏旭 . 文旅融合背景下图书馆阅读推广模式与路径研究 [J].
图书馆理论与实践，2021（5）：97-104.

[29] 严娜 . 注意力经济时代图书馆阅读推广与阅读产业融合发展的路径研究 [J].
情报探索，2021（9）：110-116.

[30] 牛国强.短视频 App 在图书馆阅读推广中的应用前景探析 [J].图书馆工作与研究，2021（4）：115-123.

[31] 塔程程.文旅融合背景下图书馆阅读推广服务的创新策略探究 [J].吉林化工学院学报，2021，38（4）：78-80.

[32] 于静，孙媛媛，弓建华，张珅.阅读推广中的文创道具应用实践探索与思考——以北京师范大学图书馆为例 [J].图书馆杂志，2021，40（3）：42-48.

[33] 陈依梦.体育院校图书馆阅读推广模式研究 [J].办公室业务，2020（19）：177-178.

[34] 姜宇飞.高校图书馆阅读推广媒体融合模式与实践探索——以东北大学图书馆阅读推广实践为例 [J].图书情报工作，2020，64（17）：95-102.

[35] 郭丽杰，王芳.基于阅读推广的体育院校图书馆服务创新研究——以沈阳体育学院图书馆为例 [J].图书馆学刊，2020，42（2）：50-53.

[36] 李雪，黎苑楚.图书馆与产业阅读推广融合路径研究 [J].图书馆学研究，2019（22）：94-101.

[37] 左瑾.公共文化空间视域下图书馆阅读推广服务创新研究 [J].图书馆学刊，2018，40（6）：83-86.

[38] 姜进."互联网＋"时代公共图书馆阅读推广跨界融合服务发展范式研究 [J].图书馆学刊，2016，38（12）：85-87.

[39] 周天旻，陈贞谕.图书馆多元化阅读推广模式的融合和发展 [J].图书馆研究，2015，45（1）：51-53.

[40] 王亚楠.新媒体视域下我国省级公共图书馆阅读推广活动宣传研究 [D].沈阳：辽宁大学，2022.

[41] 宋悦.高校图书馆体验式阅读推广策略研究 [D].长春：长春师范大学，2022.

[42] 杨倩.概念书店在全民阅读中的作用及其对图书馆阅读推广的启示 [D].武汉：华中师范大学，2022.

[43] 苏培.基于契合度理论的高校图书馆 B 音视频阅读推广策略研究 [D].保定：河北大学，2022.

[44] 苏雅婷.AI 赋能高校图书馆数字阅读推广研究 [D].湘潭：湘潭大学，2021.

[45] 石晶晶.公共图书馆短视频阅读推广研究 [D].湘潭：湘潭大学，2021.

[46] 颜雨钦 . 我国省级公共图书馆短视频阅读推广研究 [D]. 福州：福建师范大学，2021.

[47] 王帅 . 省级公共图书馆微信公众平台阅读推广文本挖掘研究 [D]. 太原：山西大学，2021.

[48] 杨宇哲 . 公共图书馆阅读推广服务创新研究 [D]. 南昌：南昌大学，2021.

[49] 苏子君 . 公共图书馆家庭阅读推广策略研究 [D]. 长春：长春师范大学，2021.

[50] 陈珊慧 . 合肥市省示范高中图书馆阅读推广策略研究 [D]. 合肥：安徽大学，2021.

[51] 李晓旭 . 安徽省内公共图书馆经典阅读推广发展策略研究 [D]. 合肥：安徽大学，2021.

[52] 宗芳芳 . 长三角地区"双一流"高校图书馆数字阅读推广调查研究 [D]. 合肥：安徽大学，2021.

[53] 万依然 . 微书评在图书馆阅读推广服务中的应用研究 [D]. 哈尔滨：黑龙江大学，2021.

[54] 朱玉梅 . 真人图书馆阅读推广模式的调查与研究 [D]. 上海：上海师范大学，2021.

[55] 徐静怡 . 传播学视域下公共图书馆阅读推广研究 [D]. 哈尔滨：黑龙江大学，2021.

[56] 陈芊颖 . 高校图书馆阅读推广微信小程序功能设计与研究 [D]. 天津：南开大学，2020.

[57] 郭晟 . 电子商务环境下阅读推广影响因素研究 [D]. 太原：山西财经大学，2020.

[58] 李小娟 . 文化自信指引下湖南省公共图书馆经典阅读推广研究 [D]. 湘潭：湘潭大学，2020.

[59] 马坤坤 . 基于内容营销的深度数字阅读推广研究 [D]. 南京：南京农业大学，2020.

[60] 葛文娴 . 新中国成立初期图书馆阅读推广工作研究（1949—1956）[D]. 保定：河北大学，2020.

[61] 尹志勇 . 基于众筹模式的我国公共图书馆阅读推广研究 [D]. 福州：福建师范大学，2020.

[62] 练小慧 . 福州大学城高校图书馆阅读推广研究 [D]. 福州：福建师范大学，
2020.

[63] 王玉瑶 . 合肥地区高校图书馆阅读推广人素质能力培养研究 [D]. 合肥：
安徽大学，2020.

[64] 姚小燕 . 山西省真人图书馆阅读推广调查研究 [D]. 太原：山西财经大学，
2019.

[65] 董悦 . 高校图书馆常态化阅读推广模式研究 [D]. 南京：南京农业大学，
2019.

[66] 林丽 . 国内外图书馆数字阅读推广比较研究 [D]. 南京：南京农业大学，
2019.

[67] 王听波 . 湖北省公共图书馆全民阅读推广对策研究 [D]. 武汉：华中师范大学，
2019.

[68] 曹润 . 边疆民族地区公共图书馆阅读推广策略研究 [D]. 昆明：云南大学，
2019.

[69] 万晓庆 . 安徽省地市级公共图书馆阅读推广活动现状调查与分析 [D]. 合肥：
安徽大学，2019.

[70] 郭洁 . 安徽省师范类院校图书馆阅读推广活动调查研究 [D]. 合肥：安徽大学，
2019.

[71] 郭维嘉 . 我国高校图书馆个性化阅读推广模式探究 [D]. 郑州：郑州大学，
2019.

[72] 吴芳 . 图书馆阅读推广服务中的众包模式应用研究 [D]. 湘潭：湘潭大学，
2018.

[73] 胡娅娅 . 新媒体时代公共图书馆青少年阅读推广研究 [D]. 武汉：华中师范
大学，2018.

[74] 董雪敏 . 基于智慧图书馆技术的公共图书馆阅读推广模式研究 [D]. 天津：
天津理工大学，2018.

[75] 王婷 . 我国省级公共图书馆阅读推广方式研究 [D]. 福州：福建师范大学，
2017.

[76] 李雪梅 . 安徽省公共图书馆阅读推广活动调研报告 [D]. 合肥：安徽大学，
2016.

[77] 严素霞.安徽省高校图书馆阅读推广活动调查与分析 [D].合肥：安徽大学，2016.

[78] 高灵溪.基于社会化媒体的图书馆阅读推广研究 [D].长春：东北师范大学，2013.

[79] 刘玮玮.图书馆推进全民阅读的服务模式研究 [D].长春：东北师范大学，2012.